아빠의 편지는
제게 큰 힘이 되었어요

좋은날

LETTERS FROM DAD
Lessons and Love
by *JOHN BROOME* with *JACK BROOME*

Korean Translation Copyright © 1997 by JOEUNNAL Publishing Company
Korean edition is published by arrangement with A Time Warner Company
through Imprima Agency

이 책의 한국어판 저작권은 Imprima Agency를 통한
A Time Warner Company와의 독점 계약으로 도서출판 좋은날이 가지고 있습니다.
저작권법에 의해 한국 내에서 보호를 받는 저작물이므로
무단 전재와 무단 복제를 금합니다.

아빠의 편지는
제게 큰 힘이 되었어요

차례 ■

- 책을 펴내며 ········· 6
- 들어가기에 앞서 ········· 9
- 너의 새로운 시작을 위하여 ········· 15
- 아빠가 너에게 원하는 것들 ········· 61
- 어느새 다 커버린 너에게 ········· 135
- 또 다른 시작을 위하여 ········· 239
- 이 학생을 추천합니다 ········· 295

■ 책을 펴내며

아이들에게 다가서는 것,
이제 아버지들이 나서보면 어떨까

「아버지의 편지는 제게 큰 힘이 되었어요」는 미국의 한 대학생이 고등학교 시절 자신에게 써 보낸 아버지의 편지들을 묶어 만들어 낸 책이다.

이 아들은 세계적으로 유명한 예술가도 아니고 그 뛰어난 머리를 인정받은 천재도 아니며 남다른 어려움을 극복해 낸 장애인도, 고학생도 아니다. 단지 경제적으로 그다지 어렵지 않은 가정에서 자라고 자기 자리에서 최선을 다해 좋은 성적을 받아 원하던 학교에 입학해 대학생활을 누리는 평범한 학생일 뿐이다.

잭 부룸(Jack Broom)은 열한 살 때 부모가 이혼을 한 뒤 엄마와 살게 된 동생들과도 헤어져, 아빠와 단둘이서 소위 말하는 결손가정에서 자랐다. 그러다 다른 지방의 고등학교에 들어가게 되어 고등학교 시절 내내 기숙사에서 지냈었다.

부모와 자식의 관계가 끈끈한 것이 아니어서 떨어져 살다 보면 자칫 아들과 낯설어질 수도 있을 것을 염려한 그의 아버지는 아들과의 친밀함을 유지하고 그가 반듯하게 자라는 것을 바라는 마음으로 편지라는 방법을 택했다. 얼굴을 맞대고 이야기하는 것과는 다르게 편지는 아들에게 해주고 싶은 여러 가지 이야기를 차근차근 전해줄 수 있어서 그에게는 정말 매력적인 방법이었다.

이 아버지는 아들의 고등학교 4년 내내 진로와 학교 생활, 친구 문제는 물론이고 여자친구, 여행, 경제, 정치, 사회적인 이슈에서 음주, 섹스, 마약에 이르기까지 아들에게 들려주고 싶은 이야기들을 자상하고 꼼꼼하게 써보냈고 인상깊게 읽었던 기사들을 복사해 보내주기도 했다. 흔히들 아버지가 아들에게 일방적으로 늘어놓기 쉬운 잔소리와 충고투가 아닌, 친구처럼 아들의 생각을 존중해 주고 그의 의견을 묻는 편지는 비록 떨어져 살고 있긴 하지만 함께 살고 있는 다른 부자(父子) 못지 않게 서로를 친밀하고 소중하게 연결해 주었다.

아버지의 편지를 받으며 자란 잭 부룸은 그의 학교 선생님으로부터나 인턴 사원으로 잠시 근무했던 회사에서까지 성실하고 훌륭한 사람으로 인정받고 있다.

아이들을 세계적으로 유명한 무엇이 되거나 천재적인 자질을 발휘하도록 키우고 싶어하는 이들에게는 이 책이 큰 도움이 되지 않을 수도 있다. 그러나 대부분의 부모들이 그러하듯 반듯한 가치관을 가지고 자기 자리에서 최선을 다해 자신과 주변에게 인정받는 그런 사람으로 아이들을 키우고 싶다면 이 책은 그 한가지 본보기가 되어줄 수 있다고 생각한다.

청소년 문제가 심각하다고, 아이들 키우기가 겁이 난다고들 한다. 그렇다면 그 이유는 무엇이고 그 해결 방법은 뭘까. 그 정확한 해답은 누가 알고 있고 어떻게 풀어나가야 할까. 단순히 결손가정이라거나 형편이 어렵다는 데 그 이유를 두는 사람은 이제 많지 않다. 어른들과의 대화나, 어른들의 보여지는 사랑이 부족한 것이 그 원인의 하나로 꼽히고 있다. 이제 자녀들에게 한 걸음 다가서 보자. 잭 역시 처음에 아버지로부터 편지를 받고는 낯설어 했으며 답장하는 것을 몹시 힘들어 했다. 그러나 지속적인 아버지의 편지로 인해 잭은 아버지와 모든 문제를 나누는 데 익숙해졌고 둘도 없는 친구처럼 지낼 수 있게 되었다. 멀리 떨어져 지내고 있음에도 불구하고.

물론 편지가 아이들을 잘 키우는데 가장 좋다고 할 수는 없다. 그렇지만 어느새 훌쩍 커버린 아이들에게 다가서기 위한 한 방법은 될 수 있지 않을까.

비록 우리와 정서나 가치관이 많이 다르긴 하지만 우리와 동일한 부정(父情)을 지닌 한 아버지가 그의 아들에게 보낸 이 편지글들이 누군가에게 자신의 아이와 마음을 여는 계기가 되어준다면, 그래서 그 아이의 많은 부분을 공유할 수 있는 친구 같은 아버지와 아들의 밑그림이 되어준다면 이 책의 역할은 더 바랄 것이 없겠다.

아이들에게 다가서는 것, 이제 아버지들이 나서보면 어떨까.

1997. 12. 20.
편집부에서

■ 들어가기에 앞서

아빠의 편지는
제게 큰 힘이 되었어요

부엌에 들어서니 아버지가 눈물을 글썽이며 서 계셨다. 난 그것이 기쁨의 눈물이라는 것을 금방 알아차렸다. 아버지는 내게 걸어와 웃음을 지어 보이시면서 나를 껴안으셨다. 그러자 전에 겪어보지 못한 어떤 짜릿한 느낌이 온몸을 스쳐갔다. 그때 그 느낌은 영원히 잊혀지지 않을 듯하다. 아버지는 몸을 돌려 부엌 탁자를 가리키셨다. 탁자 위에 두 통의 편지가 나란히 펼쳐져 있는 것이 보였다. 한 통은 대처에서, 또 한 통은 캐이트 고등학교에서 보낸 것이었다.

5학년이 되자, 기숙사 제도를 운영하는 학교 입학을 먼저 권유하신 아빠였고, 그 후 난 줄곧 그 쪽으로 마음을 다져왔다. 경쟁 사회에서 보다 나은 교육을 받기 위해서는 고향 프레스노를 떠나 기숙사가 있는 학교에 입학하는 것이 유일한 선택임을 난 이해했다. 학기말 성적표를 받아올 때마다 아빠와 나는 마주앉아 현재의 내 성적과 또 일류 학교에서 요구하는 성적에 도달하려면 무엇이 필요한지를 함께 상의하곤 했다.

굳이 그 편지들을 들여다 볼 필요가 없었다. 멀리서도 '축하'라는 단어가 쉽게 눈에 들어왔다. 그 단어는 내가 원하던 바로 그것이었다. 꿈만 같았다. 난 아무 말 없이 또 한 번 아빠를 꼭 껴안았다. 난 그 날 아빠의 눈물어린 표정을 잊을 수가 없다.

아빠는 내게 어느 학교를 가라고 말씀하시지는 않으셨다. 아빠는 선택권이 내게 있다고 말씀하셨다. 그래서 우리는 케이트와 대처 두 학교를 다시 한 번 방문한 결과, 케이트를 선택했다. 이로써 난 나의 첫번째 목표에 도달한 것이다. 몇 년 동안의 고된 공부가 마침내 기숙학교에 입학하는 결실을 가져다 주었다. (땅이 넓은 미국의 경우 기숙학교는 각지에서 우수 학생들을 받아들이기 위한 목적으로 설립, 운영되고 있다.: 옮긴이)

그러나 난 정작 신입생으로서 새 학기가 시작되는 늦여름이 다가오기 전까지는 집을 떠난다는 것에 대해 그다지 느낌이 없었다. 아빠와 난 내가 꼬마였을 무렵부터 8학년이 되기까지 줄곧 떨어질 수 없는 가장 절친한 친구였다. 모든 것이 늘 함께였다. 어린 시절, 주말에 함께 동물원에도 무수히 다녔고, 아빠가 일하실 때는 곁에 몇 시간씩이고 앉아있곤 했다.

부모님들은 내가 열한 살 때 이혼하셨다. 솔직히 말해서, 이혼이란 것이 어린아이에게 즐거운 문제는 분명 아니다. 난 두 분이 이혼하신다는 것을 어느 날 아빠가 나를 아빠 친구분 집에 데려가셨을 때 알았다. 곧장 집으로 오지 않고 아빠는 집을 지나쳐 길 아래편에 있는 올리브 과수원에 가서 차를 정차시키셨다. 거기서 아빠는 곧 이혼하게 된다고 말씀하셨다. 그만 난 당황하고 말았다. 그동안 내가 익숙해있던 안정되고 안전한 내 주변 세상이 갑자기 무너져 내리고 있었다. 그때 내가 할 수 있는 것이라곤 곧 모든 것이 다 잘될 것이라는 아빠의 말을 믿는 게 고작이었다.

아빠가 집을 떠나신 후 얼마 안 있어 나는 아빠 쪽으로 옮겨가 살게 되었다. 그런 세월을 거치면서 아빠와 난 보다 더 가까운 사이가 되었다. 저녁을 언제나 함께 보냈으며, 주말도 거의 함께 지냈다. 아빠는 사업상의 만남이나 저녁만찬 등에 나를 데리고 다니셨으며, 어떤 대화에도 나를 끼워주셨다. 아빠는 정말로 나의 의견을 듣고 싶어하는 듯했다. 주말이면 함께 사냥을 나가거나 정처없이 자유롭게 차를 몰고 산으로 모험 여행을 떠나곤 했다. 그리고 아빠는 무슨 일에서든 항상 내게 교훈을 심어주려고 애썼다. 사업상의 모임이든 자동차 여행이든 언제나 어떤 목표가 있었다. 심지어는 아빠가 시키시는 간단한 집안 허드렛일 속에도 거기에는 뭔가 목적이 있었다. 나도 당연히 집안일을 한몫 거들어야 한다는 아빠의 생각 때문에 나는 아빠가 시키시는 집안일을 하고도 그 댓가를 받지 못했다. 공평하게 집안일을 분담해야 한다는 것이 아빠의 주장이셨다. 그때는 아빠를 이해할 수 없었지만, 지금 생각해보니 아빠는 이 세상이 어떤 곳인가를 내게 가르쳐주기 위해 그러셨던 것 같다.

캐이트 고교로 떠날 시간이 눈앞에 다가오자, 무엇을 준비해야 하는지 심지어는 옷가지는 무엇을 가지고 가야 하는지조차 가닥이 잡히질 않았다. 아빠와 난 헤어져야 한다는 문제를 놓고 마음이 정말 편칠 않았다. 짐을 꾸리고 있으니까 그동안 키우던 고양이 프래즐마저도 뭔가 심상찮은 분위기를 감지했는지 매일 신경질을 부렸다.

아빠는 나를 떠나 보내기는 싫지만, 내가 떠나야 한다는 현실을 받아들였다. 입학을 위해 떠나는 것이 내게 가장 최선이라는 사실을 알고 계셨기 때문에.

이제 드디어 그간 배우고 익힌 대로 나 스스로 모든 일을 처리해야 하는 시간이 다가온 것이다. 프레스노에 있는 나는 열네 살 난 평범한 소년에 불과했지만, 그래도 뭔가 새로운 일에 도전한다는 자체가 나를 들뜨게 했다.

아빠는 나를 캐이트 고교에 내려놓고 헤어질 시간이 되자, 그때의 나로서는 이해하기 힘든, 약간은 이상한 말씀을 하셨다. "잭, 몇 주 동안은 네게 편지를 쓰지 않는 게 더 나을 성싶다. 네가 기숙학교 생활에 익숙해질 수 있는 시간을 주는 게 필요하다는 생각이 드는구나." 그때 아빠는 현실을 직시하시고 계셨던 것이다. 그로부터 삼 주 동안 난 아빠로부터 편지를 받지 못했었다. 몇 번인가 전화로 안부를 나눈 것이 전부였다.

그러다보니 난 아빠와 연락하고픈 마음이 간절해졌다. 전화로 아빠에게 편지 좀 부쳐달라고 졸랐다. 빰빠방! 드디어 편지가 오기 시작했다. 난 하루 걸러 한 통씩 아빠의 편지를 받을 수 있었다. 아빠의 편지를 본 친구들은 재미있어했다. 아빠의 편지는 '죽음에 대해 얘기해 보자꾸나', '성에 대해 얘기하겠다' 또는 '정치에 대해 얘기해 보자꾸나' 늘 이런 식으로 시작하고 있었기 때문이었다. 급기야는 가까운 친구 한 명이 아빠의 편지를 읽어달라고 요청했고 난 아빠의 편지가 대단히 특별하다는 것을 알게 되었다.

그 편지들은 우선적으로 지난 4년 동안 떨어져 있는 아빠와 나의 친밀한 관계를 유지할 수 있도록 해주었다. 아빠는 날 객지에 보내놓았지만 계속 나와 가깝게 지낼 수 있고 동시에 나를 교육할 수 있는 방법으로 편지를 활용하셨던 것이다. 매 편지마다 새로운 문제를 끄집어 내셨다. 내가 무슨 골칫거리라도 있을 것 같으면 편지 속에 어떻게 대처하라는 충고를 보내 오셨다. 더러는 내가 이해하기 어려운 말씀을 써서 보내기도 했고, 때로는 나의 용기를 북돋우어 주기 위해 아빠의 인생 경험을 들려주시기도 하셨다.

처음 몇 달 동안은 학교에 적응하는 문제가 아빠의 가장 큰 관심사였다. 그리고 내가 안정을 찾게 되자, 아빠의 편지는 본격적으로 선생님 역할을 시작했다. 아빠와 난 하루 걸러 밤마다 전화 통화를 했지만, 정작 중요하다 싶은 얘기는 언제나 편지 속에 적어 보내셨다. 그리고 그것은 훨씬 효과적이었다. 더러 편지 속에 들어있는 아빠의 얘기를 이해하기 위해 몇 번이고 읽어야 하는 경우도 있었다.

또 한가지. 전화 통화 때문에 난 정서적으로 아무런 문제가 없었지만 답장을 쓰기 위해 내 생각을 종이 위에 옮기는 일은 집에서는 해보지 못한 일이었다. 처음에 아빠는 내가 편지쓰기에 서툴다는 사실을 충분히 이해하시지 못했던 것 같다. 그래서 내가 좀처럼 답장을 보내지 않는다는 문제에 대해 저으기 당황하셨던 모양이다. 내가 아빠의 편지 속에 들어있는 의견을 받아들이지 않거나 아니면 답장 쓰는 걸 귀찮아 하는 거라고 생각하셨던 모양이다. 그러나 그건 아빠가 잘못 짚으신 것이다. 내가 집을 떠난 후 아빠와 계속해서 밀접한 관계를 유지할 수 있었던 것은 아빠의 편지 때문이었다. 집에 있을 때보다도 더 많은 시간을 편지를 통해 나눌 수 있었다. 때문에 나는 아빠의 편지를 내 몸의 일부인양 소중히 간직해왔다.

2학년 중반 무렵, 아빠는 음주운전하던 차와 부딪치는 사고를 당하셨다. 목뼈까지 부러진 채 누워계시는 아빠를 바라보면서 난 어쩌면 세상에서 가장 중요한 것을 잃을 수도 있다는 생각이 들었었고 그런 아빠의 모습에 놀라 난생 처음으로 기절까지 했다.

 그런 일이 있고 나서 난 아빠가 내게 있어 얼마나 소중한 분인가를 새삼 깨닫게 되었다. 잠시 학교의 허락을 받고 집으로 돌아와 아빠의 병 간호를 하면서 내가 아기였을 때 아빠가 그러셨던 것처럼 아빠가 목욕을 하시거나 화장실에 가시는 것을 부축해 드렸다. 다음 해까지 아빠는 기억력 저하로 고생하셔야 했고 3학년 크리스마스 방학이 되어서야 겨우 정상을 되찾을 수 있었다.

 이제 와서 되돌아보면, 그 사고는 아빠와 내게 정말 값진 경험이었고, 인간은 언젠가 죽는다는 아빠의 가르침을 실감나게 배울 수 있는 계기가 되기도 했다. 아빠와 난 삶의 소중함에 대해서 또 서로의 소중함에 대해서 사고 이전보다 훨씬 뼈저리게 깨우칠 수 있었다.

 이제 고등학교 졸업이 얼마남지 않았다. 집을 떠나올 때의 나와 지금의 내가 얼마나 많이 달라져 있는가를 생각해 볼 때 정말 놀랍기까지 하다. 지난 4년 동안 아빠의 편지는 내가 어긋나지 않고 제대로 성장할 수 있도록 지켜주었다. 연도별로 분류해서 신발상자에 넣어 집에서 보관해 온 이 편지들은 내가 지닌 어떤 물건보다도 소중한 것들이다. 바로 그것들은 오늘의 나를 있게 만든 안내자였다.

재 브룸

Dear My Son

너의 새로운 시작을 위하여 *1*

잭, 사랑한다. 언제나 네 뒤엔 아빠가 있다는 사실을 잊지 말아라. 성실하게 행동하고 열심히 공부하고 또 열심히 놀고 즐기기 바란다. 친구를 사귀려면 먼저 친구가 되어 주어야 한다는 것을 명심하거라.

잭에게.

근 15년의 삶을 통해 그리고 지난 4년 동안 아빠와 함께 보낸 남자들만의 세계를 떠나, 넌 이제 드디어 스스로의 삶을 살게 되었구나. 그동안 네가 배운 가치관과 교훈들을 지금부터는 실제 적용할 수가 있게 된 것이다. 아들아, 아빠는 네가 승리자라는 사실에 대해 아무런 이의가 없다!

아빠는 무거운 마음으로 너를 캐이트 학교로 떠나보냈고, 앞으로 무척이나 네가 보고 싶을 것이다. 그렇지만 한편으론 아들을 굳건한 기초 위에 올려 놓기 위해 최선을 다했고, 또 그간 아들이 맞이했던 모든 도전과 기회를 곁에서 지켜본 아버지로서 너를 기쁜 마음으로 떠나보낸 것도 사실이다. 기숙학교라 해서 예전과 다를 것이 없다는 것을 아빠는 알고 있단다.

잭, 사랑한다. 언제나 네 뒤엔 아빠가 있다는 사실을 잊지 말아라. 성실하게 행동하고 열심히 공부하고 또 열심히 놀고 즐기기 바란다. 친구를 사귀려면 먼저 친구가 되어 주어야 한다는 것을 명심하거라.

1991. 9. 3.
아빠가

잭에게.

네가 캐이트로 떠난 지 벌써 4주나 지났다는 사실이 잘 믿기지 않는구나. 거의 한달이라는 시간이 이토록 빨리 지나갔다니! 네가 많이 보고 싶구나. 프래즐도 마찬가지다. 그 녀석은 네가 떠난 후 처음 열흘 동안은 완전히 맥이 빠져있었단다!

학교 생활에 적응하느라 그리고 기타 다른 일들로 네가 바쁘다는 것은 알지만, 그래도 자주 전화하는 습관을 붙이도록 해라. 전화를 통해 '안녕'이라는 말이라도 전해와야 네가 잘 지내고 있다는 것을 알 수 있지 않겠니. 그리고 시간날 때마다 편지를 통해 네 생각과 경험을 알려주기 바란다.

네 생일 축하를 위해 드렉과 스텝을 불러 함께 외식하는 것은 어떻겠니. 네가 잘 먹는 음식이면 무엇이든 다 좋다. 일요일 아침 노드스트롬에서 쇼핑을 하고 오후 1시쯤 떠나면 되겠지.

학부형 주말에 제인과 나는 18일, 금요일 아침에 그곳에 도착해서 일요일까지 머물 생각이다. 보브도 우리와 함께 식사하러 잠시 들를 수 있을 것이다. 그러니 학부형 주말이 어떻게 진행되는지에 대해 알려주길 바란다.

네가 주말에 집에 올 수 있는 날짜는 음, 11월 2~3일, 9~10일, 그리고 16~17일이 되겠구나. 어느 날짜가 가장 편한지 알려다오. (드렉과 스텝은 2~3일과 16~17일에 이곳에 있을 예정이다.) 또 네가 별도로 원하는 것이 있다면 아빠에게 알려다오.

11월 26일 추수감사절에 네가 집에 와서 12월 3일에 학교로 돌아갈 수 있도록 비행기표 예약을 해놓았다. 예약은 30일 전에 선불로

해야 했지만, 대신 왕복표값이 120달러로 무척 싼 편이더구나.

  집에는 별다른 일이 없단다. 지난 몇 주일 동안 플로리다에 다녀오느라 그동안 밀렸던 일을 하느라 아빠는 줄곧 집에 있어야겠구나. 그 외에 특별한 소식은 없다. 넌 케탈리나로 소풍간다는데 갔다와서 꼭 전화로 재미났던 얘기를 들려주길 바란다.

1991. 9. 26.

너를 무척이나 사랑하는 아빠가

잭에게.

지난 주말에 너를 보고 나서 아빠는 정말이지 말할 수 없이 좋았었다. 넌 한달 동안 더 성숙해졌더구나. 아빠가 보기에 넌 잘 지내고 있는 것 같았고 얼굴색도 좋아보이더구나. 정말 네가 자랑스럽다.

나는 너희 반 친구들이 모두 좋은 아이들 같아서 마음이 놓였단다. 모두가 성격이 밝고 좋더구나. 서로 잘 도우며 지낸다는 것이 느껴졌단다. 너도 이 점에 좀더 주의를 기울이기 바란다. (이 말은 너에 대한 꾸중이 아니라, 친구로서의 제안이다.) 내가 보니, 경기할 때 네 친구들 대부분이 너를 도와주더구나. 특히 네가 점수를 올릴 찬스에서 말이다. 너는 팀 친구들을 얼마나 도왔는지 다시금 생각해 보기 바란다. 친구를 만들려면 먼저 친구가 되어 주어야 한다는 점을 잊지 말거라.

긴 주말인 추수감사절 전에는 집에 오지 않겠다는 네 생각에 아빠도 찬성이다. 금요일 오후 3시부터 일요일 오후 6시까지인데, 아빠가 너를 태우고 왔다갔다 하는 시간만 무려 16시간이니, 사실 남는 시간이 별로 없는 게 사실이지. 프래즐이 네 생각을 알고 나면 굉장히 화를 내겠지. 그래서 말인데, 네가 결정하면 아빠가 그리로 가서 LA나 산타 바바라에서 시간을 함께 보내도 좋을 듯하다. 보브와 함께 저녁을 하는 것도 괜찮을 것 같고. 그럼 우리가 함께 지낼 수 있는 주말은 다음과 같다.

만일 드렉과 스텝이 낄 수 있다면, 아빠는 금요일 오후 8시에 너를 데리러 갈 것이고, 아빠 혼자만이라면 오후 3시 30분에 가게 될 것이다. 다 좋지만, 아빠 생각은 11월 9~10일이 좋을 것 같다. 주

> 10월 26~27일 (이 기간에는 드렉과 스텝, 모두 함께 지낼 수 있겠지.)
>
> 11월 2~ 3일 (드렉과 스텝도 끼겠지.)
>
> 11월 9~10일 (아빠하고만)
>
> 11월 16~17일 (드렉과 스텝도 함께)

말 계획에 대해 달리 네 생각이 있거나 하고픈 일이 있다면 알려주길 바란다.

여기는 네가 모르는 소식이 거의 없다. 보브는 아내가 그린 해변가 그림들을 잔뜩 가지고 와서 보여주었다가 액자에 넣어오겠다고 다시 가져갔단다. 난 너에게 선할 봉투 하나를 벤에게 주었다. (추수감사절 비행기 왕복권이다.) 그리고 그는 네게 '카우보이' 사진을 가져다 주겠다는 얘기도 했다. 잘 보관했다가 보내다오. 아빠도 보고 싶으니.

너를 무척이나 사랑한다. 그리고 네가 생각하는 것보다 훨씬 네가 보고 싶고 너의 생활하는 모습이 자랑스럽단다. 언제나 네 일을 돕고 싶다.

1991. 10. 10.

아빠가

잭에게.

난 처음에 네가 낯선 학교 생활에 어떻게 적응해 나갈지가 걱정이었지만, 나중에 알고 보니 정작 적응해야 할 사람은 아빠라는 점을 깨달았다.

네가 기숙학교에 입학하는 문제에 대해 우리가 얘기를 나눌 때마다 아빠는 늘 주말이면 집에 오는 네 모습을 그려보곤 했단다. 그런데 막상 그렇게 하기 어렵다는 것을 알게 되었다. 예전의 나로서는 너와 떨어져 지낸다는 것을 상상하기도 어려웠는데 말이다. 난 네가 주말에 캐이트에 머물겠다는 심정을 이해한다. 캐이트에서 주말에 운동을 하거나 친구들과 함께 시간을 보내는 것도 아주 좋을 것 같구나. 그렇지만, 너와 이야기를 나누면서 몸과 마음이 자라나는 것을 느끼고 거기에 아빠로서 뭔가를 해줄 수 있었던 그 시간들이 몹시도 그립구나.

난 네가 활동 범위도 넓히고 보다 원만한 성격으로 성장하도록 옆에서 도와주고 싶은 게 솔직한 심정이다.

그러나 직접 대할 수 없으니 편지를 통하는 수밖에 없구나. 아빠는 너와 매일밤 함께 나누었던 주제들을 편지 속에 담아놓을 작정이다. 그러니 수시로 아빠의 편지 속에 어떤 주제가 들어있는지를 정리해 두는 것이 좋겠지. 네가 진심으로 아빠의 편지를 읽고 거기에 대해 답장을 해주길 희망한다.

작년까지 아빠가 알핀 이쿱먼트사의 사장으로 있을 때, 아빠는 해마다 시카고에서 열리는 교역회에 참석했었단다. 첫해에 우리측 부스 맞은편의 남자는 어린 아들(아마도 열 살이나 열한 살 정도)과 함께 있었다. 그 아이는 무척이나 따분한 표정이긴 했어도 자기 아빠가 설명해주는 얘기들을 열심히 듣고 있더구나. 다음 해, 아이는 더 자라있었지. 키도 약 10센티 정도 컸고 아빠의 모든 행동을 주의 깊게 관찰하고 있었단다. 또 그 다음 해에 가서 그 아이는 안경을 쓰고 있었고, 키도 다시 5, 6센티 더 자라있더구나. 아이 아빠는 아이에게 부스 옆 통로에 서서 선전물을 나누어 주는 일을 시켰단다. 작년에 갔더니, 그 아이는 그 아빠가 주의깊게 지켜보는 가운데 직접 물건을 팔고 있었어. 걔 아빠는 장차를 대비해서 그 아이가 알아두어야 할 모든 사항들을 가르치고 준비시키는 중이었던 거야. 아빠는 몇 년동안 그 광경을 쭉 지켜보면서 나도 내 아들에게 저렇게 해야지 하고 마음을 다져먹었단다.

잭아, 그래서 아빠는 편지를 계속 쓸 생각이다. 아빠가 체스터필드 경(필립 체스터필드〔1694~1773〕:영국 최대의 교양인이며 정치가. 네덜란드 대사로 헤이그에 주재 중 얻은 그의 아들에게 보낸 서간집 「내 아들아 너는 이렇게 살아라」는 국내에서도 널리 읽힌 바 있다.:묶은이)과 같은 위대한 인물은 아니지만, 노력할 생각이다. 아빠가 만일 무슨 사고로 죽어 무덤 속으로 들어가더라도 못해 준 말이 없도록, 여한이 없도록 말이다. 다시 말해서 훗날 시간이 나면 이야기를 해주어야지 하고 기다렸다가 아니면 좀더 편안한 시간에 하겠다고 마음먹었다가 혹시 못하게 되는 일이 없도록 너에게 아빠의 모든 생각을 편지로 적어 보낼 생각이란다.

널 사랑한다.

1991. 10. 15.
아빠가

잭에게.

어제 떠날 때 넌 "슬픈 생각이 든다."고 했는데 그건 그렇지 않다. 너는 강하고 행복하며 이제 인생의 새로운 단계로 들어선 것이란다. 새로운 친구들과 새로운 도전, 그리고 새로운 영감을 얻을 수 있고 그건 모두 멋진 일들이며, 15살 난 청년에게 걸맞는 일들이란다. 네가 너를 기숙학교로 보내면서 자랑스러워 하는 것도 바로 그 때문이다.

바로 그것이 내가 너를 부양하는 이유이기도 하고. 넌 캐이트에서 한 자리를 차지했고 그것은 분명히 네 것이다. 그런 일들이 나를 행복하게 만든단다. 네 친구들도 마음에 들고. 네가 나와 함께 지낸다면 정말 좋을 것 같지만, 앤디 어머니처럼 주일 내내 아들과 함께 지내는 것은 분명 반가운 일이지만, 그것은 네가 캐이트에 들어간 목적에 방해가 될 수도 있다고 생각한다. 그래서 아빠는 작별의 아쉬움을 참을 수 있단다. 왜냐고? 헤어지는 것은 너와 네가 얻어낸 것, 현재 네가 서 있는 위치와 이제 이룩하고자 하는 너를 위해 그리고 자랑스런 아들을 가진 아빠를 위해 바람직하고 좋은 일이기 때문이지.

그렇다, 잭아. 우리는 가까운 사이다. 2주 전에 넌 "마치 한 시간 전에 본 것 같은 느낌이 든다."고 말했는데 (사실 한달 동안이었지) 우리처럼 가까운 사이에서는 그런 법이란다. 그것이 아빠는 자랑스러운 거야.

내가 일찍 떠난 것은 잘했다고 생각한다. 얘야. 매직 마운틴에서 고먼 사이에 있는 그레이프바인은 교통이 엄청 혼잡하더구나. 고먼을 통과해서 언덕 아래로 내려가는 길은 그래도 나은 편이었지만, 그게 그거였다. 많은 사람들이 그곳에 와서 우산 아래 앉아있거나 사진을 찍거나 아니면 주변을 둘러보거나…… 정말 얼마나 사람들이 많았는지 넌 믿기지 않을 거다. 엎친데 덮친 격으로 수많은 차들이 열을 식히려고 노상에 차를 세워두고 있었단다. 아무튼 그곳은 정말 쓰레기 하치장 같았고, LA에서 출발해서 그곳을 3시간 정도 늦게 통과한 내 여자친구는 더 엉망이였었다고 말하더구나.

참, 마크 바소티가 지난 금요일 밤 시합에서 다리에 골절상을 입었다. 프레스노는 현재 전국 21위에 올라있고 바소티는 하이스만 트로피에 추천되어 있었건만 정말 애석하게 되었단다. 병원에서 걸어나오려면 앞으로 6주가 필요하다는데, 그렇게 되면 신학기가 다 끝나버리겠지. 부상이 하이스만 트로피에 어느 정도 악영향을 줄지는 알 수 없지만, 어쨌든 걔는 팀이 충분히 앞서가고 있었는데도 좀 여유있게 하지않고 상대방 공격을 방어하는 도중에 다쳤다니 정말 할 말이 없구나.

네 옷가지들은 주말에 세탁해 놓았다가 금요일 오후 드렉과 스테파니를 데리러 갈 때 네 엄마 편에 보내겠다.

나는 안드레아에게 전화해서 부모님들을 캐이트로 한 번 방문하시도록 해야 한다고 말해주었다. 만일 그 일이 어렵다면 다음 번 아빠가 캐이트에 들를 때 집까지 태워주겠다고 얘기했다. 그럴 수 있기를 바란다.

편지 속에 짤막한 읽을거리를 동봉한다. 한 번쯤 새겨둘 만한 이야기 같구나. 요는 네가 옳다고 믿는 것을 해야지, 남들이 한다고 따라 해서는 안 된다는 얘기다.

헨리와 잘 지내도록 해보렴. 그는 자기 중심적이고 응석이 많지만 네게 있는 것들, 네가 축복받은 것들 (너는 걔와 다른 가치관 아래에서 자랐다.)을 생각해보고 그와 잘 지내려고 노력하길 바란다. 그는 아마도 너를 결코 인정하려 들지 않겠지만, 그래도 네가 한두 가지 정도 가르쳐 줄 게 있을 것이다.

잠깐 쉬었다 쓰겠다. (추적 60분이 시작될 시간이다.)

커티스 울시 캐이트에 관한 작은 책을 읽은 후, 아빠에게 캐이트가 대처 스쿨과 어떤 관련이 없었는지에 대해 좀 알려다오. 그리고 다니엘 씨가 너를 알아보지 못한다는 사실을 넌 믿겠니!! 나도 어안이 벙벙했단다.

지금 이 편지를 부친다. 사랑한다. 아들아, 결코결코 너의 시야를 낮추어서는 안 된다.

1991. 10. 20.

아빠가

"문제없어, 다들 그런데 뭘"

잭 그리핀

조니가 여섯 살 때, 아빠와 함께 차를 타고 가다가 속도위반으로 걸렸었다. 조니 아빠는 운전면허와 함께 5달러짜리 지폐를 경찰에게 건네주었다. 아빠는 "문제없어, 다들 그런데 뭘"하면서 차를 몰고 떠났다.

조니가 여덟 살 때, 가족회의에 낄 수 있었다. 거기서 조지 삼촌으로부터 소득세 환불을 보다 많이 받아낼 수 있는 방안에 관해 들었다. 조지 삼촌은 "문제없어, 다들 그런데 뭘"하셨다.

아홉 살이 되자 어머니는 처음으로 그를 연극 공연에 데려가셨다. 매표원이 자리가 없다고 말하자 어머니는 2달러를 더 쥐어주었고, 그러면서 "문제없어, 다들 그런데 뭘"하셨다.

열두 살 나던 해 조니는 등교길에 안경을 깨뜨려 먹었다. 프랜친 숙모는 보험회사원에게 길에서 도난당했다고 설득했고 그래서 27달러를 받았다. 그때도 "문제없어, 다들 그런데 뭘"하셨다.

그가 열다섯 살이 되자, 고등학교 축구팀의 라이트 가드를 맡았다. 그의 코치는 상대방 공격을 막으면서 심판의 눈에 띄지 않게 상대방의 옷자락을 잡고 늘어지는 방법을 가르쳤다. 그때도 코치는 "문제없어, 다들 그런데 뭘"했다.

열여섯 나던 해, 그는 처음으로 큰 상점에서 여름 일자리를 얻었다. 그가 맡은 일은 물러터진 토마토를 상자 밑에 넣고 그 위에 좋은 토마토를 올려놓는 일이었다. 관리자는 그때에도 "문제없어, 다들 그런데 뭘"했다.

열여덟 살이 되었을 때, 조니와 이웃집 친구는 특기생으로 대학교 진학에 응시했다. 조니는 성적이 형편없었고, 이웃집 친구는 성적은 반에서 3퍼센트 이내였지만 라이트 가드를 맡을 순 없었다. 그래도 모두 진학할 수 있었다. 그러면서 "문제없어, 다들 그런데 뭘"했다.

열아홉 살이 되자, 상급반 학생이 그에게 다가와서 시험 답안을 줄테니 3달러를 달라고 했다. 그 상급생은 그러면서 "문제없어, 다들 그런데 뭘"했다.

그러나 이 일이 발각나서 조니는 불명예 퇴학을 당해 집으로 돌아왔다. 조니 아빠는 "어떻게 너는 엄마와 나에게 이럴 수가 있니. 넌 그런 나쁜 행동을 집에서 배운 적이 없어."라고 조니에게 따졌다. 숙모와 삼촌도 모두 조니의 사건에 충격을 받았다.

어른 세상에서 견딜 수 없는 단 한가지 일이 있다면, 그것은 거짓말하는 아이이다.

〈시카고 선-타임즈에서 복사〉

사랑하는 잭에게.

네가 자랑스럽다는 말을 벌써 여러 번 한 것 같구나. 네가 시합을 잘할 때, 테니스 코트에서 멋진 스포츠를 연출할 때 그런 말을 했었고, 또 좋은 성적을 받아왔을 때도 그랬지.

하지만 잭, 어젯밤 네가 헨리에게 "너의 가치관은 단지 나와 틀릴 뿐이야."라는 말을 했다는 얘기를 듣고 정말 그 어느 때보다도 네가 자랑스러웠단다.

무엇보다도 자랑스러운 것은 네가 뚜렷한 가치관을 지니고 있다는 사실이다. 모두가 다 무엇이 옳고 그른지를 알고 있는 것은 아니란다. 살아가다보면 쉬운 길을 택하느라 진실을 은폐하고 지름길로만 가려는 사람들을 수없이 만나게 된단다. 하지만 그들은 자신이 뭘 하고 있는지조차 모른다.

잭, 넌 너만의 가치를 지니고 있다. 너는 거짓말을 하지도 않고 남의 것을 훔치지도 않으며, 자신만 보지 않고 주변 사람들을 배려할 줄도 알지. 또 남을 기만하지도 않으며 옳은 일만을 하도록 배워왔고 무엇이 옳은 것인지 알고 있다. 하지만 모두가 그런 것은 아니고 모든 사람이 그런 것에 신경을 쓰고 살지는 않는단다.

두 번째로 네가 너의 가치관대로 생활하는 것이 자랑스럽다. 많은 사람들은 모나지 않으려고 무리에 따라가기 십상이지. 다르게 보이지 않기 위해, '무리들 중에 한 사람'이 되고자 말이다. 대부분의 사람들이 젊은 시절, 다른 이유에서가 아니라 그저 '어울리려는' 생각 때문에 어려움을 겪는단다. 아이들이 마약을 하게 되는 것도 다른 이유가 아니라 그저 또래들과 '한 패'가 되기 위해서이고, 담배를 피우는 것도 단지 친구들이 흡연을 하기 때문이며 술을 마시는 것도 '무리 속에 끼어들기 위해서'이다. 앨런은 취중에 운전을 하다가 친구를 죽였는데 그가 술을 마신 이유는 단지 의형제들이 술을 마셨기 때문이라고 했다는구나. 미쳤지.

한가지 알아둘 것은 네가 너의 가치관에 충실하면 친구들이 너를 존경하게 된다는 사실이다. 처음에는 널 인정하려 들지 않겠지만, 결국은 그렇게 된단다. 그렇다고 해서 네가 언제나 인기를 차지한다는 말은 아니다. 때때로 쉽게 살아가는 아이들이 인기를 얻을 수는 있겠지만, 그렇다고 존경까지 기대할 수는 없지.

때문에 네가 옳다고 믿는 것들에 대해 한방 친구에게까지 자신있게 주장했다는 것이 이 아빠는 정말 자랑스럽구나. 너는 네가 시작한 일은 네가 마무리지어야 한다는 것과 페어 플레이를 해야 한다는 것, 어디서나 아무리 하찮은 일이라도 기꺼이 거들어야 한다는 것들을 알고 있고 시간을 지켜야 한다는 것, 자신의 책임에서 벗어나서는 안 된다는 것, 또 물건을 낭비해서는 안 된다는 것, 약속을 하면 지켜야 한다는 것, 그리고 좋은 예절이 필요하다는 것, 존경받을 만한 지위에 있는 사람은 기꺼이 존경해야 한다는 것도 넌 알고 있다. (물론 그들이 언제나 존경받을 행동만을 하는 것은 아니라 해도 말이다.) 잭, 내 아들아, 넌 그런 너의 생각들을 보여주어야 한다!!! 헨리도 너로부터 얻는 것이 분명히 있을 것이다.

어쨌든, 잭. 난 네가 자랑스럽다.

1991. 10. 31.
아빠가

참된 너로 남아라

동료들의 압력에 굴하면
넌 그 낮은 곳으로
내려가는 거야.
너의 믿음을 큰 소리로 말해서
그들을 너의 높이로
끌어올려야 해.
무리들과 함께
휩쓸리면,
무리들보다 더 나을 게
없지 않겠어.
4천만의 사람들이 바보 같은 생각을
믿고 있다면,
계속 바보 같은 생각에 머물러야 해.
그저 물결따라
헤엄쳐서는
아무 곳에도 갈 수 없는 법이지.
그러길래
뭔가 좋은 일,
참되고 밝은 것을 믿는다면
그것을 주장해야 옳은 법이지.

그러다보면
네 동료들은 현명해지고
오히려 너에게로
다가올거야.

〈유나이티드 테크놀로지 코퍼레이션 1983, 월 스트리트 저널에서 복사〉

사랑하는 잭에게.

너의 삶, 특히 그것을 잃을 경우에 대해 얘기해 보자꾸나. 네 또래의 아이들은 죽음에 대해 대체로 무관심한 편이지. 그러나 사실은 청년들의 사망율이 노인들보다는 낮긴 해도 중년의 어른들보다는 훨씬 높단다. 그래서 얘기인데, 너의 생명을 소중히 여긴다면(넌 그렇지만), 그리고 죽고 싶지 않다면(물론 너도 그렇겠지) 이 문제에 대해 한 번 생각해 볼 필요가 있다고 여겨진다.

젊은이들의 사망원인은 대체로 다음과 같다.

우선, 폭음을 주의해야 한다.

어제 뉴스에도 나왔지만, 어느 클럽의 이이가 알콜 중독으로 죽었단다. 그는 파티에서 무려 28온스나 되는 보드카를 들이켰다가 이틀만에 뇌손상과 신장 이상을 일으켜 그렇게 되었다는구나. 그런데 술로 일어나는 대부분의 사고는 만취 운전 중에 일어난단다. (앨런의 친구가 그랬다.) 음주가 어른이 되는 금단의 열매를 따는 스포츠 즉, 성인식으로 여겨진다는 데 그 문제의 심각성이 있다. 남들이 모두 마시기 때문에 덩달아 따라한다는데 대부분의 십대들은 과음이나 폭음이 어떤 무서운 일을 일으키는지 잘 모르고 있나보다. 그래, 너도 술을 마시겠지. 이미 마셔본 적이 있으니 말이다. 아빠 역시 십대에 술을 배웠는데 그래서 십대 또래의 아이들이 어떻게 마시는지, 뭘 조심해야 하는지 생각해 보았단다. 술을 마실 때는 몇 가지 규칙이 필요하단다.

첫번째 규칙. 먼저 알고 있어야 할 것은 네가 어느 정도에서 판단력을 상실하게 되는가이다. 세 잔 정도, 맥주라면 네 잔 정도가 보통이다. 대부분 그 정도 마시면 판단력을 잃고 만단다. 그래서 술을 마시고도 운전에 아무런 문제가 없다고 생각하기 쉽기 때문에 조심해야 하는 것이다.

두 번째 규칙. 단지 취하기 위해서 마시지는 말아야 한다는 것이다. 그건 재앙을 자초하는 짓이다. 취한 것이 즐거운 것은 아니며, 다음날 깨어날 때의 그 불쾌함도 이루 말할 수 없단다. 만일 취하기 위해 마시는 아이가 있다면 그 아이는 뭔가 문제가 있는 것일 테고 그 문제를 서둘러 해결하지 않으면 안 될 것이다.

세 번째 규칙. 파티와 같이 술을 마셔야 할 상황이라면, 마시는 잔의 숫자를 세면서 너 자신의 통제력을 잃지 말아야 한다. 사교적인 음주(파티나 만찬 장소에서와 같이 한두 잔의 술이 불가피한 경우)는 괜찮다. 그렇지만 정신이 나갈 때까지 마시는 것은 자살의 특효약이다. 여자친구를 성폭행해서 임신하게 만든다든가, 치명적인 차사고를 일으키는 경우의 95퍼센트 이상이 너무 많이 마신 상태에서 일어난다는 통계가 있다. 그러니 조심하거라. 자신에 대한 통제를 잃지 않아야만 살아남을 수 있다.

요즘은 낯선 사람과의 싸움도 무척 위험하단다.

운전할 때, 누군가 갑자기 차선에 뛰어든다든지 너의 길을 가로막는 경우가 있을 것이다. 그럴 때는 그냥 무시해버려라. 넌 그런 바보들과 싸울 이유가 없고, 그들은 총이나 칼 같은 흉기를 가지고 있을 우려가 있다. 그 사람들이야 잃을 것이 많지 않지만 넌 그렇지 않지 않니.

그리고 스포츠가 있다.

어디까지나 룰에 따라 경기를 해야 한다. 그래야만 십대를 잘 보내고 살아남을 수 있는 확률을 높일 수 있다. 너는 오래도록 풍요한 인생을 살아야 한다. 너더러 즐거움을 피하라는 얘기가 아니라, 오래 살아야 보다 많은 즐거움을 누릴 수 있다는 얘기다. 넌 그럴 수 있는 상식을 갖췄으니, 앞으로도 그것을 잘 활용해라.

삶이라는 이 게임은 한 번의 실수로도 모든 것을 날려 버릴 수 있단다.

너를 많이 사랑한단다.

1991. 11. 6.
아빠가

사랑하는 잭에게.

넌 카덴 학교에서 열심히 공부해서 전부 A를 받았고, 그 결과 컴퓨테크에 들어갈 수 있었다. 물론 카덴에서도 경쟁이 없었던 건 아니었지만, 5~6등 정도의 성적은 네게 그다지 크게 어려운 일은 아니었다. (정말이다!)

컴퓨테크에서의 경쟁 역시 심한 것은 아니었다. 그곳에서 넌 2년 동안 B가 두 개 있었지. 그리고 캐이트에 입학했다.

이제 넌 캐이트에 있고 그곳은 지금까지와는 전혀 다른 세계다! 학과도 힘겹고, 경쟁도 극심하다. (다시 말해 캐이트에서는 빈둥거릴 시간이 없단다!) 그러다보니 넌 처음으로 C를 하나 받고 말았구나. 그렇지만 잭, 넌 더 잘할 수 있단다!!!

아빠가 보기에 네 문제 중의 하나는 네가 캐이트에서 너무 잘 지내다 보니 너무 느슨해지지 않았나 하는, 다시 말해서, 최선을 다하는 것 같지 않다는 점이다.

또 다른 문제점 역시 적응에 관한 것인데 너는 이제 막 각종 도전과 경쟁, 일등급의 학업 기준에 적응을 시작했다는 점이다. 여기에서 적응을 잘해 성적을 잘 받는 아이가 원하는 대학에 들어갈 수 있단다. 이왕이면 공부를 잘해 좋은 대학에 들어가는 것이 좋지 않겠니?

그럴려면 어떻게 해야 할까?

무엇보다도 너는 아직 미성년이라는 사실과 노는 것이 전부가 아니라는 점을 분명히 알아야만 한다. 네 장래는 지금 어떻게 하느냐에 달렸고, 넌 캐이트에 공부하기 위해 들어갔다는 것을 잊으면 안 된다. 알겠니? 지금으로선 네 실력을 알 수 있는 유일한 수단은 네 석차이고 그러니 좋은 성적을 받기 위해 최선을 다해야 할 것이다. 학교 생활에서 그래도 제일 중요한 건 성적 아니겠니?

두 번째로 용기를 잃어선 안 된다. 넌 더 잘할 수 있고 또 그럴 수 있으리라 아빠는 믿는다. 현재 네가 겪고 있는 상황은 성장의 일부이다. 똑같은 상황 속에서 이기는 자는 앞서가고 패자는 좌절한 나머지 뒤쳐지는 법이다. 너는 승리자가 되었으면 좋겠구나.

세 번째이자 가장 중요한 것은 네게 지금 무엇이 필요한지를 잘 생각해서 거기에 맞는 계획을 짜야 한다는 점이다. 지금의 네 사정을 충분히 파악하고 어디에 어떤 문제가 있는지를 명확히 알고 있어야만 제대로 된 공부 계획을 세울 수 있을 것이다. 그래서 수업시간에 좀더 집중한다든가 또는 보다 효율적인 학습방법을 생각해 보고 어떻게 해야할지 스스로 그 해결책을 터득해 가야 한다. 그리고 좀더 현실적인 목표를 세워야 할 필요가 있다. 너무 한꺼번에 성적을 높이겠다는 욕심은 부리지 말고 각 학기마다 조금씩 성적을 높여가도록 해 보아라.

사랑한다, 잭. 그리고 너를 믿는다. 아빠는 그동안 네가 아빠를 실망시키지 않기 위해 열심히 공부했다는 사실을 알고 있단다. 그러나 지금부터의 게임은 아빠의 실망이나 기쁨과는 관계없는 바로 너를 위해 하는 것이다. 그리고 그 노력의 보상은 네 인생 전체를 통해 받게 될 것이다.

카덴과 컴퓨테크에서의 너의 노력이 현재의 너를 만들었고 너도 그 사실이 뿌듯하고 자랑스러울 것이다. 현재 캐이트에서의 네 성적은 그간 매일매일 기울였던 네 노력의 결과인 셈이고 네가 앞으로 원하는 대학에 들어가면 흘러간 4년을 뒤돌아보면서 하루하루 열심히 공부했던 노력의 보람을 가슴 깊이 누릴 수 있으리라 생각한다.

행운을 빈다. 아들아, 너를 믿는다.

1991. 11. 13.
아빠가

잭에게.

시간에 대해 한번 얘기해 보자꾸나. 지금 너는 열다섯 살이고, 그 나이에 '시간'이란 대단히 신축적인 것이다. 시간에 대해 대부분의 십대들은 '당장' 혹은 '아주 길게 남아있는' 것이라고 생각하기 십상이다. 네가 무엇인가를 원한다면 언제나 '당장' 하겠다는 자세를 보여야 한다. 미루는 것만큼 나쁜 것은 없다!

네가 다섯 살 꼬마였을 때의 일 년은 의식을 가지고 산 인생 전체의 1/3에 해당되었고 그러니 거의 영원이나 마찬가지로 느껴졌을 것이다. 그러나 내게 있어 일 년이란 시간은 겨우 1/50에 불과하단다. 그러니 네 나이에 있어 시간이란 느리게 흐르기 마련이지만 아빠 나이가 되면 시간은 경주하듯 달려간단다.

네게 있어 시간은 때로 쏜살같이 흘러 갈 때도 있을 것이고, 때로는 반복적인 일을 하다보면 굼벵이처럼 느껴질 때도 있기 마련이란다. 그래서 시간이란 사람의 생각과 함수 관계라 할 수 있단다. 어느 사무실에서 나이 든 사람이 젊은 사람에게 "나로부터 배우게. 난 무려 20년 간의 경험이 있다네."라고 말했단다. 그러자 젊은이는 "아니지요, 당신은 일 년짜리 경험을 스무 번도 넘게 반복했을 뿐입니다."라고 대답했다는 이야기가 있다. 시간의 효율성에 대한 일화인 듯하다.

그리고 시간의 감각적 차원은 사람이 어떻게 받아들이냐에 달린 문제다. 네가 즐거운 시간을 보낸다거나 대단히 바쁘게 보내고 있다면 시간은 네 생각보다 훨씬 빨리 흘러간다. 그러나 네가 지루하거나 괴로워 하고 있는 상황이라면 시간은 답답하리만치 느린 것으로 생각되겠지. 따라서 똑같은 시간에 같은 업무를 하고 있어도 자신의 일을 싫어하는 사람은 시계를 들여다 보면 시계 바늘이 늘 제자리에 있는 듯 느껴질 것이고, 그 일을 좋아하는 사람은 시간의 흐름조차 느끼지 못하게 되는 건 당연한 일이란다.

네가 벌써 캐이트에서 반년의 시간을 보냈다는 사실이 참으로 믿기 어렵구나. 우리가 차로 월드바이 거리를 떠나 캐이트로 갔던 것이 바로 어제 같은데 말이다. 넌 지난 넉 달 동안 네 나름대로 열심히 지내왔고 여러 가지를 얻었으리라 생각한다. 시간이 정말 빠르구나. 몇 년 전 아빠의 문 앞에 섰던 작은 아이가 이제 이만큼 자랐으니 말이다. 네가 어렸을 때, 너와 함께 동물원이나 로데오, 애니스톤 등을 다니면서 아빠는 정말 즐거운 시간들을 보낼 수 있었는데……. 이제는 많이 자란 스텝, 드렉과 함께 보냈던, 어린 너희들 모두와의 그 지난 시절들이 새삼 소중하게 생각되고 너무 그립구나.

자, 봄방학까지 8주가 남아있다.

이제 이번 학년을 마칠 때까지 대략 5개월 정도의 시간이 남았구나. 1월, 2월, 그리고 나서 3월은 대부분 방학으로 집에 있을 것이고, 4월과 5월을 지나 6월 초에는 다시 집에 오게 되겠지.

이 기간 중에 캐이트의 시험과 뉴햄프셔 예비선거, 스텝과 드렉의 생일, LA 책 전시회 등의 행사가 있고 중간에 아빠가 캐이트에 한 번 정도 가게 될 것 같구나.

자, 그러면 어떻게 이 시간을 보내야 할까? 시간에 대해 한 번 생각해 보고 이 8주간을 최대한 알차게 보낼 수 있는 방법을 스스로 짜보기 바란다.

일주일에 한 번씩 너의 성적표와 선생님이 성적표에 써놓으신 것들을 다시 읽어보고 그것들을 기억하며 생활할 것과 틈나는 대로 성적에 대한 아빠의 편지를 읽으며 긴장을 늦추지 말기를 바란다.

잭, 너를 사랑하며 언제나 너와 함께 있을 것이다.

1992. 1. 4.
아빠가

잭에게.

어제 저녁에 쓴 편지에 재빨리 몇 자 더 적어 우편으로 보낸다.

네가 정말 보고 싶구나.

네 셔츠를 세탁해서 네 방에 걸어 놓았다. 아침에 은행 문이 열리면 네 계좌에 50달러를 입금시킬 생각이다.

아빠는 1월 25일에 너를 보러 갈 생각이다.(함께 나가서 저녁을 하자꾸나. 네가 좋다면 친구도 데리고 오렴.)

나는 LA에서 열리는 책 전시회에 갔다가 2월 14일과 15일에는 제인과 함께 발렌타인 데이를 보낼 예정이다. 너도 끼고 싶다면 그렇게 하렴. 아니면 스텝과 드렉도 네 얼굴을 보러 함께 2월 22일과 23일에 갈 수도 있겠지. (LA에 있는 제인을 만나서 아주 특별한 일을 벌일 수도 있고.)

3월 4일에는 너를 데리러 가겠다. 그러면 거의 3주 동안 넌 집에 머무르게 되는구나. 방학 중에 무슨 일을 하고 싶은지 알려다오. 여행을 해도 좋고 스키 타러 가는 것도 좋겠지. 뭐든 좋다. 또 사흘짜리 운전교육을 받아도 좋을 것 같구나. 네가 운전면허를 따면 너와 차를 탈 때 아빤 영원히 운전은 하지 않을 생각이란다.

방학 동안 어떻게 보내고 싶은지 네 생각을 알려다오. 사랑한다.

　　　　　　　　　　　　　　　　　　　　1992. 1. 5.

　　　　　　　　　　　　　　　　　　　　　아빠가

추신: 보내준 모자 고맙구나. 아주 마음에 든다!

잭에게.

시험이 끝났다니 반갑구나. 너도 물론 홀가분하겠지. 나는 지금도 네 부활절 방학에 대한 생각에 사로잡혀 있단다. 하고 싶은 게 있다면 편지로 알려다오. 다음 아빠의 물음에 대한 대답도 함께.

첫번째: 3월 4일 수요일에 내가 너를 데리러 가길 원하니(마크와 함께), 그렇지 않으면 마크와 함께 너희들끼리 집에 오고 싶니?

두 번째: 운전교육은 언제쯤 받고 싶으냐?

세 번째: 엄마와 함께 며칠을 보내야 한다. 언제가 좋겠니? 동생들이 14일과 15일경에 엄마에게 가 있을 것이다. 너도 그때 가면 좋은 시간을 가질 수 있겠지.

네 번째: 집에서 보낼 2주 반 동안 무엇을 하고, 보고, 이루고 싶은지, 무슨 생각이 있는지 궁금하구나.

오는 토요일에는 동생들을 대처로 데리고 가서 너의 시합을 관전할 생각이다. 그리고 나서 함께 저녁을 들자꾸나. 그리고 미라마에서 밤을 보내고 나서 일요일 아침에는 네가 하고픈 것을 하자. 일요일 오후 1시경에 떠나면 알맞겠다.

사랑한다. 아들아.

1992. 1. 27.

아빠가

잭에게.

담당 카운슬러인 테리 이글 씨는 네 성적표에 만족할 수도 있겠지만, 아빠는 그렇지 않다.

지난 번 시험이 끝난 뒤에 우리는 달성가능한 목표를 함께 세웠었다. 다음 표를 보아라.

과목	1학기 너의 성적	너의 목표 성적	2학기 실제 성적
기초인문	B⁻	B⁺	B⁺
영어	B	A⁻	B
논문	B⁺	A	B⁺
스페인어	B	A⁻	B
화학/생물	C⁺	B⁺	B⁺
수학	B⁺	A	B⁺

여섯 과목 중 네가 목표를 달성한 것은 두 과목이었다. 겨우 1/3에 불과하다. 나머지 네 과목에서는 나아진 게 없었다!! 성적표에 적힌 과목별 선생님들의 말씀을 보아도 거의 진척이 없다고 되어있지 않니.

영어: 공부량이 너무 적고, 느리게 따라오고 있음. 잭은 현재의 공부 습관에 보다 주의를 기울일 필요가 있어 보임. 수업 시간에 노트 필기를 더 열심히 해야 하며, 주의를 모아야 함. (네가 예전에 주

의가 모자라다는 얘기를 들은 적 있니, 응?)

논문: 그가 열심히 하고 있다고 생각되지는 않음. 잭은 좀더 열심히 해야만 A학점을 계속 받을 수 있을 것임.(더 이상 놀랄 일은 없을 것 같다. 아빠는 완전히 녹초가 되고 말았다.)

기초 인문: 수업에서 뒤쳐지고 있음.(저런!)

스페인어: 좀더 주의를 기울이고(또 주의부족이라는 얘기를 듣는구나.) 매일매일 부지런히 공부한다면 분명히 좋아질 것임. 그는 집중적인 자세와 철저한 예습이 필요함.

모든 할말이 나 쏟아져 나온 셈이구나, 그렇지 않니? 거기에다가 너의 카운슬러 말은 또 어떻고, '잭이 스스로 공부할 자세가 갖추어져야만 가능할 것임' 이라고 되어있구나.

다 좋다, 잭. 언제쯤이면 그럴 수 있겠니? 어떻게 해야만 너의 장래와 꿈이 달린 캐이트에서의 생활을 잘해 나갈 수 있을까?

아빠 생각은 네가 영어와 스페인어, 논문 선생님들을 만나서 도와달라고 부탁하는 것이 좋을 성 싶다. 여태까지 넌 한 번도 그분들을 찾아가 보지 않았잖니, 안 그러냐?

잭, 아빠는 완전히 실망했다고 말하고 싶지는 않다. 적어도 두 과목에서는 성적이 나아졌으니, 네가 원하기만 하면 언제든지 잘할 수 있을 걸로 아빠는 믿겠다. 만일 네 선생님들이 아빠에게 잭은 열심히 하고 있지만 성적이 나아지질 않고 있다고 말한다면 아빠도 아무 할말이 없다. 그러나 '그렇지 않다는 것' 이 사실이다.

이제 넌 높은 말 안장에서 그만 내려야겠다. 바보처럼 서성대는 짓은 그만두어라.(넌 여전히 인기가 있고 재미도 볼 수 있겠지만 더 이상은 안 될 것 같구나.)

선생님들이 말씀하시는 '주의부족'의 의미를 모르는 것은 아니겠지. 또 '집중을 요한다'는 말이 무엇을 의미하는지도. 만일 모르고 있다면 가서 물어보는 것이 나을 것이다.

노력과 주의집중, 집중적인 공부 등의 의미를 너도 알고 있을 것이다. 또 이글 선생님이 말씀하시는 '공부해야겠다는 마음이 스스로에게서 나와야 한다.'는 말도 뭘 의미하는지 알고 있겠지!

봄방학까지 2주 동안 시간이 있다. 그 시간을 현명하게 쓰길 바란다. 편지 속에 네가 달성할 수 있다고 여겨지는 아빠의 생각을 함께 동봉한다. 난 네가 이 목표를 달성할 수 있다고 믿는다. 결코 비현실적인 목표라고는 생각하지 않는다.

사랑한다.

1992. 2. 13.

아빠가

잭에게.

오늘 아침 반가운 너의 편지를 받고 서둘러 답장을 쓴다.

여기 봄방학 일정표를 동봉한다. 하고 싶은 일이나 가고 싶은 곳이 있다면 표 위에 써놓으면 되겠지. 네가 집에 오는 것이 무척 기다려지는구나. 많이 보고 싶고, 너와 얘기하고 농담도 하고 쇼핑도 가고 했던 여러 일들이 새삼 그립구나. 이번 봄방학이 그래서 더욱 기다려진다.

토요일 너의 라크로스(하키와 비슷한 경기:옮긴이) 경기가 몹시 기대된단다. 아직 난 그 경기를 한 번도 구경한 적이 없거든. 어젯밤 네가 전화로 수요일 밤 대처와 캐이트 간의 시합은 취소되었다고 말했는데, 그렇다면 원래 두 경기가 있을 예정이었고, 그 중에 한 경기가 토요일에 열리는 것이니? 제발 토요일에 비가 내리지 않기를 빈다. 난 정말로 그 시합을 보고 싶거든.

집에 오면 산으로 모험 여행을 떠나자는 너의 생각에 나도 찬성이다. 당일 여행으로 와워나에 가는 것도 가능하겠지. 그곳에 가면 호텔 뒤편으로 정말 아름다운 산들이 펼쳐져 있단다.

그런데, 넌 '서퍼' 잡지를 구독할 생각은 없니? 지난 번 드렉의 생일 선물을 사러 갔을 때, 한 부 샀었는데 괜찮은 것 같더라. 나도 스포츠에 대해 좀 알아야겠다는 생각이 든다.

벤츄라 지역의 홍수 소식이 뉴스 시간을 온통 뒤덮고 있다. (CNN에서 하루종일 보도하고 있다.)

여기 프레스노에도 25밀리미터의 비가 내렸지만, 벤츄라와 LA 일부 지역에 내린 200밀리미터의 비에 비하면 아무 것도 아닌 셈이지.

어제 스텝의 선생님을 찾아가 만났는데, 학교에서 잘하고 있다더구나. 드렉의 성적표는 B가 대부분이다. 좀더 잘할 수도 있을 텐데. 드렉 때문에 학교위원회에 있는 친구와 통화해 보았는데, 컴퓨테크에는 잘하면 들어갈 수도 있을 것 같구나.

지금으로서는 이게 소식의 전부다. 토요일에 보자꾸나.

1992. 2. 13.

아빠가

추신: 아직 너의 라크로스 경기에 관한 안내서가 없단다.

잭에게.

1차 대전 후 윈스턴 처칠은 웰링턴 경의 말을 빌어 다음과 같이 말했다.

"유럽 전투에서의 승리는 이튼 학교의 운동장에서 준비되었다."

처칠의 말은 영국의 리더십은 가장 좋은 학교에서 공부하는 어린 이튼 학생들의 개성과 결단력, 협동 정신에서 배양되었다는 얘기겠지. 어젯밤 너희 팀이 대처와 경기하는 것을 관전하면서 난 그 말을 정말 깊이 실감할 수 있었단다. 그 경기장 위에는 장차 캘리포니아를 주름잡을 사업가와 지역 지도자들이 뛰고 있었다.

더러 심판의 눈을 피해 반칙을 하기도 하고, 어떤 아이는 으시대는가 하면, 또 최선은 다하지 않은 채 건성으로만 경기를 펼치는 것도 눈에 띄긴 했지만, 반대로 시합을 이끄는 리더들과 플레이 메이커들은 그렇지 않았다. 특히 그 키작은 마크 알버트슨이 자기보다 키가 10인치나 크고 몸무게도 40파운드나 차이가 나는 상대방에게 조금도 물러서지 않고 달려드는 모습은 정말 인상적이었다.

그리고 내 아들도 자랑스러웠다. 너는 리더 역할을 훌륭히 해냈다. 운동장 여기저기 네 모습이 보이질 않는 곳이 없었다. 넌 결코 두려움을 나타내지 않았고 계속해서 공을 몰고 다녔으며 앞에 누군가 가로막더라도 밀리지 않았다. 너의 슛은 아주 멋졌고, 첫 점수도 네가 얻어내었다. 넌 마크를 시간 내내 지원했고 (그가 네가 넘겨준 패스를 절반만 성공시켰더라면 시합을 이길 수도 있었을 텐데), 다른 팀 동료에게도 아주 좋은 패스를 보여주었다. 넌 시합이 끝날 때까지 경기장에 남아있었고 결코 포기하지 않았다. 정말 네가 자랑스러웠단다.

후반전에 가서 넌 약간 실망하는 기색이 엿보였지만, 곧 정상을 되찾았다. 네가 네 기분을 금방 바꾸고 너와 네 동료들에게 힘이 되어 주었던 것을 아빠는 알고 있다. 그런 모습을 아빠는 너의 테니스 시합에서도 본 적이 있다.

잭, 넌 정말로 운동에 타고난 아이다. 천품을 가진 거지. 신이 내린 재능을 최대한 살려주길 바란다, 내 아들아. 난 네 시간씩이나 차를 몰고 갔고 또 네 시간 걸려 집으로 돌아왔지만, 다녀온 게 전혀 아깝지 않을 정도로 기분이 좋았다. 그 이상의 가치가 있었다.

잭, 오늘은 덕성과 또 탁월함에 대해 얘기해 보겠다.

덕성이란 바로 옳은 것을 실천하는 것이다. 우리는 덕성에 대해 참으로 많은 얘기를 했었지!! 사람들 중에는 옳은 것이 무엇인지도 모르는 사람들도 있다. 그들에게는 덕성이란 말을 붙이기가 어렵다. 그런데 넌 '옳은 것'이 무엇인지를 알고 있다. 지금의 네가 서 있는 곳에 너를 올려놓기 위해, 가르치기 위해, 알려주기 위해 이 아빠는 무진 애를 썼단다, 정말 하나님만이 아실 일이지!

너의 아빠로서, 난 네가 무엇이 옳은가 하는 앎을 '실천'으로 옮기고 있다는 점에 대해 더 이상 흡족할 수가 없구나. 바로 그게 덕성이라는 것이다. 내 아들아, 넌 그것을 지녔다.

이제, 탁월함에 대해 얘기할 차례다. 그건 일종의 덕성이라 할 수 있는데 좀더 어려운 것이다. 사람들은 타고난 어떤 뛰어난 면이 있는가 하면 다른 면에서는 전혀 그렇지 않은 경우가 많단다. (경기장에서의 마크를 보아라. 그는 운동에 타고난 애는 아니지만, 그의 노력과 용기야말로 참된 덕성인 것이다.)

아빠는 인생을 살아오면서 어떤 것은 쉽게 성취한 것도 있었고, 어떤 것은 아무리 노력하고 결심해도 잘되지 않는 것도 있었단다. 옳은 것을 실천하는 것은 말처럼 쉬운 일은 아니며, 때로는 실패한 적도 있었다. 더러 아빠는 '덕성'을 보여주지 못한 적도 있고 어떤 분야에서는 탁월할 수 있었음에도 불구하고 노력을 게을리한 적도 있었다.

너의 논문 선생이 했던 말, '잭은 자신의 생각을 발전시키는 데 있어 보다 많은 주의가 필요하다…… 그가 쓰는 글은 좀 어색한 면이 있다…… 잭은 좀더 열심히 해서 A학점의 학생이 되어야 한다'는 말들을 아빠는 한 번 곰곰히 생각해 보았다. 논문 선생님은 아마 너의 차(茶)가 내는 풍미를 제대로 이해하지 못하고 있는 듯하다. (아빠는 네 선생님처럼 생각하지는 않는다.) 너와 수학 선생님과의 사이처럼 그 선생님과는 맞지 않는 것이고 그러다보니 그 수업에 재미가 나지 않는 것이다. 그러나 넌 선생님을 위해 공부하는 것이 아니라는 점을 알아야 한다. 이 문제에 대한 아빠의 생각은 다음과 같다.

1. 공부는 그를 위한 것이 아니라 너를 위한 것이다. 그로부터 배우고 또 그 성적을 지니고 살아갈 사람은 그가 아니라 너라는 사실.

2. 아무리 그 선생님과 마음이 맞지 않아도 그 선생님으로부터 넌 배울 것이 아주 많다. 넌 네가 좋아하는 것만을 배우려 해서는 안 된다. 선생이 싫다고 그 과목에 노력을 소홀히 해서는 안 된다는 것이다. 그러나 아들아, 네 자신의 덕성을 지켜 나가거라. 영어 선생님이 네게 하시는 지적도 역시 그런 범주이니 개의치 말거라.

3. 네가 존경하지 않는 선생님과 갈등하는 것은 네 덕성에 전혀 도움이 되지 않는다. 그러기보다는 탁월함을 보여줌으로써 이겨내거라.

잭, 난 너를 사랑하며 언제나 너와 함께 할 것이다. 네가 그 점을 잊지 않았으면 좋겠구나. 아빠는 네가 탁월함을 추구하며 살았으면 좋겠구나. 네 몸을 단련했던 그 자부심을 가지고 네 자신의 품격을 갈고 닦으렴. 쉽지 않겠지만 노력을 게을리해서는 안 된단다. 못마땅하게 보이는 사람들로부터도 배울 것은 분명히 있단다. 그들에게 그 뭔가를 배우도록 해라. 그런 연후에 탁월해지겠다는 단호한 결심을 세우고 그들에게 보여주어라. 그러면 넌 이길 수 있다.
　사랑한다, 잭.

1992. 2. 16.
아빠가

잭에게.

오늘 저녁 너의 전화는 정말 반가웠단다. 때가 되면 오르고 내리는 단순한 변화가 아니라 네가 보여준 것이 정말 노력의 결과인 것을 아빠는 잘 알고 있단다.

학 기	1	2	3	최종 학기 달성가능 학점
기초 인문	B⁻	B⁺	B⁻	B⁺
영 어	B	B	(B⁺)	(A⁻)
논 문	B⁺	B⁺	B⁺	(A⁻)
스페인어	B	B	(B⁺)	(A⁻)
화학/생물	C⁺	B⁺	(A)	A
수 학	B⁺	B⁺	(A)	A

성적이 좋아진 것이 무엇인지 기억해 놓고, 또 마지막 학기에 네가 받아야 할 점수도 기억해 놓아라. 아빠가 보기에 그건 당연히 모두 A가 되어야 한다.

잭, 그렇게만 된다면 아빠는 더 이상 기쁠 수가 없겠다!! 학부형 주말에 네가 아빠를 환영하는 가장 좋은 방법이 뭐겠니!! 계획대로만 된다면 얼마나 네가 자랑스럽겠니!! 넌 열심히 하고 있고 그만큼 뭔가 보여주어야 한다!! 알겠니?

그렇게 되면 넌 그 맛을 음미하게 될 학교에 그만큼 접근하는 것이다. 이제 한달 반의 기간 동안 열심히 공부해서 '전부 A'인 우등생이 되는 걸 목표로 삼자. 학창시절의 우등생은 평생 동안 자랑해도 좋을 만한 것이란다.

고맙다, 쟤. 넌 지금 그것을 해가고 있는 중이다.

사랑한다.

1992. 4. 7.

아빠가

잭에게.

네가 관심을 가질 만한 짤막한 읽을거리를 몇 개 보낸다.

난 지금 너를 생각하고 있단다. 지난 주말 이후로 소식이 없는 걸로 봐서, 즐거운 시간을 보내고 있는 것 같구나. 공부도 열심히 하면서 학교 생활을 충실히 보내고 있겠지.

어제는 바로 프레스노의 날이었다. 두리틀 중령의 도쿄 공습 50주년 기념일이었다. ('도쿄 상공 30초 간'이란 영화를 기억하니?) 다섯 대의 B-24 폭격기가 샌디에이고에서 이륙, 몬터레이로 날아가서는 두리틀의 집 위에 1톤의 꽃을 뿌렸다. (그는 지금 아흔다섯이다.) 그리고 나서는 네 대의 P-51 전투기의 호위를 받으면서 비행장 상공을 세 번 스쳐 지나가는 광경을 연출했다. 대단히 힘차고 신나는 구경거리였지. 너도 있었으면 좋았을 텐데 말이다. 얼마나 좋았다고.

우표 네 장을 동봉한다. 우표 수만큼의 편지를 너로부터 받을 수 있겠지?

학업에 행운이 따르기를. 열심히 해라, 아들아. 그만한 보람이 있을 것이라고 아빠가 약속한다. 주의를 집중해서 꾸준히 해나가기를. 네가 잘할 것으로 믿는다.

사랑한다.

1992. 4. 22.

아빠가

죄송, 또 죄송

토마스 소웰

"최악은 더 나쁜 상황으로 이끈다."

이 말은 존 갈브레이스가 1929년의 증시 붕괴를 아주 재미나게 설명한 말이다. 그런데 불행하게도, 이 말은 오늘의 교육에 그대로 적용되고 있다.

최근 발표된 통계에 의하면, 미국 고등학생들은 대학 진학을 준비하는 수백만의 학생들이 응시하는 언어능력시험인 학사적성검사(SAT) 언어능력에서 이제 만성적인 부진상태를 보여주고 있다. 지난 30년 간을 뒤돌아볼 때, 가장 높은 SAT 점수는 1963년의 점수였고, 그 후 1970년대 내내 매년 악화되다가 1980년대에는 일시적으로 호전 양상을 보이기도 했지만, 결코 지난 20년 간의 성적에는 도달하지 못했다.

그리고 현재, 1990년대에 들어서는 더 부진한 경향을 나타내고 있다. 최악이 더 나쁜 상태를 이끌고 있는 것이다.

이처럼 나쁜 결과에 대처하는 데 익숙해진 기존 교육 기관들은 지금의 상황을 얼버무리는 데 있어 전문가의 경지에 올랐다. 그들의 우선적인 변명 수단은 그 결과가 뭐 그리 대수냐고 일축해 버리는 것이다. 또 하나 그와 유사한 변명은 지금의 미국 대학들은 수많은 '불리한' 학생들에게 진학의 '문호'를 터주고 있다는 주장인데, 이는 성적 기준이 예전보다 떨어졌다는 것을 의미할 뿐이다.

그같은 주장은 그러나 학생들의 시험 성적이 사상 최저를 나타내는 바람에 설득력을 잃고 있다. 20년 전에는 116,000명 이상이 SAT에서 600점 이상을 받았는데, 오늘날에는 75,000명 미만이 그 점수를 받고 있다. 수리 능력 시험 역시도 1971년과 비슷한 성적을 나타내고 있다. 그런데 문제는 1971년이 그리 좋았던 해가 아니었다는 사실이다. 이같은 하강 추세는 몇 년간 줄곧 이어지고 있다.

이처럼 각종 시험 결과가 계속 부진함을 나타내자, 교육자들은 이같은 상황이 공립학교에 대한 투자 부족의 반영이라고 주장해대기 시작했다. 이렇게 되자 시선은 다른 데로 돌려지면서 사회 전체가 부족한 투자로 인해 다음 세대의 교육에 태만했다는 얘기로 흘러갔으며, 콩나물 시루와 북적대는 교실이야말로 교육 실패의 주된 원인으로 대두되었다.

그러나 사실은 그렇지 않다. 미국의 일인당 교육 투자는 각종 국제적인 시험에서 미국보다 성적이 좋은 다른 국가에 비해 결코 부족함이 없다. 우리는 일본보다 더 많은 비용을 교육에 지출하고 있다. 한 예로, 일본에 비할 때, 국민 총생산에 있어 학생당 지출비용은 일본을 능가하고 있다. 한 명의 수학 선생이 가르치는 학생 수에 있어 우리는 일본의 절반에 불과하다. 우리가 모자란 것은 단지 좋은 성적일 뿐이다. 현재 미국 학생들은 국제수학 경시대회에서 꼴찌를 면치 못하고 있는 실정이다.

'사회'가 아이들을 가르치는 데 실패한 것이 아니다. 실패의 장본인은 바로 공립학교다. 그리고 그들이야말로 피해나갈 명분을 찾는 중이다.

우리의 공립학교가 왜 실패를 거듭하고 있느냐에 대해서는 사실 별로 의문의 여지가 없다. 질이 가장 떨어지는 대학 졸업자들을 아이들의 선생으로 선발해서 종신 재직 증서를 준 뒤, 아이들을 볼모로 삼고, 실적이 아니라 연공서열로 보수를 준다면 그 결과는 뻔한 것이지 않겠는가?

여기서 문제는 결코 돈이 아니다. 보다 우수한 선생들이 적은 봉급으로도 사립학교 선생이 되고 있다. 가장 심각한 문제는 선생의 대다수가 통과해야 하는 교과 과정이라는 필터에 있다. 경쟁력 없는 사람들만을 양산해내는 이 과정을 별 어려움없이 통과하고 있으니 문제인 것이다. 그런 사람들에게 높은 급료를 주고 있다는 것은 결국 더 비싼 비용으로 경쟁력이 떨어지는 선생들을 만들어내는 결과를 빚어낼 뿐이다.

이 교과 과정이 무의미하고 질이 떨어진다거나 또 이 과정을 지망하는 사람들의 지적 자질에 문제가 있다기보다는, 교직과 관련없는 주제들이 사람들에게 던지는 치명적인 매력에 있다고 하겠다. 그들에게는 교직이란 것이 자긍심이나 성취의 대상이 되지 못한다. 금세기 내내 공립학교를 학문을 가르치는 배움의 전당으로 만들려는 일반인들과 끊임없이 비학구적이고 일시적인 유행성 주제 쪽으로 몰고가려는 교육자들 사이의 투쟁이 지속되어 왔다.

가령 일본의 학생들은 수학과 과학, 외국어를 배우고 있는데 반해 미국의 학생들은 원을 그리고 둘러 앉아서 소위 '정서 교육'이라 부르는 다양한 심리적 배설(그리고 가족적인 비밀에 대한 것을 포함해서)에 열중하고 있다. 게다가 "핵문제 교육"이라든가 문화적

다원주의, 환경주의 등 수천 가지의 기타 세계를 구하는 십자군 비슷한 교육과정에서 우리 학생들은 모든 사회 문제 전반에 걸쳐 자신의 의견을 표출하고 있는데 이는 학생에게나 또 가르치는 선생들에게나 전혀 도움이 되지 못하고 있다.

 그러다 보니 이제는 학구적인 성향의 선생들을 구하는 일도 갈수록 어려워지고 있다. 여기에 최근의 교과 과정이란 필터는 이같은 경향에 일조하고 있는 실정이다. 이는 기존 교육 기관의 정치 인사들, 자리 보존이 그들의 우선적인 관심사인 사람들 때문에 이같은 교과 과정만이 법적인 전제 사항이 되고 있는 것이다. 이에 4천만의 미국 학교 어린이들은 4만명도 되지 않는 선생들의 보신주의로 인해 희생양이 되고 있다. 다시 말해서 선생 한 명당 약 천 명의 어린 학생들이 희생당하고 있다는 사실이다. 〈포브스 지에서 복사〉

잭에게.

엊저녁 너의 전화는 정말 반가웠다. 잘 들리는 전화선을 통해 네 목소리를 뚜렷이 들을 수 있어 즐거웠다.

네가 여름방학 일정을 한 번 더 살펴보고 싶어할 것 같아서 얘긴데, 사실은 아주 간단하다. 그것을 보면 이미 우리 사이에 계획된 일들이 들어가 있고, 거기에 더 채워넣을 것이 있다면 자유롭게 기재하면 된다. (내가 열거해 놓은 일들 중에서 택하면 좋겠구나. 꼭 일치하지는 않아도 말이다.) 여름방학은 정확히 14주 동안이다. 너에게 좋은 시간이 되어야 할 텐데!

공부에 매진하기 바란다. 그만한 가치가 있으니. 시험까지 3주가 남았고, 4주만 있으면 집에 오겠구나. 이번 여름은 반드시 너와 보내고 싶다.

주말에 보자꾸나.

사랑한다.

1992. 4. 24.
아빠가

추신: 바소티에게 쪽지라도 써서 전하렴!!!

Dear My Son

아빠가 너에게 원하는 것들 2

관계라는 것은 그것이 아버지와 아들이건, 남자와 여자친구 사이건, 남편과 아내 사이건 간에 노력이 없으면 안 되는 것이란다. 자기 생각을 말하고 의견을 들어보고 때로는 그냥 함께 있어야 할 필요가 있는 것이 관계다. 그렇지 않으면 그 관계는 시들어 죽고 만단다.

잭에게.

수요일 오후에 너를 만나봐서 다행이었다. 네가 시합에 나가지 못한 것은 정말 애석했다. 칵테일 파티도 꽤나 재미있었다. 학부모들은 여러 부류의 사람들이더구나. 나이든 히피 스타일에서부터 사업가, 학자형의 사람들에 이르기까지 말이다.

베스는 대단히 인상 깊었다. 날씬한 몸매에 정말 예쁜 아가씨더구나. 제인 역시 인상 깊었던 모양이다. (같은 여자로부터의 평가라는 게 중요하다!) 난 네가 너무 뜨겁지 않게 손을 잡고 부드럽게 그녀를 대하는 모습이 보기에 좋았다. 그게 좋은 태도이고, 지나치지 않는 게 신사다운 행동이지. 그녀가 니에게 관심이 있으며 또 그걸 부끄러워 하지 않는다는 것이 확연히 보이더라. 훌륭했어. 제인의 촌평은 "음, 잭은 이제 앞으로 3년 동안은 예쁜 상대를 찾기 위해 어슬렁거리는 일은 없겠군요."였단다. 내 생각은 그 정도까지는 아니다만은 그녀에게 잘 대해주어라. 말할 때는 깊이 생각해서 행동하고, 신경을 써야 한다!!! 네가 잘할 것으로 믿는다만은 아무튼 너무 서두르지는 말아라!!! 동시에 그녀에게 빠져서 네가 왜 캐이트에 가 있는지를 망각하는 일은 없도록 해라. 여자를 만나기 위해 간 것은 아닌 건 알고 있지? 그러고 보니 어떤 열 살 난 소년이 "인생은 돌아서 가는 것이 더 재밌다"라고 한 말이 기억난다. 그때 그 아이는 저스틴이라는 여자 아이와 '돌아가고' 있었단다. 어쨌든 넌 그간 잘해왔다, 아들아. 행운이 있기를. 스텝이 어제 전화했었다. 너에게 편지를 한 통 쓴다고 하더라. 드렉은 유행성 감기에 걸려 집에 와 있다.

네 생일을 위해 7일, 수요일에 내려갈 생각이다. 베스와 함께 저녁을 하는 것도 괜찮겠지. 내 제안이 괜찮은지 알려다오. 네가 원하는 게 그것이라면 학교에는 내가 연락해 놓겠다.

다음 주(이 편지가 네가 요세미테 공원으로 떠나기 전에 도착하면 좋겠다. 그렇지 않을 경우에는 네가 전화했을 때 말해주면 되겠지.)에 댄이 너와 베스에게 욕조가 있는 방(물론 각 방이지만)을 내 줄 것이다. 필요한 게 있으면 그에게 전화하도록 해라. 또 공원에 있는 동안 그에게 잠시 들려서 그레이슨의 얼굴을 보는 것도 좋을 것 같구나.

그리고 이젠 너의 수학 공부에 대한 얘기를 좀 해 보자. 잭, 무슨 문제가 있다면 아빠에게 알려줄 필요가 있다. 객지 학교에 떨어져 있기 때문에 네가 빨리 알려주지 않으면 나와는 접촉할 수 없지 않니!!! 그리고 이제는 전부터 얘기해 왔지만, 계속 뒤떨어져 완전 손 놓기 전에 과외수업을 받는 게 좋겠다고 생각된다. 수학에 대해 너도 말했지만 몇 주간씩이나 안개 속을 헤매고 있다가 갑자기 '탕!~윽' 하고 나서야 뒤늦게 후회하는 불상사가 있을 수도 있는 법. 그러니 계속 따라가면서 열심히 해야 한다. 선생님에게 보충설명을 해달라고 부탁하는 것도 좋은 방법이다. 아니면 3, 4학년 상급생 중에서 수학 잘하는 선배에게 배우는 것도 한 방법이 될 수 있겠지. 중요한 것은 안개 속에서 아무런 도움도 없이 자꾸만 뒤처지고만 있진 말라는 것이다. 잭, 행운을 빈다!!!

네가 읽을 만한 기사들을 몇 개 동봉한다. 그 중에서 십대의 죽음 사례에 관해서는 꼭 명심하기 바란다. 밤 10시에서 새벽 2시 사이에 프리웨이나 간선 도로상에서 안전 벨트를 하지 않고, 앞 좌석에 앉은, 비상 상황에서 통제력을 상실한 미숙련 운전자들이 많이 사망한다는 사실말이다.

덧붙여서 예비 SAT 시험문제를 보낸다. (하나는 네 것이고 하나는 베스 것이다.) 17분 안에 풀어보아라. 결과는 아빠에게 알려주기 바란다.

그래, 아들아. 이만 줄이겠다. 네가 열심히 하고 있으니 나는 행복하다. 네가 여자친구를 잘 선택했다는 사실이 자랑스럽다. 난 너의 튼튼한 몸과 성장이 대견하기만 하다.

계속 열심히 하길 바라며.

사랑한다.

1992. 9. 24.
아빠가

추신:우표 몇 장을 함께 보낸다. 편지 한두 통 정도는 받을 수 있겠지!!
오늘이 금요일이기 때문에 출발 전에 받을 수 없겠구나. 이 편지를 댄에게 전했다가 너를 보면 건네 주라고 부탁해야겠다.

잭에게.

열여섯 번째 생일을 축하한다!!!

이번 생일은 대단히 특별한 날이다. 보통 생일이 아니라 열여섯 번째 생일이니까 말이다. 이번 생일은 네가 영원히 잊지 못할 날이 될 것이다. 이 날 네가 어디 있었고, 누구와 함께 있었으며, 또 어디에서 생일 저녁을 들었는지 무엇을 했었는지 등등을 모두 기억하게 될 것이다. 이번 생일은 여느 생일이 아니라 일종의 통과 의례와도 같다. 이제 거의 성인이 다 된 셈이고 넌 드디어 운전을 해도 되는 나이가 되었다. 운전을 할 수 있다는 것은 네가 원하면 언제 어디든지 차를 몰고 마음대로 오고갈 수 있다는 얘기다. 캘리포니아 주정부는 네게 그럴 권리를 주는 것이다. 너는 그동안 아빠로부터 신뢰를 받아왔고, 네 스스로 약속한 것을 결코 어긴 적이 없으니, 운전면허는 이젠 바로 네 것이다. 난 아무 이의가 없다.

이제 넌 열여섯 살이 되었다!! 오래된 격언에 '키스 한 번 받지 않은 달콤한 열여섯'이란 말이 있다. 잭, 바로 네가 그 나이가 된 것이다. 하지만 네가 아직 성적 순결을 간직하고 있다는 것은 정말 대단한 일이다. 잭, 16년 간의 순결 못지않게 잃어버려선 안 될 것이 너의 이상과 인생 경험에 대한 너의 믿음이다. 그건 마흔여섯 살이 되어도 잃어선 안 된다. 어떤 아이들은 너무 빨리 타올라서, 네가 지금 지닌 것을 영원히 가지질 못한다. 넌 행운아다.

네가 지나온 16년이라는 세월을 한 번 따져보자. 그러니까, 날로 따지면 5,840일이고 140,160시간이며, 8,409,600분을 넌 지낸 셈이다. 그간 세 군데의 집과, 집을 떠나 한 군데의 학교에서 살아왔으며, 유치원 하나와 세 군데의 각기 다른 학교에서 생활했다. 여행은 컬럼비아 주를 포함, 열두 개 주를 다녀봤으며, 외국도 한 번 나갔었다. 또 캘리포니아의 58개 카운티 중 50군데를 둘러봤으며, 주지사님과 상원의원, 주의원, 군 장성, 기업의 사장님들을 만났었다. 넌 많은 산에 올랐으며, 바다에 몸을 담그기도 했었다. 넌 테니스와 스키, 수영, 승마, 골프(약간이지만)를 할 줄 알며, 축구와 라크로스를 잘한다. 그리고 현재 외국어도 배우는 중이다. 건강한 신체에 이 세상에 대해 상당한 지식을 지니기 시작했다. 많은 친구를 사귀었으며, 그 중에는 중요한 친구도 있고 그렇지 않은 친구들도 있다. 넌 그간 네가 지나온 곳에 강한 인상을 심어 주었디. 유치원이라는 조그만 세상에서부터 카덴과 컴퓨테크, 그리고 캐이트 고등학교에 이르기까지 말이다. 더욱이 그 인상들은 좋은 인상들이었다! 난 네 버커 양이 한 말, "그래요, 잭은…역시 잭이에요."라는 말을 잊을 수가 없다. 넌 기억될 만큼 다르고 특별한 사람이다.

난 네 아버지로서 너를 이만큼 키웠냈다는 데 대해 긍지를 느낀다. 그러나 사실은 네 자신이 오늘날의 너와 또 네 미래의 가능성을 가꾸어 온 것이겠지.

그래서 나는 해마다 네가 성장하는 모습을 즐겁게 지켜보아 왔다. 하루하루의 날들과 함께 나눈 모든 얘기들, 그간에 있었던 여행, 각각의 경험 그 모든 것들이 내 인생을 기름지게 해주었으며, 나의 삶에 활력소가 되어 주었다. 그래서 난 그것들을 소중히 간직하고 있단다. 네 인생으로부터 자아진 모든 실가락들, 전사가 되기를 원치 않았던 어린 꼬마로부터, 또 욕조에 본 거미를 죽여달라고 아버지를 불러대던 어린아이로부터 장성하기까지 자아낸 모든 실가락들을 생각할 때, 난 네가 자랑스럽기 그지없단다.
　넌 내 아들이다. 그리고 친구이자 가장 혹독한 비평가이다. 한편 가장 절친한 동료이기도 하다. 넌 그만큼 내 인생에 가까이 서 있으며 나에게 실로 많은 것들을 주었다. 잭아, 열여섯 번째 생일을 축하한다. 그리고 진심으로 더 많은 좋은 일들이 있기를 기원한다!!!
　사랑한다.

　　　　　　　　　　　　　　　　　　　　　　1992. 10. 7.
　　　　　　　　　　　　　　　　　　　　　　아빠가

잭에게.

너에게 얘기했듯이 트루스코트를 불러 주말을 함께 보내기로 했단다.

잭, 엊저녁 너와 베스와 함께 지낸 시간은 정말 좋았다. 생일을 함께 지내면서 베스가 너에 대해 좀더 많은 것을 알게 하고 또 나 (결국은 너에 대해)에 대해서도 알아볼 기회를 주자던 우리의 목적은 멋지게 달성된 셈이었다!

젊은이들은 소위 '역할' 즉, 아들과 아버지, 선생과 학생, 고객과 점원, 의사와 환자 등등 이런 '역할'이라는 문제에 대해 어려움을 느끼기 마련이다. 엊저녁 내가 살짝 너의 생각에 이의를 제기한 것도 바로 그것이다. 내 생각에 당장은 내가 너의 연한 감수성을 자극한 감은 있지만, 그래도 넌 내 얘기를 영원히 잊지 못할 것이다.

넌 나의 편지를 베스에게 보여주어도 괜찮겠냐고 물었다. 난 그런 너의 정중함과 배려가 정말 마음에 드는구나. 대답은 '물론'이다. 혹시 베스가 봐서 안 될 것이 있다면 내가 편지에 표시를 따로 해놓겠다.

잭아, 베스는 참 인상이 좋은 애더구나. 그녀는 밝고 솔직하며 내숭떨지 않고 예쁘고 재미난 성격이더라. 다음에 만나면 그녀에 대해 좀더 많은 것을 알고 싶구나. 음, 그리고 좀더 붙이자면 그녀는 센스도 있고 너그러우며 예절도 바르고 다리도 날씬하더구나. 요는 네가 여자보는 눈이 보통이 아니라는 얘기다. 그것은 이 아빠가 인정한다. 만일 안 그랬다간⋯⋯.

오는 일요일과 화요일, 목요일 저녁에는 대통령후보 토론회가 있다. 너도 꼭 보길 바란다. 네 의견을 듣고 싶구나.

　앞으로 2주 뒤면 '학부형 주말' 이다. 난 금요일과 토요일 밤 미라마에 예약을 해두었다. 일정이 어떻게 될는지 자신할 순 없지만, 지금으로서는 금요일 일찍 캐이트에 가서 네 수업을 참관한 뒤 예정대로 움직이면 되지 않을까 싶다. 금요일 저녁 아니면 토요일 저녁에 베스의 부모님과 함께 저녁을 하면 좋겠구나(결코 너를 당황시킬 행동은 하지 않겠다고 약속하마.). 무슨 요일이 되었든간에 네가 하고픈 대로 하자꾸나. 저녁을 하는 것도 좋고, 그렇지 않고 딴 것을 해도 상관없다.

　아참, 그래 잊을 뻔했구나. 베스에게 네 사진 몇 장 보낼 생각이다. 잘 나온 것으로 보낼 테니 걱정 말아라.

　사랑한다.

1992. 10. 8.
아빠가

잭에게.

동봉한 기사는 슬픈 이야기이다. 꼭 읽어 보아라!!

주요 골자는 재정적으로 어려워진 파파그니가 그 어려움에서 벗어나기 위해 돈을 훔쳤다는 것이다. (그 노인네 말은 '물에 빠지면 지푸라기라도 붙잡는다'는 것이었다.) 그래서 그는 체포되었다. 그런데 그가 만일 잡히지 않았다면 한순간이라도 '미안한 마음'을 지녔을 것이라고 넌 생각하니?

나는 예전에도 이런 사례들을 많이 보아왔다. 고빈 씨 사건, 바트만 씨 사건, 양 씨 사건 등등. 내가 하는 일이란 게 문제가 있는 기업들을 돌아다니는 일인 덧에, 그간 많은 유혹도 받았고 또 거기에 빠져든 사람들도 많이 보았다. 또 자신들의 밑을 닦기 위해 불명예스런 행동을 하도록 압력을 받고 있는 사람들도 흔했다.

이번 문제가 더 비극적인 것은 파파그니가 그 사건에 자신의 아들까지 끌어들였고 아들도 이에 동조했다는 점이다!

잭아, 현실 세상에서는 매사가 흑과 백처럼 단순하지가 않다. 언제나 예외가 있기 마련이지. 파파그니는 가족의 생계를 최선이라고 여겼던 것이 분명하다. 이유는 언제나 있기 마련이니까. 앞서의 바트만은 자신의 또 다른 투자가들을 구하기 위해 자신의 신탁 계좌에서 돈을 빌렸던 것이다. 그런데 그 사실이 발각나기 전까지 그 돈을 돌려주질 못했다.

잭, 난 언제나 '옳은 일을 하라.'고 말해왔었다. 이 말은 즉, '틀린 짓은 하지 말라.'는 말이다. 다시 말해서 거짓말과 사기와 훔치기 등등의 행위를 하지 말라는 얘기다. 동시에 정직해야 하고 사람들에게 믿음을 주어야 하며, 친절하고 관대하고 사려깊으라는 말이기도 하다.

그러나 문제점들은 실제 네 인생에 살금살금 파고 들어온다. 처음엔 작은 것들이 어느덧 큰 문제로 돌변해 있는 것이다. 바트만은 처음에 일주일간 25,000달러를 '꾸었다'가 갚았다. 그건 쉬운 일이었지. 그래서 그는 다시 일주일간 50,000달러를 '꾸었다'. 그러나 2주 동안 갚지 못하고 있다가 간신히 갚을 수 있었어. 그러다가 일 년이 지나서 그는 무려 일백 하고도 오십만 달러를 꾸었다가 돌려줄 수 없게 되었던 것이란다. 이처럼 파파그니도 처음에는 단지 가볍게 시작했으리라고 믿는다. 만일 거기서 잡혔더라면 그건 가벼운 '실수'로 치부될 수도 있었을 거야. 그런데 그는 붙잡히지 않았고 다시 그 짓을 되풀이한 거야. 얼마 안 있어 그는 무려 180만 달러를 해먹게 되었지.

파파그니가 아들을 끌어들였다는 것이 상상이나 가니!!?? 아들이 "아버지, 이건 틀린 짓이에요."라고 하지 않았다고 생각하니? 그는 "나는 내 아버지를 사랑하기 때문에 기꺼이 그럴 것"이라고 말했단다. 그건 대수가 아니다. 그는 이렇게까지 말했다. "난 아버지를 믿습니다. 그의 충고를 따를 밖에요." 정말 대단한 소리지. 또 그는 "내가 한 것은 잘못된 것이었다."라고 말했으니, 정말 원. 어쨌든 그는 자신의 행동에 책임을 진 셈이지.

파파그니는 자신의 행위도 잘못이지만, 아들까지 끌어들인 것은 더 나쁜 짓이었다. 아버지와 아들이 법정에 나란히 서있는 광경을 상상해 보려므나…… 말이나 되니!!

파파그니가 아들에게 "옳은 것만 하라."고 말하지 않았던 것은 확실하다. 그가 그런 말을 했고 또 아들이 그 말을 들었더라면 아마도 그런 일은 일어나지 않았을 것이 틀림없다. 그리고 아들이 아버지를 나쁜 짓으로부터 구할 수도 있었을 것이다.

잭아, 난 너를 사랑하고 또 존경한다. 너는 올바른 생각을 지니고 있고 가치관도 뚜렷하다. 올바로 된 네 가치관과 감각과 생각을 펼치도록 하고 좋은 가치들을 굳게 지니거라. 그러면 네 인생은 훌륭한 것이 될 것이다.

사랑한다.

1992. 10. 21.
아빠가

불량 포도주업자 유죄 선고

알렉스 풀라스키

그는 울면서 자신의 죄를 시인했다. 마데라 포도주 제조업자인 파파그니 씨는 월요일에 연방징역 18개월을 선고받았다.

파파그니 씨와 그 아들 데메트리오 씨는 프레스노의 연방 법정에서 1985년부터 1989년에 이르는 기간 동안 값싼 바베라 포도를 고가의 진판델 포도로 바꿔친 죄로 유죄선고 판결을 받았다. 두 사람은 서터 홉이나 글렌 엘렌과 같이 잘 알려진 포도 양조업자들에게 495,000갤런의 포도주를 넘기는 과정에서 착오로 그같은 실수를 저질렀다고 변명했었다.

올리버 와그너 판사는 33세 된 드메트리오 파파그니 씨에게 프레스노의 사설 교도소에서 6개월 노역과 10,000달러 추징금을 언도했다. 드메트리오 파파그니 씨는 노역 중 자유 활동과 야간과 주말 근무시간도 복역기간에 산정되도록 허용되었다.

이에 더하여 와그너 판사는 71세의 안젤로 파파그니 씨에게는 별도 복역 외에 25,000달러 추징금을 언도했다.

이같은 형량은 특별한 경우가 아닌 상황에서 최대한 가벼운 형량이다. 많게는 5년까지도 언도할 수 있다.

젊은 파파그니 씨는 12월부터 형기를 시작할 예정이며, 부친 파파그니 씨는 드메트리오의 형기가 끝나는 내년 6월까지 자유 활동이 허락되었다. 늙은 파파그니 씨는 와그너 판사가 형을 선고하기 전에 이미 자신이 겪은 심적인 고통에 비하면 형을 사는 것은 사실 아무것도 아니라고 심정을 토로했다.

"형기를 끝내고 나서 과연 어떻게 살아야 할 지 모르겠소."라고 늙은 파파그니 씨는 말했다. 그의 말에 의하면 자신은 포도주 업자로서의 가문의 명예에 먹칠을 해놓은 셈이라고 했다. 또 그는 자신이 아들의 장래를 망쳐놓았다고도 했다.

"내가 이렇게 형을 받으리라고는 정말 평생 상상조차 해 본 적이 없소."라고 안젤로 파파그니 씨는 말하면서 "나하고 법하고는 전혀 상관이 없는 줄 알았다."고 했다.

늙은 파파그니 씨는 자신이 재정적 곤경에 빠져있었다고 밝혔다. 과중한 부채와 매출 부진으로 인해 자신의 포도주 사업은 1988년 파산 지경에 이르렀으며, 그때 저가의 바베라 포도를 비싼 진판델 포도로 바꾸면 톤당 800달러의 차익을 올릴 수 있다는 것에 생각이 미치게 되었다고 한다.

"내가 그짓을 저지른 유일한 이유는 벽에 부딪쳤기 때문이오."라고 그는 말했다.

파파그니의 변호사측은 당초 검찰이 주장하는 부당차익 180만 달러보다는 훨씬 피해액이 적다고 주장했다. 안젤로 파파그니의 추산에 의하면 바베라 포도주를 제대로 팔았다면 4년간 396,000달러 정도가 수입으로 덜 들어왔으리라는 것이다. 검찰 측과 변호사 측의 주장에 이처럼 차이가 나는 것은 판사가 형을 언도하는 데 결정적인 차이점을 보일 수 있기 때문이다.

이에 와그너 판사는 낮은 수치를 받아들였다.

스티븐 랩험 검사는 이번 사건에서 최대의 피해자는 바로 소비자라고 주장하고 있다. 즉, 인기좋은 진판델 포도주라고 믿고 높은 가격을 치른 소비자들이 피해자라는 것이다. 검사는 이번 일이 캘리포니아 포도주 업계의 명성에 큰 타격을 입혔다고 말했다.

드메트리오 파파그니 씨는 자신의 부친에 이어 법정에서 잘못에 대한 유감의 뜻을 밝혔다. 그의 언도량은 1988년 한 해 동안만 문서를 바꿔치는 범죄에 가담했다는 점에서 훨씬 가벼운 형량을 언도받은 셈이다.

그러나 검사 측은 아들 역시 부친의 지시에 따라 범죄에 깊게 관여했다고 주장했다.

"나는 아버지를 사랑하고 언제나 기꺼이"라고 말했던 젊은 파파그니 씨는 "나는 그를 믿기 때문에 비록 내가 한 일이 틀렸더라도 부친의 충고를 따를 것이다."라고 처음에 말한 적도 있다.

〈'프레스노 비'에서 복사〉

잭에게.

몇 년 전 년 성관계를 가지기에는 너무 어리다고 스스로 말한 적이 있었다. 그때 나도 동의했었다. 기억나니? 그때 얘기가 그 문제는 네가 열여섯이 되면 다시 얘기해 보자고 결론을 내렸었다. 그리고 이제 넌 열여섯이 되었다. 하지만 넌 여전히 바지의 지퍼를 굳게 채우고 있다. 아무튼 넌 이제 열여섯이다.

'끝까지도 갈' 수 있는 상황에 닥쳤을 때(또는 그런 가능성이 엿보일 때) 너는 이리저리 따져볼 것이 정말 많단다.

무엇보다도 우선해서 '섹스를 한다' 는 말보다는 '사랑을 한다 (make love)' 라는 말이 더 나을 것이다. 섹스한다는 말은 마치 화장실에 가서 생리현상을 해결하는 것처럼 순전히 물리적인 인상만을 풍기기 때문이다.

요즘처럼 청소년의 성문란이 심각하고 성병이 잔뜩 만연한 시절에 '자유롭게' 섹스를 한다는 것은 거의 자살행위나 다름없다!! 따라서 '사랑을 한다' 는 말은 네가 사랑하고 신경을 써주고 계속적인 관계에 있는 여성과 전적인 관계를 가질 때만이 해당된다는 뜻으로 새기기로 하자꾸나.

두 번째로 도덕이나, 윤리처럼 수준 높은(?) 얘기보다는 수준이 낮은 쪽부터 살펴보기로 하자. 현실적으로 염려해야 할 일은 대략 다음과 같다.

우선 임신에 대해 이야기 하자면 여자는 매달 주기적으로 배란을 하는데, 여기서 주기적이란 말은 14일차에 배란을 한다는 뜻이다. 정자는 24시간 동안 살아있고, 난자는 48시간을 산다. 따라서 이론적으로는 여자가 임신할 수 있는 기간은 13일에서 16일까지 해당된다. 그런데 젊은 여성들은 좀처럼 배란기가 규칙적이지 않다는 사실을 알아야 한다. 그렇기에 배란일을 따져서 관계를 맺는다면 그건 거의 아버지가 되겠다고 작심한 셈이다. 네가 만일 사랑을 한다면 반드시 이같은 위험성을 사전에 충분히 알아둘 필요가 있다.

모든 사람들이 흔히들 콘돔을 권하는데, 물론 이것도 없는 것보다는 나은 셈이지만 그렇다고 무조건 콘돔을 신뢰할 수는 없다. 그리고 콘돔은 분위기를 흐트러뜨릴 수도 있다. 그러나 다른 방법이 없다면 그걸 쓸 수밖에 없겠지. 더러 어떤 여자들은 약사용을 좋아하지 않는 경우도 있고 또 부끄러워서 의사에게 제대로 상의하지 못하는 경우도 흔하다. 기타 다른 방법들도 있지만, 일단 이 문제는 여기까지만 얘기하자.

물론 아기는 대단히 좋은 존재다. 그러나 십대에 원치 않는 아이를 낳음으로써 졸지에 아빠, 엄마가 되는 것은 정말 오싹한 일이다. 네가 상대를 충분히 걱정해준다면 그런 일, 즉 실수로 임신시키는 일은 없도록 해야 할 것이다.

다음으로 성병이 있다. 현실을 보자. 헤르페스는 만연하고 있으며, 치료도 안 된다. 정말 골치아픈 병이다! 그것 말고도 성적 접촉을 통해 감염되는 병이 수십 가지나 된다. 물론 치료야 가능하겠지만, 어디 그게 재미난 일이냐? 가장 중요한 것은 네 파트너를 먼저 알아야 한다는 점이다. 그녀의 배경과 습관, 과연 어떠한 형태의 사람인가를 아는 것이 급선무다.

일반적으로 따지면 콘돔을 사용하고 한 파트너하고만 관계를 갖는 것이 성병 감염을 제로로 할 수 있는 유일한 방법이 된다.

그러면 이제 의학적인 얘기는 그만두고 정서에 관계된 얘기를 하도록 하자.

네가 막 자란 사람이 아닌 이상, 사랑을 하는 것은 대단히 중요한 일이다. 그것은 서로의 관계를 결정적으로 심화시킨다. 즉, 너와 그 여자의 삶의 차원이 달라진다는 말이다. 만일 첫경험이라면 그 강도는 세 배쯤 더 강하다. 상대를 다른 눈으로 보게 되고 자신을 보는 눈도 달라진다. 믿기지 않을 수도 있겠지만 정말이다!!!

어떤 남자들은 여자와 사랑을 나누고 나면 싫증을 내기도 한다. 흔히 '좋은 여자와는 하지 않고', 또 '나쁜 여자와는 한다' 는 말이 있는데 이 말은 그만큼 그 영향이 크다는 뜻과도 통한다. 이런 말이 최근에 와서는 변해가고 있지만, 여전히 남아있다. 반대로 여자의 입장에서 생각해보자. 여자는 일단 사랑을 하고 나면 죄책감과 불안감을 느끼게 된다. 네가 만약 사랑을 한다면 그리고 정작 하게 될 때, 이같은 여자 쪽의 뒷감정 변화를 고려해야 한다.

개중에는 관계가 있었다는 사실을 숨기지 못하고 친구에게 털어놓거나 최소한 힌트라도 주는 수가 있는데, 이건 정말 해선 안 될 일이다. 여자에게 결코 좋지 않은 일이란다. 특히 작은 마을이라면 더더욱 그렇지. 또 그런 말을 흘리는 남자는 실없는 남자라는 말을 등 뒤에서 듣게 된다. 신사라면 결코 그런 말을 흘리지 않는다.

여자의 경우 매달 걱정하지 않을 수 없겠지. 임신을 할 수도 있기 때문에 남자와 관계를 맺게 되면 늘 마음의 부담을 가지고 있는 셈이란다.

그리고 참, 음주로 인한 문제가 있구나. 음주는 너의 통제력과 억제력을 감소시킨다. 적당히 마시는 것은 괜찮겠지만, 둘 다 취중에서는 무슨 일이든 벌어지지 않겠느냐 말이다. 따라서 음주의 영향력을 확실히 알아둘 필요가 있단다.

정신적인 면에서 보면 남녀사이는 관계를 맺게 되면 더욱 친밀해진다. 여자의 안으로 들어간다는 것, 자신 속에 남자를 받아들인다는 감정은 어느 것보다 두 사람의 관계를 가깝게 만든다. 그것은 두 사람을 묶어놓는 힘이 있으며, 십대의 사랑일 경우 서로 '비밀'을 공유한다는 것은 전 세상에 대해 맞설 수 있는 용기를 주기도 하지. 하지만 여자야말로 아낌없이 주는 존재라는 사실을 알아야 한다. 더러 그런 점이 보이지 않는 경우도 있겠지만, 넌 그 점을 깊이 명심해야 한다. 처녀일 경우 명예와 임신이라는 두가지 위험을 걸고 있는 것이다.

현실적인 것에서 정신적인 부분까지 이야기했으니 이제 도덕에 대해 생각해 보자꾸나. 도덕이란 네 자신의 개인적인 가치관과 연관되는 문제다. 나 자신 개인적으로는 종교에서 얘기하듯이 사랑을 하는 문제에 대해 나쁜 쪽으로만 생각하진 않고, 또 「주홍글씨」에 나오는 얘기나 또 '못된 여자만이 한다'는 식의 얘기를 받아들이는 것은 아니다. 하지만 '무조건 좋다'는 식의 프리 섹스는 반대한다. 네가 좀더 나이를 먹고 이 일에 경험이 생기다 보면 네 자신의 기준도 조금 바뀔 것이다. 그러나 십대에게 있어 섹스란 정말 골치아픈 일인 것만은 분명하다.

그래서 아들아, 여자와 관련된 문제는, 흔히들 우스갯소리로 '순간의 정자'(순간의 실수란 뜻:옮긴 이)라는 상황에 빠져들기 싫다면, 모든 상황을 충분히 그리고 신중하게 고려해서 판단을 내려야 한단다. 난 너의 판단을 진심으로 존중하고 있다. 넌 옳고 그른 것이 무엇인지 알고 있다고 믿는다.

이 문제에 관한 아빠의 생각은 대략 이렇단다. 네가 좀더 얘기하고 싶다면, 그때 또 얘기해 보자꾸나.

사랑한다.

1992. 10. 22.
아빠가

잭에게.

그간 나는 좋은 아버지가 되기 위해 무던히 노력해왔다(그리고 너는 거기에 기꺼이 동참해주었다). 아마 내가 그런 노력을 하게 된 것은 내게는 좋은 아버지가 없었기 때문이라고 생각한다. 좋은 아버지가 없었다는 것이 내게는 늘 아쉬움이었고 그래서 나는 내 아들에게는 좋은 아빠가 되고 싶었단다. 간절히 …….

좋은 아빠가 되기로 했던 내가 한가지 실패한 점은 네 엄마와의 이혼이었다. 왜 내가 엄마와의 결혼 생활을 견딜 수 없었는지 네가 원한다면 말해줄 수 있단다. 이혼은 날 비참하게 했고 또 내가 내린 결정이 너와 스텝, 드렉에게 어떤 영향을 미쳤는지도 잘 알고 있다. 하지만 난 결코 이 일을 후회해 본 적이 없다. 길고 고통스런 이혼 수속의 와중에서도 말이다.

내 인생에 있어 불행했던 날들을 시간이 지난 뒤에 보상받을 수 있었듯이, 너도 그렇게 되리라고 아빠는 믿는다. 넌 아빠가 이혼할 때 대단히 겁에 질렸었으리라 생각한다. 그래서 여기 네가 읽을 만한 기사를 하나 보낸다. 어떻게 하면 이혼을 예측할 수 있느냐에 대해 써놓은 글이다. 너도 이 글을 읽어보고 아니 오랫동안 두고두고 읽어보면 좋을 것이라고 생각된다.

사랑한다.

1992. 10. 23.

아빠가

이혼을 미리 알 수 있는 125개의 질문

제인 브로디

아마 최근 두 쌍의 결혼 중 한 쌍은 이혼으로 끝나고 있다. 이쯤 되면 결혼생활로 남아있을 수 있는 확률은 동전을 던져보면 맞을 정도가 된 셈이다.

그럼 과학적으로 100%까지는 아니겠지만 보다 정확히 이혼을 예측할 수는 없을까? 대답은 긍정적이라고 시애틀의 워싱턴 대학 심리학자들은 말하고 있다. 그들은 100쌍의 커플 중 향후 4년 동안 결혼생활을 유지할 확률에 대해 94쌍의 미래를 정확히 맞출 수 있는 간단한 방법을 고안해 내는데 성공했다.

심지어는 신혼 부부들에 대해서도 이 심리학자들은 문제의 징후가 일찌감치 나타난다고 말하고 있다.

가정 심리학 저널에 그간의 연구 발견 사실을 발표하고 있는 학자들은 결혼 뒤 아내에 대한 남편들의 실망이 이혼의 여러 원인 가운데 그 비중이 크다는 사실을 발견하고 무척 놀랐다고 말하고 있다. 지금까지 흔히 얘기된 바에 의하면 부인 측이 결혼의 건강도를 확인하는 가장 큰 바로미터였다는 생각에 반대되기 때문이다.

존 고트만 박사가 이끈 이 새 연구는 결혼의 지속연한과 이혼에 관해 다양한 연령층과 환경층을 대상으로 장기간 행해진 연구였다. 이 연구에 소요된 경비는 대부분 국립정신건강 협회에서 지원했다.

이 연구에 대해 미네소타 대학의 심리학 교수 데이비드 올슨 씨는 고트만 박사의 발견이 "대단히 흥미롭고 가치있는 것"이며 자신의 발견 사실과도 근본적으로 일치한다고 밝혔다. 그는 그간 100쌍의 부부를 대상으로 결혼 전부터 실험을 실시해 왔었다.

올슨은 커플의 성공적인 결혼 여부를 평가하기 위해 전국의 이만여 카운슬러와 성직자들이 사용하는 125개의 질문 사항을 정리했다. "우리의 도구는 어떤 부부가 이혼하게 될 것인가를 80%에서 85%까지 그 정확도를 예측할 수 있습니다."라고 그는 말하고 있다.

올슨 박사는 대학에서 결혼과 가족 치유요법 프로그램을 지휘하고 있는데, 그는 상당수의 성직자들이 커플들이 결혼에 이르기 전에 이 같은 사전 결혼 진단방법을 현재 사용하고 있다고 말하고 있다.

수잔 헤이틀러 박사는 현재 덴버 시에 살고 있으며 부부 싸움이 결혼의 수명을 결정하는데 있어 어느 정도 역할을 하는가를 연구하고 있다. 그런 그녀도 고트만의 이혼 예측 연구 보고서의 정확도에 대해 "그는 상당히 흥미롭고 중요한 연구를 하고 있는 것 같다."고 의견을 밝혔다.

헤이틀러 박사는 결혼생활에 있어 분쟁을 일으키는 각 문제점들의 빈도와 각 부부들이 문제를 해결해가는 기술들이 바로 결혼에 따른 불행과 해체를 예측하는 결정적인 요인이라고 말한다.

그녀 말에 의하면 부부 싸움이 잦다고 해서 이혼 법정으로 가는 것은 아니라고 한다. 고트만과 그 동료 학자들도 장기간의 연구에서 같은 사실을 밝혀내었다.

"더러는 부부 싸움이 서로의 애정이 깊고 보다 낭만적인 분위기에서 발생하는 수도 많습니다."라고 고트만 박사는 말하면서 "부부 싸움을 환영하든 피하든간에 어쨌든 그들은 같이 살아갑니다. 그건 오히려 다섯 배나 결혼생활에 있어 긍정적인 요소로 작용합니다. 하지만, 이혼한 부부의 경우, 부부 싸움은 긍정적인 면보다 오히려 부정적인 면이 두 배에 달합니다."라고 덧붙이고 있다.

「이혼의 예측」이라는 책의 저자이기도 한 고트만 박사는 자신의 새로운 연구에서 사용된 도구는 구두로 부부간의 지난 날을 물어보는 방식이라고 한다. 이 방식은 다른 카운슬러들이 결혼 전에 이혼의 위험을 사람들이 인식하도록 돕는데 유용하게 이용될 수 있다고 한다.

나아가서, 고트만과 그의 공저자인 킴 불만, 린 카츠 등은 이 질문들이 컴퓨터 테스트로 실시될 수도 있어 각 예비 커플들이 스스로를 진단하는데 사용될 수도 있다고 말하고 있다.

시애틀 연구진들의 말에 의하면, 이 질문표를 통한 첫번째 검증 시험이 젊고 행복한 부부들을 대상으로 실시되었다고 한다. 모두 너댓 살 난 아이를 가지고 있고 평균보다 약간 더 높은 결혼 만족도를 보이는 56쌍의 부부를 대상으로 지난 1983년부터 실시되어 왔다는 것이다.

예측 연구에서 학자들은 4년이 지난 뒤 연락이 가능한 53쌍의 부부 중에서 일곱 쌍이 이혼했다는 것을 알게 되었다.

그들의 연구 보고에 의하면 학자들도 모두 7쌍이 이혼할 것으로 예측했다고 한다. 그러나 정작 그들이 4년 뒤 이혼할 것으로 내다본 부부 중 3쌍은 이혼하지 않고 다른 부부가 이혼하는 등의 착오는 있었다고 한다.

그럼에도 불구하고 연구진들은 이는 93.6%의 예측 정확도로서 부부들이 이혼 결정을 내리기 전까지 문제가 있었던 결혼을 사전에 진단해냄에 있어 어느 방법보다 정확한 방법임을 확인해 주었다.

구두로 지난 일들을 물어보는 이 방식은 주로 부부의 집에서 실시되었으며, 남편과 아내에게 어떻게 그들이 만났으며, 또 결혼을 결심하게 되었는지, 그리고 그들의 결혼관과 그간 결혼 생활이 어떤 변화를 보였는가를 물어본다.

그러나 학자들이 관심을 보이는 것은 그 대답의 내용이 아니라, 질문에 대해 각 부부들이 스스로를 표현하는 방식이라고 한다.

동시에 몇몇 부부들은 '실험실' 안에서 15분간 그들 부부의 대표적인 문제점 두 가지에 대해 토론을 하도록 하고 그것을 지켜보는 실험도 있었다.

그러면 심리학자들이 그 질문에 답변과 토론의 결과를 평가한 뒤, 지난 요인들이 현재의 관계에 어떤 작용을 하고 있는가를 살펴보게 된다.

이 결과 어느 한 부분에서 낙제점을 받아도 큰 문제가 아니었지만, 몇몇 부분에서 나쁜 점수가 나오면 상황이 심각해진다는 것이 나타났다. 지금까지 밝혀진 주요 문제점들은 다음과 같다.

배우자에 대한 애정, 다시 말해 배우자에 대한 부정적인 측면들. 여기에는 배우자의 매력을 더 이상 못 느낀다든가 또는 상호 의견 불일치 정도, 서로에 대해 표현하는 부정적인 느낌 등이 포함된다.

포용성 또는 각 파트너들이 인터뷰 도중에 보인 표현의 형태, 예를 들자면 구혼 과정에 대한 상세한 설명, '우리'라는 생각과 '각자'라는 생각. 배우자들이 스스로를 팀의 일원으로 보느냐 아니면 자유를 구속하는 입장에서 생각하느냐의 문제이다.

남녀의 역할에 대한 지나친 고정관념. 즉 남자는 응당 이래야 되고 여자는 저러해야 한다는 고정관념들이 지나치게 경직된 자세를 보이는 경우, 골칫거리나 문제 상황에 대처해야 할 경우 보여주는 서로에 대한 믿음이나 유연성의 정도, 혼란감, 스스로의 삶에 대한 무력감이나 될대로 되라는 식의 태도, 결혼생활을 하면서 어려움에 공동으로 대처했던 시간들과 기억에 대한 부부간의 유대감과 믿음 같은 것의 유무와 정도, 결혼 자체에 대한 지나친 환상과 실망감. 더 중요한 것은 남편측의 반응이다.

이혼한 부부를 보면, 남편 쪽이 더 크게 실망하고 우리라는 생각도 낮으며, 관용성도 쳐진다는 사실을 알 수 있다고 학자들은 말하고 있다. 아내 측에서 볼 때, 이혼을 예측할 수 있는 주요 요인으로서는 결혼에 대한 실망감과, 함께 있다는 것에 흥미를 못 느끼는 현상 등을 꼽을 수 있다.

문제에 접근해가는 부부들의 자세를 조사한 결과, 학자들은 남편측의 반응이, 특히 아내와의 논쟁에서 회피하려는 경향을 보이는 것이 이혼을 예측할 수 있는 중요한 요인이 된다는 것을 알았다. 동시에 남편이 아내에 대해 담을 쌓는 것은 아내가 건강상의 문제를 일으키는데 연관이 있다는 사실도 밝혀졌다고 고트만 박사는 말하고 있다.

시애틀의 심리학자들은 현재 아이를 가지기 이전과 이후의 결혼

상태 변화를 관측하고 이혼의 가능성을 조기에 예견할 수 있는 사항들을 알아내기 위해 현재 140쌍의 신혼 부부들을 연구하고 있다.

"신혼 부부라 할지라도 그들의 관계, 즉 서로에 대한 관심이라든가 성냄, 비난의 정도 나아가서는 상호간에 적대감을 **표현**하는 방식이나 정도에 있어서도 극히 다양하다는 사실을 알고 나선 정말 많이 놀랐다"라고 그는 말하고 있다. 〈뉴욕 타임즈에서 복사〉

잭에게.

네가 이 편지를 받아볼 즈음이면, 추수감사절까지 꼭 3주가 남아 있고, 그로부터 3주만 지나면 크리스마스 연휴가 되겠구나. 그러면, 음, 내 아들아, 넌 캐이트에서의 2년차 생활을 마무리하는 셈이고 전체로 따지면 3/8이. 지났고 5/8가 남은 셈이 된다. 정말, 이렇게 세월이 빨리 가다니!!!

그러니 이제 6주라는 길지않은 시간만이라도 네가 배울 수 있는 것을 최대한 배우고, 또 일 분 일 초라도 소홀함이 없이 공부에 전념해주기 바란다. 마땅히 그래야 한다, 최선을 다하거라!!

지금부터 앞으로의 일정에 대해 적겠다.

1. 추수감사절은 내가 24일 화요일 오후 2시 30분에 캐이트로 가서 널 태우고 집으로 온다. 그러면 네 엄마가 널 수요일 오후 5시에 와서 데리고 갈 것이다. 그러면 넌 엄마와 나흘 동안 지낸 다음 일요일 저녁 6시에 내가 널 데리러 간다. 그랬다가 30일 월요일 오후에 널 캐이트로 데리고 가면 된다.

2. 크리스마스는 12월 19일부터 24일 이브 저녁 6시까지 엄마와 함께 보내면 되겠지. 내 생각으론, 아마도 엄마가 널 캐이트에서 직접 태우고 오기 위해 19일에 갈 것 같다. 나는 이브 저녁부터 너와 동생들과 함께 열흘 동안(크리스마스 날과 새해 휴일까지) 보낸 다음 4일 월요일에 널 캐이트에 데려다 주면 되겠다.

따라서 지금부터 봄방학까지 겨우 9주 반의 시간밖에 남지 않았구나, 아들아.

그러니 내가 얘기했듯이, 전심전력을 다해 남은 3주 동안은 오로지 학업에만 열중하거라. 그리고 일주일 동안 쉬면 3주밖에 남지 않게 된단다. 잭, 공부에 매진하다 보면 그만한 성적이 나오게 되는 법이란다. 그걸 잊지 마라!!!

난 네가 모든 면에서 최선을 다하고 있다는 것을 생각할 때마다 가슴이 뭉클하다. 지금 너는 네가 할 수 있는 것을 하는 것이고, 지금 네 나이는 무엇이건 열심히 해야 할 때란다. 그리고 그건 누구보다 네 자신을 위한 것임을 명심하거라!!!

잭아, 크리스마스가 정말 기다려지는구나. 우리는 새로운 콘도를 갖게 될 것이고 벤츄라에서 함께 보낼 수 있겠지. 네 동생들도 함께 있을 거고, 또 너는 운전면허를 따게 되니 마음대로 오고갈 수 있겠구나, 얼마나 좋니, 안 그러냐!! 정말 모두가 좋은 일이다.

사랑한다.

1992. 10. 28.
아빠가

잭에게.

네가 약물검사를 해보겠다고 하는 말을 듣고 정말 기뻤다. 네가 약물검사에 응하고픈 생각이 났다는 사실보다는 그 결과를 나에게 알려주겠다고 한 말이 더 기쁘구나. 아빠의 말이 '한다면'이 아니라 '했을 때'였다는 점을 기억해다오.

이런 나를 바보라고 생각하는 사람들도 있을 것이다!! 가령 내 친구 필 같으면 네가 헤로인이나 코크, 또는 자살을 시도해 본다 해도 뭐 그리 문제가 되겠냐고 반문할 수도 있을 것이다. 그러나 내 대답은 결단코 '아니다' 이다.

이 점에 대해 내가 믿고 있는 바를 적으면 다음과 같다.

1. 포트(Pot - 일종의 각성제:옮긴이)는 대단히 위험하다. 자주 사용하면 성격이 변하고 기억력이 감퇴되며 심지어는 너의 염색체에 악영향을 미친다(따라서 후손에게도 나쁘다). 또 무기력 상태를 유발한다. 모두 잘 알려진 사실들이다!! 그러니 장난삼아 한 번 하는 것도 그게 바로 끝장임을 잊어서는 안 된다.

2. 한 번 경험삼아 하는 것도 안 된다고 하는 것을 지나치게 비현실적이라고 생각하는 것이야말로 바보 천치라고 생각한다. 흔히들 아이들은 폭음도 해보고 포트도 해보기 마련이라고 생각하는데 천만의 말씀이다. 십대면 으레 그런 경험이 필요하다고 하는 발상이 관대한 부모의 자세처럼 인식되는데 이는 대단히 위험한 일이다. 그들도 경험했으니 애들도 하게 내버려두라는 식 말이다. 지나치게 '무거운 약'만 쓰지 않으면 괜찮다는 발상도 마찬가지로 난 반대다.

3. 모든 부모들은 정도의 차는 있겠지만, 자신의 아이들이 십대가

되면 그들이 하는 말을 믿어야 할지 말아야 할지를 결정해야 한다고 생각한다. 여기서 더 중요한 것은 난 너의 말과 판단을 믿는다는 점이다. 어떤 시점에 가면 부모들은 자식들에게 바른 가치관을 계속 가르쳐 주려고 노력하기도 하지만 그만두거나 포기하는 경우도 많은 듯하다. 물론 난 전자에 속하기를 희망한다.

4. 알코올이나 니코틴, 약, 기타 등등 어떤 물질을 사용하는 것은 단지 목적이 분위기나 기분을 바꾸기 위한 것이라면 그것은 일종의 병이다. 내 말은 '아침에 일을 시작하기 위해' 또는 '하루의 피로를 풀기 위해' 커피를 마시는 것 등은 무방하지만, '남들과 어울리기 위해' 또는 '편안한 기분을 만들기 위해' 약을 사용하는 것은 병이란 얘기다. 그것들의 사용빈도에 따라 병의 정도도 알 수 있단다.

이상이 나의 신념이다. 따라서 내 인생보다 더 소중히 여기는 아들에게 솔직히 이렇게 말해보자.

1. "마약은 한 번도 해본 적이 없어요."라고 뻔한 거짓말을 하기보다는 솔직하게 "고등학교 2학년 때 하도 궁금해서 한 번 해본 적은 있지요."라고 말하는 것이 더 나은 자세다. 너도 알겠지만, 클린턴 대통령도 어린 시절 포트를 한 번 해본 경험이 있다고 털어놓은 적이 있다.

2. 넌 법을 어기게 될 것이다. 그때 난 네가 체포될 수도 있는 공공장소에 있지 않으면 좋겠다.

3. 포트를 사용하는 것이 '세련'이나 '성숙'과 같은 말들의 동의어는 아니다. 그것은 위험하고 어리석고 스스로의 허약함을 나타내 보이는 행동이며, 또 사회적으로나 성격적으로 문제가 있다는 뜻이

된다. 난 네가 포트와 같은 것은 두 번 다시 사용하지 않기를 바라며, 그런 나쁜 물질을 사용하는 사람들과 어울리지 않기를 빈다.

4. 교제상의 이유에서 맥주 한 두 병을 마시는 것은 그것이 학생 음주로 체포될 수도 있는 공공장소가 아니고, 술을 마신 채로 운전하겠다고 나서지 않는 이상 큰 문제는 될 것이 없다고 아빠는 생각한다. 음주가 문제가 되는 것은 지나치게 들뜨거나 술에 만취할 때이다. 그리고 단지 취하기 위해 술을 마시는 것은 병이다.

5. 딱 한 번이라 할지라도 헤로인이나 코크, LSD 같은 것을 시도하는 것은 바로 러시안 룰렛을 하는 것과 다름 없다!! (러시안 룰렛이란 리볼버 권총에 총알을 한 발만 장전한 상태에서 번갈아 머리 앞에서 방아쇠를 당기는 자살 게임:옮긴이) 그러니 무거운 약물에는 아예 접근을 하지 말아야 할 것이다. 혹 누가 네 앞에서 코크같은 것을 꺼내면 즉시 자리를 뜨길 바란다. 영원히!!

6. 솔직히 말해서, 네가 경험삼아 말아피우는 포트를 한 번쯤은 해보길 원한다는 말을 듣고 기쁘구나. 그러나 그것이 '금단의 열매' 인양 지나치게 집착할 필요는 없다고 본다. 한 번 해보고 나서 "음, 한 번 해봤는데, 별로라서 다시는 하지 않을거야."라는 말이 나올 정도가 되면 나는 정말 기쁘겠다.

너를 사랑한다.

1992. 10. 29.
아빠가

잭에게.

일요일이구나. 제인은 책을 보고 있고, 네 동생들은 밖에서 놀고 있다. 나는 책상 위에서 그간 밀린 일들을 하고 있다.

'치명적인 시간' (밤 10시에서 새벽 2시 사이)에 음주운전을 하다가 사망한 두 명의 청소년들에 관한 기사를 동봉한다. 내가 누누이 얘기했듯이, 그 사고는 음주운전이 원인이다. 너더러 반드시 그 치명적인 시간대에 도로 위에 있어서는 안 된다는 얘기가 아니다. 단지 경찰 통계에 의하면 그 시간대에 도로상에 있는 청소년들 대부분이 술을 마신 상태라는 것이다. 전에도 얘기했지만, 음주 상태에서 차를 몰다가 사고라도 나서 평생 움직이지도 못하고 살게 되면 그야말로 끔찍한 일이 아니겠니. 바로 네 친구 앨런이 그런 경우였다. 같이 있던 친구는 자신 때문에 죽었고 본인도 영원히 회복될 수가 없게 되었으니 말이다.

좀더 밝은 얘기로 바꾸자. 콘도 사용 계획도 함께 보낸다. 너도 반길 것이라는 생각이 든다. 더 좋은 점은 마을의 남동쪽으로 계곡이 펼쳐져 있어 경치가 아주 그만이란 점이다. 이제 문자 그대로 일주일도 남지 않았구나!! 피터슨은 가게를 쉴 예정이고 또 킹 캐넌과 클로비스 거리 주변에는 문을 닫는 가게도 아주 많다. 아무튼 일단 와서 보렴!! 마을 북쪽은 전혀 다른 세상이다. 네 친구들 대부분이 그곳에 가 있다. 또 여러 가지 행사도 그곳에서 벌어지고, 좋은 식당도 그곳에 모여있다.

그럼, 내 아들아. 이만 써야겠구나. 이제 추수감사절까지 정확히 두 주밖에 남지 않았다. 열심히 공부하면서 두 주 동안을 알차게 보내거라. 넌 수학 선생님을 한 번 찾아가 볼 필요가 있다. 네가 그러기를 망설이고 있다는 걸 알지만, 그것밖에 다른 좋은 방법이 없지 않니!!
 사랑한다.

1992. 11. 8.
아빠가

잭에게.

이제 추수감사절 연휴까지 일주일 남았구나. 얘야, 시간이 참 빠르지!! 마지막 한 주 동안 열심히 공부하면서 알차게 보내거라. 수업도 열심히 듣고 선생님들과도 만나서 네게 필요한 것에 대해 보충을 받도록 하거라. (역사 과목에 대한 너의 생각을 좀더 발전시키고 수학적 개념에 대해서도 좀더 기초를 다지고) 네가 잘 해낼 것으로 믿는다만 이번 한 주일 동안이라도 다른 아이들이 들떠있을 때 넌 책상머리에 코를 박고 있으렴.

지금은 일요일 아침이다. 난 신문을 읽고 커피를 마신 다음, 오늘 일을 시작해 볼 요량이다. 할 일이 많다만 제일 먼저 네게 편지부터 쓴다.

집 계약도 거의 마무리되는 듯이 보이고(약 99% 정도), 콘도 구매건도 잘 진행 중이다. 이 집은 20일에 넘겨주면 그때부터 2주 동안은 새 집주인과 얘기해서 임대로 사용할 생각이다. 그러다보면 콘도 구매가 끝날 것이고, 이사하면 된다. 12월 1일 정오에 이사할 생각이다.

네가 이사 일손을 거들기 위해 학교로 하루쯤 늦게 돌아가도 되는지 물어봐 주면 고맙겠구나. 연휴 일정을 동봉한다. 네가 보면 우리의 계획들이 얼마나 촘촘하게 짜여있는지 알 수 있을 거다. 네가 하루 더 머무를 수 있다면, 다시 말해 중요한 수업이 없다면, 내게 큰 도움이 될 텐데.

오늘 나는 진종일 책들을 꾸리는데 시간을 보낼 작정이다. 얼마나 번거로운지, 원! 우리집에 책이 무려 일렬로 쌓으면 130피트나 된다는 사실이 과연 믿어지니? 맙소사…… 지난 6년 동안 이 집에서 생긴 물건들이 정말 많기도 하구나. 너도 알다시피, 이 집은 그동안 정이 듬뿍 들었다. 여기에는 좋은 추억들이 참으로 많았었다, 이 점은 너도 잘 알고 있을 것이다. 하지만, 이제는 떠나야 하고 우리 인생의 새로운 장을 열어야 할 시간이다.

이 편지를 쓰고 있는 동안, 저 밖에는 적어도 열다섯 명의 아이들이 본 네트를 쳐든 두 대의 자동차 주변에 서서 서성이는 모습이 눈에 들어온다. 저 애들은 밤을 옆집에서 지새고, 이제 떠나려고 하는데 차가 움직이지 않는 모양이다. 얘야, 이제 난 이사할 준비가 다 되었단다.

브라이언이 12월 3일자로 시장 선거 출마를 발표할 예정이다. 내가 보기에 당선이 가능할 것 같다.

아 참, 한가지 더…덕슨(집지키는 개 말이다)을 데려가긴 어렵지 않겠니? 그래서 얘기인데 캐이트 선생님들 중에 개를 원하는 선생님이 혹 계시지 않은지 물어봐 주려므나. 꼭 알아봐다오.

잭, 넌 네가 얼마나 여기저기에 명함을 내밀고 있는지 알면 실감이 나질 않을 거다. 교육재단(너에겐 이야기하지 않았다)과 디뉴바 개발, 벤츄라 프랜차이즈, 골드 상사(이 회사는 만나서 얘기해 줄게), 그리고 HSA 프랜차이즈 마케팅 사도 있지. 돈이 여기서 들어오고 저기로 나가고 있고, 난 그 모두를 잘 관리해야 하는데 결코 쉬운 일이 아니란다.

수요일과 목요일(18일과 19일)엔 LA와 벤츄라에 가 볼 생각이다. 그때 네가 시합이 있다면, 가보고 싶다. 그러면 아마도 수요일 저녁에는 저녁도 할 수 있겠지. 그러니 화요일 밤까지 그게 가능한지 전화로 알려다오.

아, 그리고 한가지가 더 있다. 네가 컴퓨테크 중학교에서 받은 우등상 메달 말이다. 어딘가 두긴 뒀는데 전혀 기억이 나질 않는구나.(아마 나이 탓인 모양이다.) 분명히 잃어버리진 않았는데, 찾을 수가 없구나. 알고 있다면 좀 알려다오.

벤츄라 얘기를 좀 하자면, 돌아가는 모습을 보건데, 프랜차이즈 사업이 1월까지 잘되면 제인과 나는 그때 가서 벤츄라에 자리를 잡을 예정이다. 이 말은 제인이 엘 세 군도를 떠나 벤츄라로 이사온다는 뜻이다. 우리 모두, 네 동생들과 함께, 크리스마스를 프레스노의 콘도에서 며칠 동안 보낼 수 있을 것 같구나. 크리스마스 휴가 중에 무얼하면 좋겠는지 생각 좀 해두길 바란다.

그래, 아들아. 이만 적겠다. 네가 무척 보고 싶고, 너를 사랑하며 또 믿고 있단다. 네가 학업에 최선을 다하고 있다는 것이 자랑스럽구나.

사랑한다.

1992. 11. 15.
아빠가

잭에게.

십대의 상징은, 음, 그러고 보니 너도 이제 십대를 절반 이상 보낸 셈이 되는구나, 바로 '분위기'를 탄다는 점이다. 호르몬 영향인지 스트레스가 많아서인지 아니면 배워야 할 것이 너무 많아서인지 아무튼 십대치고 분위기를 타지 않는 십대는 없는 듯하다. 다행히도 너는 비교적 덜한 편이지만, 혹시 분위기 때문에 어떤 애로가 있다 싶으면 반드시 나에게 알려주어야 한다. 예를 들면 학부형 주말에 넌 성적표를 받고 나서 몇 시간 동안 완전히 얼이 나간 표정이더구나. 그런 것도 분위기 타는 것에 들어간다. 또 지난 수요일 넌 역사 시험을 망친 뒤 라크로스 시합에서 지나치게 흥분해 있더구나. 평상시의 네 모습이 아니었다.

그렇다면 대답은(그리고 질문은)? 우선 먼저 기분이란 수시로 변하는 것이며 또 그것이 네게 어떤 영향을 주는지 알아둘 필요가 있다는 것이다. 넌 하나의 대상에 상당히 몰두하는 편이고 경쟁심도 많은 성격이다. 그것은 좋은 것이다!! 그 바람에 항상 좋은 결과를 얻을 수 있기 때문에 말이다. 하지만 나쁜 점도 있지. 너는 기복이 심한 편이라는 점, 바로 그 점이다. 네 자신과 네 자신에게 밀려드는 압력을 이해하고 그것들을 어떻게 다루어야 할지를 너는 배워야 한다. 괜히 일이 안 될 때마다 손가락을 깨물고 있지만 말고!!

네 아버지는 물론 중압감 속에서도 자제력을 잃지 않고, 신경질도 안 부리고 지나치게 집착하지도 않고 언제나 꾸준한 사람의 전형이다…. 네가 이 말을 믿는다는 전제하에서 하는 이야기지만.

어쨌든 상황에 따라 생각을 하고 문제에 대처하거라. 통제력을 잃지말고 신중히 생각하는 것, 그걸로 충분하다.

　세상은 참 알다가도 모를 일이다. 삶에 있어서 전혀 뜻밖의 고비가 찾아오고 굴곡이 생겨나니 말이다. 조지는 미술을 그만두었다. 자기 말로는 너무 피곤하고 또 돈 1만 달러가 간절한 실정이라고 한다. 그림 프로모터의 가족이 사망하는 바람에 전시회도 실패하는 등등 곡절이 너무 많았다고 하더라. 그래서 나와 아더는 그의 모든 그림을 사들였다. 그것도 도매값에. 우리들은 그 그림들을 주내 여기 저기 미술관에 예탁(이 말은 나중에 값이 오르면 비싼 값을 받을 수 있다는 말이다)해 놓았다가 서서히 투자금액을 거둬들일 생각이다. 팔리기까지 최소한 몇 년이 걸리겠지만, 또 전시를 끝내기까지만도 몇 달이 걸리겠지만 그렇게 할 생각이다. 또 그 중에 한 점 정도는 너와 내가 함께 골라서 집에 걸어둘 수도 있을 것이다. 아더 역시 그럴 작정이고. 그렇게 되면 15점이 남는데 팔게 되면 만 달러 외에도 이익을 볼 수 있을 것이다. 아무튼 어떻게 되어가는지는 두고 보자꾸나, 응.

　다음주에 네가 집에 돌아와서 같이 지낼 날이 기대되는구나. 난 화요일 아침 일찍 일어나서 LA에 회의 때문에 갔다가, 회의가 끝나고 너를 태우기 위해 케이트에 도착하면 오후 2시 30분쯤이 되겠지. 그러면 오후 6시 30분이나 7시쯤이면 집에 도착할 수 있을 것이다. 오는 길에 네 친구도 함께 태워서 오면 그날 저녁 이중으로 왔다갔다 할 필요가 없지 않겠니.

　수요일, 네 엄마가 너를 태우러 오기 전에 운전면허 시험을 보겠다는 네 생각은 아주 그럴싸하게 들리는구나.

오늘은 이쯤 해두자. 오늘은 금요일이라 오후 5시에 네 동생들을 태우러 가기까지 회의가 태산처럼 밀려있다. 이 편지는 우편으로 갈 테니, 넌 월요일이나 화요일쯤 받아보겠지. 주말 전에 동생들에게 전화로 안부라도 주렴.

사랑한다.

1992. 11. 20.
아빠가

잭에게.

난 네가 자랑스럽지 않을 때가 거의 없었고, 또 넌 올바른 가치관에 따라 행동하지 않을 때가 거의 없었다.

그런데, 잭. 일요일 저녁과 월요일 아침, 넌 참 보기드문 행동을 하더구나. 난 대단히 실망했다. 너의 태도는 이기적이고 결코 칭찬받을 만한 행동이 아니었다.

1. 제인은 추수감사절 준비와 이사할 준비에 정말 정신없이 바빴었다. 그 중에는 모형비행기까지 포함해서 네 물건들도 무척이나 많았다. 그런데 넌 그녀에게 감사의 말일랑 한마디도 하지 않았다. 또 그녀는 아침 일찍 너를 운전면허 시험장에 태워다 주느라 바빴고, 게다가 자신의 차도 운전시험용으로 빌려주기까지 했다. 그런데 고맙다는 말 한마디 없다니. 그녀는 너를 태워주기 위해 월요일 일정까지 변경했다. 그런데 또 한마디 감사의 말도 넌 하지 않더구나.

2. 난 할 일이 너무 바빠서 너와 문제를 일으키고 싶지 않았다. 그런데 그간 내가 해온 모든 일들이 모두 쓰레기처럼 느껴진다. 정말이다. 너를 데려오고 네 친구까지도 태워다 주었는데, 그리고 네가 가장 편리한 시간에 운전시험을 볼 수 있도록 바쁜 와중에도 신경을 썼건만, 넌 내게 "아빠, 고마워요"란 말 한마디 없었다. 도대체 내가 그간 네게 한 모든 일이 무슨 의미가 있단 말이냐.

잭, 십대라고 해서 무조건 이기적일 수 있는 것은 아니다. 넌 십대의 특권을 남용했다. 난 네가 너의 침대를 부숴버리기를 거부하고 나중으로 미룬 행동을 도저히 받아들일 수가 없다. 게다가 새로 산 신발(55달러짜리)만 들여다 보느라 내겐 한마디도 건네지 않았다!!. 그리고 네 선생님이 한 말, 즉 공부 습관을 개선하고 도움이 필요한 것 같다는 말에 대해 너와 얘기 좀 해보려고 했더니 넌 한마디로 일축하고 말더구나, 난 그만 어안이 벙벙했다!!

줄여 말하자면, 넌 우리에게 무신경하게 마구 행동했다. 나는 그것 때문에 속이 상했고 제인도 역시 마찬가지였다. 정말 가슴이 아프다!!

사랑한다.

1992. 12. 1.
아빠가

잭에게.

잠시 우리의 관계에 대해 얘기해 보자. 잭과 그의 아빠, 아버지와 아들의 문제에 대해 말이다.

우리는 네가 꼬마였을 시절부터 줄곧 아주 가까운 사이로 지내왔다. 혼자된 아버지로서 너를 잘 키우고 올바른 사람으로 만들기 위해 정말 최선을 다해왔고, 마침내 넌 제대로 된 아이가 되어 캐이트로 떠났다. 나는, 우리는 성공했다고 생각해왔다. 넌 아들로서 난 아버지로서 말이다. 너는 좋은 자질과 올바른 가치관을 가진 아이였고 이제 젊은이가 되었다.

네가 기숙학교로 가게 된 것은 분명 내 결정이었다. 난 네가 보다 좋은 교육을 받아야 한다고 여겼기 때문이었고 지금도 이 결정에 대해 조금도 후회하지 않는다. 프레스노에서는 그것이 불가능했기에. 그러나 그런 결심을 하기에 앞서 난 내가 해줄 수 있는 기본적인 모든 것들을 해주었다고 느꼈었다. 그렇기에 보다 다양한 환경과 경험 속에 너를 내놓을 수 있었던 것이다.

나 개인적인 욕심으로는 너를 멀리 보내기 싫었다. 그간의 가까웠던 우리 관계를 잃고 싶지 않았기 때문에. 만약 너를 멀리 보내면 나와 매일 얼굴을 맞댈 수 없을 것이고 따라서 너의 일상 생활에 관여할 기회를 잃어버리게 될까 내심 걱정했다. 동시에 네 얼굴을 매일 맞대는 즐거움도 놓치고 싶지 않았었고.

그러나 네가 기숙학교에서 맞이할 다양한 환경과 역할들을 고려해 볼 때, 너를 정말 발전시키기 위해서는 정든 둥지를 떠나 그리고 강하고 독재적인 아버지로부터 떨어져 있을 필요가 있다고 느꼈다.

잭, 난 아직도 그 결정이 옳은 것이었다고 생각한다. 하지만 당장은 어느 정도 속태우는 점이 있는 것도 사실이다. 넌 열여섯이고 그 나이면 부모 품에서 벗어나 슬슬 자신의 활동을 할 때이다. 그렇지만 이 중요한 시기에 캐이트에 떨어져 지낸다는 것은 상황을 보다 어렵게 만들고 있다고 여겨진다. 잭아, 지난 다섯 달 동안 넌 한 통의 답장도 하지 않았다는 사실을 알고 있니? 일주일에 전화 한 두 통 이상 연락이 없었다는 점도. 그건 다 합쳐봐야 몇 분도 안 되는 시간에 불과하다. 좀 지나친 감이 들지 않느냐? 그리고 넌 그간 주말에 집에 오고 싶다는 생각도 거의 내비치지 않았다.

관계라는 것은 그것이 아버지와 아들이건, 남자와 여자친구 사이건, 남편과 아내 사이건 간에 노력이 없으면 안 되는 것이란다. 자기 생각을 말하고 의견을 들어보고 때로는 그냥 함께 있어야 할 필요가 있는 것이 관계다. 그렇지 않으면 그 관계는 시들어 죽고만단다, 내가 장담한다. 그래, 이만 됐다, 아들아. 탱고춤에는 두 사람이 있어야 한다. 내가 먼저 말했으니 이제 공은 네게 넘어가 있다.

사랑한다.

1992. 12. 10.
아빠가

추신: 네 역사 선생님과 좋은 상담시간을 가졌었다. 선생님 말씀이 보충학습은 이제 필요없다고 하시더구나. 축하한다!! 네가 열심히 공부하는 것을 잘 알고 있다. 반드시 보람이 있을 것이다!!!

거의 죽을 것 같았던 어느 밤

잭 브룸

지난 제야날 저녁 아빠는 내 방으로 와서 말씀하셨다. "잭, 오늘 밤 친구들과 나가 놀아선 안 돼. 오늘은 제야라 길거리에는 술취한 사람밖에 없을 거야. 저녁 8시까지 집에 있다가, 그 시간이 지나면 밤을 함께 보낼 사람을 불러도 좋아." 놀랄 일이 아니었다. 아빠는 몇 년 동안 제야 저녁이면 줄곧 그렇게 말씀하시곤 하셨으니까. 난 그렇게 하겠다고 했다.

여자친구에게 전화를 걸어 부모님들께서 밤을 함께 보내는 것을 허락하시겠는지 물어보고 이야기를 마친 시각이 저녁 7시경이었다. 전에는 거의 허락을 해 주시지 않아서 전혀 기대하지 않았는데 뜻밖에도 선선히 허락을 해 주셨다. 약간 당황했지만, 난 즉시 차를 몰고 그녀를 데리고 왔고 집에 오니 8시였다. 내 동생들이 영화를 준비해놓고 있어서 모두 둘러 앉아서 영화를 봤다. 아빠가 집에 돌아오셨을 때가 저녁 9시경이었는데 그때 우리들은 모두 영화를 보느라 정신이 없었다. 아빠는 내게 친구분과 함께 파티에 가신다고, 새해를 함께 맞이하기 위해 11시까지는 돌아오시겠다고 하셨다. 파티가 있는 장소는 겨우 몇 블록 떨어진 가까운 곳이었다. 왠지 가지 마시라고 말씀드리고 싶었지만, 아빠는 어른이었고 또 언제나 나보다는 생각이 깊으셨기 때문에 아무 말씀도 드리지 않았다. 친구분이 도착하시자 난 인사를 드렸고, 그분과 함께 아빠는 곧 나가셨다.

나는 괜한 걱정은 접어두기로 했다. 알아서 잘 하실 텐데 뭘.

그런데 밤 11시가 넘도록 문기척이 없었고, 난 걱정이 되기 시작했다. 아빠는 언제나 어느 시간에 어느 장소에 있다고 말씀하셨고 시간에 늦는 법이 없는 분이셨다. 하지만 정각 11시까지 돌아오신다고 말씀하신 것은 아니었기 때문에 잘 계시겠지, 곧 돌아오시겠지 하고 난 마음을 달랬다. 12시 15분 전이 되자 내 동생들과 여자친구 매리앤은 파티용 모자와 호루라기를 꺼내오기 시작했다. 영화가 이미 끝나서 매리앤은 MTV로 채널을 돌렸다. 동생들과 매리앤이 나더러 파티의 광대 노릇을 하라고 했지만 나는 자꾸 뭔가 걱정이 되었고, 괜스리 불안해서 마음이 편치 않았다.

매리앤이 있어서 다행이었다. 그녀가 없었더라면 동생들이 그토록 즐겁게 놀지는 못했을 것이었다. 그녀는 동생들과 놀이도 하고 춤도 추면서 한시간여 동안 즐겁게 보내주었다. 시간이 너무 지났다고 여겨지자, 동생들을 재우고 나서 매리앤과 나는 내 방으로 갔다. 내 염려를 알아챈 매리앤은 아빠가 곧 돌아오실 것이라며 너무 걱정하지 말라고 나를 안심시켜주었다. 나도 결국 그 말에 동의하고 함께 잠자리로 갔다. (오해는 마시길, 단지 우리는 친구 사이일 뿐이니). 약 십 분 정도 얘기를 나누고 있었을 때 전화 벨이 울렸다. 난 아빠이기를 빌었지만, 수화기에서는 다른 낯선 남자의 목소리가 들렸다.

"존 브룸 씨 댁이 맞습니까?"

"실례지만 누구시죠?"

"여기는 프레스노 카운티 경찰서입니다."

몇 초 동안 내 심장이 멎는 것 같았다. 수천 가지 별별 생각들이 뇌리를 스쳐 지나갔다. 왜, 경찰서지? 아빠가 잘못을 하셨나? 아니면 다른 누가 아빠에게 그랬나? 도대체 어떻게 되어가는거지? 난 완전히 쇼크 상태였다. 몇 초가 흐른 뒤 전화 속의 그 분은 "네 아버지에게 작은 사고가 생겼단다. 지금은 병원에서 치료를 받고 있는데 몇 시간 뒤면 집으로 가실 게다. 그러니 자고 있으면 아침에 만나볼 수 있을 거야."

라고 말하는 것이었다. 바로 그때 난 살아오면서 가장 큰 실수를 저질렀다. 그 분 말씀을 그냥 믿어버린 것이다. 약간 얼떨떨했지만, 잠자리에 돌아와 매리앤에게 통화내용을 얘기해 주었다. 불과 몇 시간 전만 해도 거리가 술취한 사람들 때문에 위험하니 외출하지 말라는 말씀을 하시던 분이 나가서 사고를 당하시다니. 아무튼 아빠가 어디 계신지 알았고 대수롭지 않은 일이라고 생각한 우리들은 걱정을 잊고 몇 시간 동안 서로의 생각과 경험담을 이야기하며 즐거운 시간을 보냈다. 몇 시인지 잘은 모르지만 우리들은 그날 밤 매우 늦게 잠이 들었다.

침대 곁에 있는 전화 벨 소리에 잠을 깼다. 잠이 덜 깬 상태라 처음에는 무슨 말인지 잘 못알아 들었다. 통화가 시작된지 5분이 지나면서 그녀의 목소리가 가라앉기 시작했다. 사고가 심각해서 아빠는 그날 오후 늦게까지 병원에 있어야 한다는 것이었고 어느 병원인지 말해주고 나서 그녀는 다시 전화하겠다며 전화를 끊었다. 난 곧장 욕탕으로 가서 샤워를 했다. 뜨거운 물에 어느 정도 정신을 차리자 그냥 이렇게 앉아서 전화만 기다리고 있을 수만은 없다는 생각이

들었다. 뭔가 조치를 취해야 했다. 욕조를 뛰어나와 옷을 부랴부랴 입었다. 아직 모두들 잠들어 있었다.

나는 병원으로 전화를 걸어 존 브룸이란 사람이 입원해 있는가를 물어보았다. 전화가 연결되자 아버지가 받지 않고 어떤 여인이 대신 받았다. 난 그녀에게 일이 어떻게 되어가느냐고 물었다. 그녀는 자신이 간호사이며, 환자의 상태에 대해 답해줄 수 없다고 대답해 왔다. 한참 실랑이를 벌였지만 그녀는 여전히 묵묵부답이었다. 난 화가 난 나머지 몇 마디 쏘아붙인 다음 수화기를 세차게 내려놓았다. 그리고 모두를 깨워 대략적인 상황을 알려주었다. 매리앤을 집에 내려준 뒤 동생들과 함께 곧장 병원으로 향했다. 도착하자 동생들을 로비에서 기다리고 있게 하고, 아빠를 찾으러 승강기에 올라탔다. 승강기에 있던 간호사는 내가 너무 어려서 들어갈 수 없다고 했지만, 이 시간에 집에 사람이라고는 나 혼자밖에 없다고, 만일 들여보내주지 않으면 가만있지 않겠다고 으름장을 놓았다. 그 말을 마쳤을 때 나는 이미 넓은 방을 반쯤 가로지르고 있었다. 난 입원실로 들어가기 전에 좀더 침착할 필요가 있다고 생각했다.

모퉁이를 돌았을 때 난 내 앞의 광경을 믿을 수가 없었다. 아버지는 앞뒤로 접었다 폈다 할 수 있는 침대 위에 고정된 채로 누워계셨고 몸은 피와 붕대로 온통 뒤덮여 있어 거의 돌아가신 것처럼 보였다. 지금까지 울음을 참지 못하고 그냥 울어버린 것은 그때가 처음이었을 것이다. 아빠는 눈을 약간 뜨시더니 나를 향해 몸을 움직이셨다. 아빠의 힘없는 손을 잡자 그 순간 나는 아빠가 없다면 나도 없다는 사실을 깨닫게 되었다. 나는 간신히 입을 열어 무슨 일이냐고 물어 보았다. 아빠는 온통 모르핀으로 몸이 마비된 상태였지만 그런 대로 말문을 떼기 시작했다. 누군가 자신을 쳤으며, 같이 탔던 여자는 죽었다고 말씀하셨다. 죽었다는 말이 전류처럼 내 몸속을 스쳐 지나갔다. 지금 그때 일을 생각하면 떠오르는 것은 약 다섯 명의 간호사가 나를 바닥에서 일으켜 세워 의자에 앉히는 장면이 전부다. 나중에 얘기를 들어보니 내가 쓰러지면서 머리를 싱크대에 부딪쳤다고 한다. 난 몇 분 동안 그 의자에 앉아 있으면서 아빠에게 사랑한다고 말했다. 또 당장 떠나야 할 지 모르지만 금방 돌아오겠다는 말씀도 드렸다. 그렇게 말씀드려야만 아빠가 반드시 살 수 있을 것만 같았다. 난 집으로 돌아오는 길에 동생들을 엄마 집에 내려 주었다.

집에 도착하자 난 즉시 LA에 있는 아빠의 약혼녀에게 전화를 했다. 그녀는 3시간 뒤 프레스노로 날아왔다. 그녀가 있다는 사실만으로도 크게 위안이 되었다. 이제 나 혼자서 뭔가를 결정하지 않아도 되었기 때문이었다. 아빠에게 다시 돌아가서 우리들은 여기저기 의사들과 친구들에게 전체 상황을 알아보았다. 그 결과 아빠는 목에 있는 2번째와 3번째 척추가 부러졌으며 그럼에도 불구하고 살아있다는 것은 큰 행운이라는 사실도 알 수 있었다. 사흘 후 아빠는 병원에 있기를 거부하셨다. 그래서 아빠는 목에 고정용 둥근 판을 두르고 집으로 돌아오셨다. 난 아빠를 간호하기 위해 며칠간 방학을 얻어 집에 있었다. 아빠가 내게 해주셨던 것을 이번에는 내가 갚아야 할 차례였다. 여러 날 동안 난 아빠를 씻어드리고 면도도 해드리고 먹여드렸다. 갈비뼈도 다쳤기 때문에 내 도움없이는 기침도 마음대로 할 형편이 아니었다.

사고가 나던 날 밤 아빠는 친구분 차를 몰고 집으로 돌아오고 계셨다 한다. 소형 메르세데스 쿠프였는데 친구분은 옆 좌석에서 무릎위에 여자를 앉힌 상태였다고 했다. 아빠가 운전하셨던 것은 술을 마시지 않은 유일한 사람이었기 때문이었다. 차는 교차로 부근에서 시속 55마일로 달려오는 차에 옆구리 쪽을 들이받쳤는데 그 차 운전자는 술에 취한 상태였고 결국 사망하고 말았다. 아빠를 구한 것은 안전벨트였고 아빠 친구분이 살 수 있었던 것은 바로 그 여자 때문이었던 것 같다.

지금까지도 난 아직 사고의 자세한 상황을 모르고 있다. 그리고 내 마음 속 깊은 곳에서는 사고를 미리 막을 수도 있었다는 죄책감이 앙금처럼 남아있다. 왜 아빠가 내게 그러신 것처럼 외출을 막지 못했을까? 나는 지금도 아빠가 병원에 계실 때 나는 여자친구와 잠자리에서 놀고 있었다는 것을 쉽게 받아들일 수 없다. 아빠가 병실에서 사경을 헤매고 계실 때, 난 경찰서에서 전화를 받자마자 움직였어야했다. 만일 다친 사람이 나였다면 아빠는 전화를 받은 즉시 움직이셨을 것이 분명하다. 그리고 그날 밤 아빠가 돌아가셨더라면 난 과연 어떻게 했을지 생각조차 할 수 없다. 만일 아빠가 돌아가셨다면 동시에 나의 거대한 일부도 함께 죽었을 것이다. 이번 사고는 내가 아빠와 얼마나 밀접하게 연결되어 있는가를 확실히 느끼게 해 주었다. 그 치명적인 밤에 난 무수한 실수를 저질렀지만, 그 사고는 내게 인간이 언젠가는 죽는다는 것, 그리고 산다는 것의 의미가 무엇인가를 똑똑히 가르쳐 주었다.

잭에게.

간단히 몇 자 적는다.

몸이 좋아지고 있다. 좋은 날도 있고 그렇지 않은 날도 있지만 전체적으로 보면 대단히 좋아진 셈이다. 가장 큰 문제점은 머리에 이 기구를 쓰고 자지 않으면 안 된다는 것이다. 이걸 쓰면 금방 지치게 된다. 하지만 불평을 할 수만은 없지. 영구적인 손상은 없어 보이고 또 난 이중의 치명적 사고 속에서 살아남았다는 것을 생각하면 말이다. 억지로 몸을 묶어놓긴 했지만, 이만한 것도 정말 감지덕지지. 난 그동안 많은 것에 대해 깊이 생각할 수 있었단다.

제인은 거의 성자나 다름없다. 나를 목욕시켜 주고 엉덩이도 닦아주고 식사도 차려주고 집 안 청소도 해 주고 더욱이 그 모든 일들을 불평 한마디 없이 오직 사랑으로 해내고 있다. 분명 그 일들이 그녀에게 즐거운 것이 아닐 텐데 말이다.

사랑한다.

1993. 1. 19.

아빠가

잭에게.

잭아, 네 언어능력시험 점수가 걱정이다. 그건 칼이나 스탠포드, USC로 가는 핵심 관문이다. 그러니 좀더 좋은 점수를 얻어내야 할 텐데……. 점수가 부진한 것에는 주변의 문제점도 있을 수 있고 네 스스로에도 뭔가 문제가 있으리라 생각된다. 넌 그런 문제점들을 발견해서 반드시 고쳐야 한다. 내 말은 캐이트의 전문 선생님들을 만나서 네 문제점들에 대해 깊이 얘기해 보라는 뜻이다. 넌 이 점에 대해 기꺼이 받아들여야 한다. 그것은 바로 너의 장래니까. 알았니?

빈스는 내 서재의 책꽂이를 높여 주겠다고 하고, 드렉과 스텝은 이번 주말에 책을 정리해 주겠다고 하는구나.

잭, 캐이트에서 너를 보살펴 주는 필에게 간단한 감사의 편지를 쓰길 바란다. 그로서는 많이 생각해야 하는 일이기 때문에 하루종일 시간을 빼앗기는 일이기도 하다. 내가 얘기했듯이, 급우들에게 네가 감사 편지를 썼다는 사실도 알려주면 좋겠다.

당장은 이게 전부다. 잘 믿어지지 않겠지만 두 쪽만 써도 지치고 만다.

사랑한다.

1993. 1. 22.
아빠가

잭에게.

슬레이터 박사를 만나 내 차도를 물어봤더니 기대만큼은 못하고 걱정했던 것보다는 좋다는구나. 목이 나아가고 있는 건 사실이지만 기대만큼 빠르지는 않구나. 약간 어긋났는데, 수술을 요할 만큼 나쁘거나 나중에 심각한 후유증을 불러올 것 같지는 않다는 얘기야. 슬레이터 박사는 다음 주말에 내 목에 걸린 '빛테(천사들이 머리 위에 달고 있는 후광에 빗댄 말:옮긴이)'를 벗겨 주겠다고 하면서 (오, 하나님 감사합니다!!), 머리를 튼튼히 받치기 위해 사슬 받침과 뒷머리 받침들을 또 다른 기구와 함께 걸어 주겠다고 하더라. 이번에는 혼자 옷을 입을 수도 있고, 반쯤은 정상적인 잠을 잘 수도 있고, 그리고 샤워나 운전 등의 일상적인 일도 할 수 있다고 한다. 정말 그때까지 어떻게 참고 기다리지!!!

나쁜 소식 한 가지는 그 운전자의 보험이 충분하지 않았던 관계로 신속하게 적정한 현금 결제가 어렵다는 점이다. 아무리 보아도 치료비가 미리 나올 것 같지는 않구나. 내 변호사는 그들의 재산을 평가해서 소송을 걸겠다고 한다. 그렇게 되면 설령 승소한다 해도 어쨌든 기나긴 재판이 이어질 것이다. 또 한 번 내가 얻은 교훈이란 절대 공짜 점심이나 하늘에서 일 푼이라도 거저 떨어지는 일은, 아울러 복권 당첨 같은 일은 생기지 않는다는 점이다. 아쉬운 대로 그게 최선이겠지. 요는 내가 나아가고 있다는 사실이다.

잭아, 너의 라크로스 시합 날짜를 알고 싶구나. 시합이 열리기만 한다면 무슨 일이 있어도 가서 볼 작정이다.

그래, 봄방학까지는 오늘로 꼭 5주가 남았구나. 어언 네 2학년 생활도 끝나가고 있구나, 벌써 절반을 넘어섰으니 말이다!!! 남은 5주 동안 열심히 공부하거라, 많은 시간이 아니란다. 그리고 봄방학 때 무엇을 하고 싶은지 알려다오. 만일 눈이라도 내린다면 스키타러 가는 것도 좋겠지. 아무튼 무엇이라도 좋으니 알려주기 바란다.

파버 씨에게 너를 태워다 줘서 고맙다는 인사를 하길 바란다. 한편 그에게 특별히 잘하거라. 정말 좋은 사람들이 너를 돌봐 주고 있어 안심이 되는구나.

오늘은 이만 줄이겠다. 드렉의 생일이 13일이고 발렌타인 데이가 14일이라는 점을 기억해라. 드렉의 생일이, 형도 모르는 채 지나가는 일은 없도록 해라. 그리고 네 친구 베스에게도 네 인생에 있어 어떤 여인보다 중요한 만큼 반드시 멋진 발렌타인 카드를 보내도록 해라.

사랑한다.

1993. 2. 4.
아빠가

잭에게.

며칠간 네 소식이 없기에 궁금해서 몇 자 적어 보낸다.

방금 전에 슬레이터 박사와 통화했는데, 내 목테를 내일 아침 8시 반에 드디어 떼어주겠다고 하더라. 난 오늘이었으면 하고 바랬지만 그 정도 운은 안 되는 모양이다. 그래도 한달 간은 또 다른 목테를 쓰고 있어야 하지만, 최소한 머리 고정용 나사는 이제 떨어져 나간다. 그러면 면도도 할 수 있고 샤워나 이발도 할 수 있게 된단다. 아, 인생의 자잘한 즐거움들이여!! 믿어지지 않겠지만, 난 그간 무려 40일 동안이나 이 목테를 쓴 채 지내왔다. (5주 하고도 반이다!) 난 이제 내 인생의 소중함과 생명력이 무엇인지를 충분히 알았다. 너 역시 결코 생명을 잃는 일이 없도록 이번 사고를 잊어서는 안 될 것이다.

방금 난 아주 깜짝 놀랄 만한 통계 자료를 봤다. 믿기 어렵겠지만, 미국 전체 고등학교 학생의 겨우 3~6% 정도만이 학교를 졸업할 때 편지를 쓰고 신문을 읽고 간단한 산수를 할 수 있는 능력을 가지게 된다는구나. 나머지 45% 정도는 간신히 편지를 쓰고 식당의 메뉴 판을 읽을 정도이고, 그 나머지 50%는 아예 그마저도 안 된다고 하니 원, 도저히 믿어지질 않는다!! 그렇지만 워낙 뉴스 출처가 정확한 곳이니 안 믿을 수도 없고 말이다. 오늘날의 비참한 미국 교육의 현실을 떠나(신문 기사에 의하면 서방 세계에서 미국이 최악의 상황에 있다고 한다), 잠시 잭 브룸에 대해 생각해 보기로 하자. 7년 동안 문법 과목에서 항상 날아다녔고(그 전에 좋은 유치원에서 3년간을 보냈고), 그리고 4년간 전국 중학교에서 가장 좋은 학교의 하나로 선정된 학교에서 최상의 성적을 받았던 너다. 넌 그런 너의 처지가 얼마나 행운이었는지 과연 한 번이라도 생각해 본 적이 있니? 넌 하나님에게 진정으로 감사드려야 한다.

잭, 오늘은 '아부'에 대해 이야기해 보자. 누군가를 아부가 심하다는 식으로 경솔하게 비방하는 것보다 더 나쁜 짓은 없다. 그것은 내가 네 나이였을 때에도 그랬고 네 할아버지가 네 나이였을 때도 마찬가지였다. 누군가 권위나 힘을 가진 자에게 뭔가를 얻으려고 살살거리는 행동을 흔히들 아부라고 말하고 있다. 가령 내가 X 레이 실에 근무하는 간호사에게 고맙다는 말을 하자 넌 내가 아부한다고 했었지. 그러나 그것은 아부라는 말을 지나치게 확대 해석한 것이다. 그 당시 난 그런 말을 함으로써 뭐 하나 덕보자고 했던 것이 아니라 단지 퇴원 인사차 그런 말을 했기 때문이다. 잭, 아빠는 진심으로 고마워서 그런 표현을 썼던 것뿐이다. 너무나 많은 사람들이 타인으로부터 고마운 봉사를 받고도 고맙다는 표현을 하지 않고 있단다. 너도 알겠지만, 누군가 하루 종일 너를 위해 수고해 주었을 때 넌 응당 '감사합니다'라는 간단한 표현으로 네 마음을 나타낼 수 있어야 한다.

잭, 네가 그 동안 이 문제에 대해 한 번도 내게 얘기해 본 적이 없어서 우리 사이에 이 문제에 대해 토론해 본 적도 없었지만 내가 보기에 넌 캐이트에서 '아부'해서는 안 된다는 압력들을 친구들로부터 많이 받아온 것 같더구나. 그 동안 넌 보충 수업을 해주시는 선생님들과 시간을 보낸 적도 있을 것이고, 또 상급생이나 선생님들과 함께 식사도 했을 것이며, 더러는 유독 잘 통하는 선생님이나 학교 직원들도 있었을 것이다. 이 모두에 대해 네가 아부를 했다고 누군가 얘기한다면 정말 그건 틀린 거란다!! 공손하고 너그럽게 행동하고 감사를 느꼈으면 바로 그것을 표현하도록 해라!! 그것으로 인해 비판받는다면 오히려 그들의 잘못을 명확하게 지적해주렴!!

잭, 옳은 것을 행동에 옮겨라!! 쉽진 않겠지만 그 원칙은 결코 너를 좌절시키지 않을 것이라는 것을 이 아빠가 보장한다. 그리고 친구들의 부당한 압력에 굴하지 말거라. 친구라면 여전히 친구로 남을 것이고 그렇지 않다면 어차피 처음부터 친구가 될 순 없는 것이란다. 이 점에 대해서는 이 아빠를 믿어라. 어떤 선생님이 좋은 점수를 준다면 그것은 네가 훌륭하고 자기 의사를 표현할 줄 알며 믿음이 가는 학생이기 때문이다. 또 다른 이유는 없다. 그러니 그렇게 행동하거라. 게다가 좋은 행동거지는 네 영혼에도 유익하다.

잭, 너를 사랑하며 네가 많이 보고싶다. 시간이 나면 전화해 주고, 좀더 시간이 있다면 이 늙은 아빠를 위해 짧은 편지라도 보내주길 바란다.

사랑한다.

1993. 2. 8.
아빠가

잭에게.

아침에 네 전화를 받고 반가웠다. 그러고 보니 일주일 동안 네 목소리를 듣지 못했더구나. 넌 편안하고 즐거운 것 같더라. 그 짧은 시간에 최상의 얘기를 나누었으니 말이다. 아주 좋았다.

봄이 오는 것은 저절로 알 수 있다. 프레스노 비(Fresno Bee) 사가 꽃소식 지도를 찍어내기 시작하고, 잭 네가 테니스나 산악 자전거 얘기를 시작하면 그게 봄이다.

베스가 또 다른 남자와 그렇게 쉽게 친해졌다는 얘기를 듣고 퍽 실망했다. 그녀에게 기대가 꽤나 컸었는데……. 그래도 네가 그녀에 대해 계속 관심을 가지고 있다는 것이 기쁘구나. 잭, 기억해 둘 것은 결코 그녀에 대한 좋지 않은 말은 누구에게도 옮기지 말라는 점이다. 그녀에게 잘 대해주고 얘기도 자주 나누거라. 잘 행동해야 한다! 난 네가 그럴 수 있을 것으로 믿는다.

스텝에게 편지 한 통 보내 주려므나. 그녀는 너의 유일한 여동생이고, 너희 둘은 사이도 좋지 않니. 그 아이는 오빠를 무척이나 존경한단다.

그리고 보니 너로부터 두 통의 편지를 받았구나. 첫번째 편지는 2월 2일자, 그러나 소인은 2월 15일로 되어 있고, 두 번째는 정말 좋았다. 지금껏 받아 본 편지 중에서 가장 긴 편지였다. 넌 내가 이 두 통의 편지에서 어떤 느낌을 받았는지 모를 것이다. 잭, 정말 기분이 좋았단다.

나와 제인이 라크로스 경기에 구경가는 것을 반긴다니 기분이 좋구나. 그 경기 관전은 충분히 본전을 뽑은 셈이구나.

생각이 마침 일치했더라. 저번 내 편지도 여름방학에 대한 얘기로 시작했었는데, 너 역시 편지 속에서 같은 얘기를 했더구나. 좋다, 여름방학의 2/3는 멋진 나날이 되겠다 싶다. (1/3은 네가 스페인에 가 있을 것이니.)

잭, 넌 때때로 칭찬받기 어려운 행동을 보일 때가 있다. 아주 사소한 것이긴 해도 넌 고맙다는 표현에 다소 인색한 편이다. 고맙다는 감사 표현은 남을 위한 것이 아니라 바로 너를 위한 것이다.

제인에게 편지를 보내는 것도 좋은 생각이다. 가끔씩 제인에게 네가 자기를 좋아한다고 대신 말을 전해 주곤 하지만, 그것보다는 네가 직접 하는 것이 훨씬 좋을 것이다.

봄방학 일정표를 동봉한다. 줄 위에 몇 가지 일정을 표시해 놓았으니, 너도 하고픈 게 있다면 더 채워 놓아라. 그런데 넌 아마 13일과 14일의 주말과 27일과 28일 주말은 네 엄마와 함께 지내야 할 것 같다.

아무튼 너도 '시에라 서밋'으로 등산가고 싶은 생각이 있겠지. 그리고 네가 마을에 머무는 동안 네 옛 친구들과 파티를 열 마음도 있을 것이고. 그래서 요는 나 역시 너와 함께 보낼 날들(요세미테로 드라이브 가서 하루 정도는 에드와 함께 점심을 하는 것도 좋겠지.)을 비워 놓을 것이고 너도 네 방 정리를 위해 날짜를 비워 놓아야 한다는 점이다. 그리고 필이 와서 점심이나 저녁을 우리와 함께 하게 될 수도 있고, 또 익스플로러를 보면서 아침을 지낼 수도 있겠지. 이 정도 계획이면 충분하겠지?

이쯤 줄여야겠다.

사랑스런 네가 보고싶구나. 또 날로 훌륭하게 성장해 가는 네가 마음 든든하다.

보내준 편지 고맙구나.

사랑한다.

　　　　　　　　　　　　　　　　　　　　1993. 2. 19.

　　　　　　　　　　　　　　　　　　　　　아빠가

잭에게.

스텝과 즐거운 주말을 보냈다. 함께 산보도 하고 말리부 그랑프리도 구경갔었지. 그곳에서 비둘기 모이도 주고 밀러톤 호수도 둘러봤다. 동생이 여기 있는 동안 전화라도 한 통 하려므나. 그녀는 똑똑한 오빠와 무척이나 얘기하고 싶어한단다. 제인은 회의 때문에 플로리다에 있고, 드렉은 오지 않기로 했다. 그래서 스텝과 나 단둘이 지내고 있다. 그녀는 늘 즐거운 표정이다. (꼭 너를 닮았다.)

잭, 믿어지지 않겠지만, 하룻밤 새에 봄이 왔구나!! 여기 콘도 주변에 갖가지 꽃들이 피어나고 있어, 아직 장미는 멀었지만, 그것만으로도 정말 대단하다!! 과수원에 피어난 꽃들도 믿을 수 없을 정도로 아름답다!! 프레스노의 봄은 정말 근사한 계절이라 할 만큼 아름답기만 하다. 꽃들이 봄방학까지는 피어있을 것 같지 않아서 정말 안타깝다.

어젯밤에 딕이 왔다. 그는 토요일에도 종일 일하고 있다고 말하면서 조그만 회사를 차리고 싶은 소망이 있다고 하더라. 그는 자신의 사생활에 대해서는 아주 입이 무겁다. 하지만 나는 그의 집안 일이 좋지 않다는 것을 알고 있지. 그는 어떤 충고라든가 얘기를 하면 피하기 때문에 그가 들르면 난 그저 친구가 되어 줄 뿐이다. 어쩌면 그에게 아들이 없어서인지, 너에게 상당히 관심이 많다. 너를 훌륭한 젊은이라고 여기고 있는데, 또 사실도 그렇지만, 그는 너와 친구가 되고 싶어한단다. 딕은 약간 독특한 사람이지만, 그의 얘기를 들으면 잃는 것보다는 얻는 게 더 많을 것이다.

어제 책장이 도착했단다. 텔레비전 탁자는 모서리에 맞도록 잘랐단다. (어디에 놓았는지 네가 맞추기는 어려울 걸.) 어쨌든 이제 제대로 자리가 잡힌 느낌이다.

 난 이번 학기 네 역사 성적이 약간 걱정된다. 지난 학기에 넌 극동 지역 역사를 택했었는데, 이번 2학기 주제는 무엇으로 정할 생각이냐? 그리고 각 과정마다 넌 주로 어떤 것에 관심을 두고 있는지도 궁금하다. 잭, 잠시 짬을 내어 내 질문에 대해 자세한 답변을 다오. 정말 궁금하니까.

 잭, 여전히 케이트의 포트 사용이 걱정된다. 내가 알기로 클라크는 상습복용을 하고, 에린 역시 그런 것 같다. 정말 포트를 먹는 애들이 그렇게 많니? 상습복용자 그룹이 있다는 얘기가 정말이냐? 그렇다면 상습복용에서 오는 부작용도 클 텐데, 본인을 위해서나 사회적으로도 말이다. 또 궁금한 점은 케이트 학생들의 일반적인 태도는 어떤가 하는 것이다. 전에 나의 강한 생각을 네게도 말했었지만, 너도 이제 벌써 포트를 한 번 해본 경험도 있지만, 그것은 어디까지나 '한 번 해본 것'에 불과하다. 그 점에 대해서 우린 이미 충분한 얘기를 나눴다. 포트를 사용하지 않는다 해도 친구들과 사귀는데 아무런 문제가 없다는 점도 이미 확인했다. 그러니 아빠의 질문에 대해 충분히 이해가 가도록 답변을 해주기 바란다.

 방금 네 전화를 받고서 다시 쓴다. 주말을 잘 보냈다니 다행이구나. 스텝이 여기 있는데도 혹시 네가 시간이 없어서 전화 한 통 못할까 봐서 걱정했었다. 너의 하나밖에 없는 여동생과 좋은 사이를 유지하기 위해 노력하는 것은 중요한 의미가 있다는 것을 잊지마라.

 네가 베스와 나눈 대화에 대해 얘기했는데, 나 역시 베스를 좋아하고 있다. 그리고 너는 그녀와 앞으로도 계속 좋은 친구가 되어야 한다. 년 이 점을 명심해야 한다. 그리고 네가 그럴 것으로 난 믿는다. 물론 너와 그녀는 가치관에 있어 근본적인 차이점이 있다는 것을 아빠도 이해한다. 그녀는 아주 어렸을 때 부모님이 이혼하셨고 그 때문에 늘 불안해 하며 지내왔다. 그래서 그녀에게는 사람과의 긴밀한 관계가 필요하다. 한편, 이유야 어찌되었든간에, 넌 남자고 또 네가 그녀를 얼마나 원하고 있는지는 모르지만, 내가 보기에 넌 사람과의 긴밀하고 지속적인 관계를 간절하게 원하고 있는 것 같지 않고 여자친구에게 그녀가 네게 해줄 수 있는 것보다 더 많은 것을 원하고 있는 듯하다. 그런데 베스는 남자가 필요하고 그걸로 충분히 만족해 할 것 같구나. 나는 네가 한 사람과의 관계를 위해 네 모든 것을 줄 수 있을 거라고 생각하지는 않는다. 베스와 어떻게 관계를 이끌어가느냐 하는 것은 네 선택에 달린 게 아닌가 싶다. 어떤 경우든 너와 베스가 자라난 환경이 무척 다르다는 것, 거기에서 생겨난 근본적인 차이점을 이해할 필요가 있단다.

잭, 현재 네가 하고 있는 모든 행동은 성장 과정의 일부이며 어느 모로 보나 넌 잘하고 있다. 그 모든 것들을 네 삶의 물레에 받아들여 좋은 직물을 자아내어야 한다.

아들아, 사랑한다.

1993. 2. 22.
아빠가

잭에게.

불과 몇 주 전만 해도 네게 편지 한 쪽만 써도 지쳐서 자리에 누워 쉬어야 했었다는 것이 정말 믿기 힘들 정도다. 난 하루하루 몸이 좋아지고 있다. 오늘은 슬레이터 박사가 목 뒤 받침을 떼어 주었다. 그의 말로는 턱뼈 받침도 2~3주면 뗄 수 있다고 한다. 약간 통증도 있고 목을 움직일 때 때로는 불편한 경우도 있겠지만, 대체적으로 아주 좋아지고 있다고 하더라.

여름방학 일정표를 작성했다. 보다시피, 13주에 걸친 너의 방학 시간들이 스페인 여행과 네 엄마, 그리고 나와 스텝과의 시간들로 살 쪼개져 있다. 내 생각인데 너는 스텝과 되도록 많은 시간을 함께 하는 것이 필요하다고 본다. 그래서 얘기인데, 네 친구들과 산에 가는 것은 학기가 끝나자마자 다녀오면 좋겠다. 만일 그것이 너무 이르다면 우선은 이곳에서 스텝과 함께 지내거나 아니면 엄마와 있는 것도 좋을 것이다. 너의 계획을 빨리 알아야 이곳에서 에드와의 약속을 정할 수 있다. 그러고 나면 우리들만의 산행이 남아있다. 이번 산행은 정말 멋있을 것 같은 느낌이 든다. 너와 나 단둘이서만 미네렛 호수 너머 악마의 봉우리를 오른 후에 그림자 호수로 내려오는 코스가 어떻겠니? 그렇게 되면 2박3일간의 여정이 된다. 제인과 스텝(제인의 친구도 낄 수 있겠지만)이 악마의 봉우리까지 우리를 태워다 준 뒤 우리가 산행을 하고 있을 동안 준(June) 호수 근처에서 놀고 있다가 애그뉴 미도우 지점에서 합류하면 된다. 이 코스는 무척이나 힘겨운 산행이 될 것이다. 이쪽은 사람들에게 잘 알려지지 않은 코스이지만, 일단 가보면 분명히 네 마음에 들 것이다. 이번 산행에는 침낭과 방충 텐트, 그리고 먹을 것을 가져가야 한다. 네가 내 몫까지 좀더 많이 짊어져야 하겠지만, 재미있을 것이다. 이번 산행에서 너로서는 처음 요세미테를 벗어나 보게 된다.

그리고 스텝을 위해 멋진 계획을 생각해 둬야 한다. 그녀는 산을 잘 타지는 못하지만 무척 좋아하는 편이다. 그리고 여름방학 초에 뗏목이 떠 있는 킹스 리버로 내려가면 어떻겠니? 잭, 넌 그 댐에 물이 얼마나 불었는지 말을 해도 믿겨지지 않을 거다. 댐의 물이 이번 여름에 처음으로 한계 수위를 넘어설 것이다. 다시 말해 킹스 리버로 엄청난 물이 흘러들 것이라는 얘기다.

8월에는 한 번 더 델 마의 제인의 콘도에서 스텝과 함께 며칠 보낼 수도 있으니 일정을 정할 수 있도록 사전에 알려주기 바란다.

또 몇 가지 다른 생각도 있다. 즉, 이곳 콘도에 딸려 있는 작은 수영장을 사용할 수도 있겠고, 그렇지 않으면 우드워드 호수의 대형 수영장도 있다. 그곳에는 테니스 코트도 있고 보트를 탈 수도 있다. 게다가 공원까지는 한 블록 거리에 불과하다.

이제는 너의 여름 일자리에 대해 이야기해 보자. 일할 여유가 생기면 공사장에서 일하는 것도 괜찮을 것 같다. 그럴 생각이 있다면 며칠이나 일하고 싶은지에 대해 미리 알려다오.

그리고 너의 금으로 장식된, 하이테크, 최고급, 평생 사용할 수 있는 물건에 대해 말하면, "다른 산악 자전거는 바람 속에 녹이 나도록 내버려두어도 그것만은 마치 아기 돌보듯 신경 쓰겠습니다." 라고 네가 얘기하던 그 자전거 말이다. "난 정말로 그 1200달러짜리 산악 자전거가 갖고 싶었다."고 말하던 그 자전거 말인데, 우선 네가 은행에 전화해서 별도로 계좌를 개설하면, 내가 네 할머니와 엄마, 데이브 등을 찾아가서 얼마씩 내도록 요청하겠다. 그러면 네가 얼마나 일해야 될지를 결정하고 나머지는 거둬들인 돈으로 보충하면 살 수 있을 것이다. 그렇게 해라.

지난 몇 주 동안 난 거의 제대로 잠을 이룰 수 없었다. 목테를 썼을 때나 새로운 장치로 바꾸었을 때나 마찬가지였다. 그래서 새벽 2시나 3시, 어떨 때는 4시까지도 깨어있다가 정 피곤하면 눈을 좀 붙이고, 그렇게 두어 시간 자고는 또 깨고 아침 7시 무렵까지 다시 두 시간 정도 자고, 이런 식이었다. 그러니 낮에도 잠을 두세 번씩 자야 했다. 그러다 보니 내 생체 시계는 완전히 엉망이 되고 말았다. 새벽 2시까지는 피곤을 못 느끼다가, 아침 8시가 되어야 일어나게 되고, 원!! 빨리 정상으로 돌아가야 할 텐데, 아무튼 문제는 문제다. 이보다 나쁜 일이 어디 있겠니.

그만 쓸까 한다. 잭아, 공부에 열중하거라!! 라크로스 경기도 좋고 산악 자전거도 좋고 그리고 여자도 중요하지만, 네가 캐이트에 가 있는 것은 어디까지나 공부를 위해서다! 부디 중요한 것에서 눈을 떼지 말거라.

아들아, 사랑한다.

1993. 2. 23.
아빠가

잭에게.

네게도 '특출' 한 면이 있다고 생각하느냐? 너는 스스로를 특별하다고 여기느냐? 네 급우들과 선생님들, 여타 주변의 사람들이나 친구들은 네가 특출한 면이 있다고 인정하느냐? 특출해진다는 것은 대단히 중요한 일이다. 그런데 네가 과연 특출하다는 것의 의미가 무엇인지 제대로 알고 있는지 모르겠구나.

특출한 것이 단지 남과 다르다는 말은 아니다. 어느 누구나 살아가는 길은 모두 다르다. 그러나 '특출' 한 젊은이는 특출한 자질을 지녔고 언젠가는 특출한 사람이 될 것이다. 일류 대학들은 그런 특출한 학생들에게만 입학을 허락하고 있다. 기업들도 특출한 지원자들을 선발해서 최고 경영자의 지위에까지 고속 승진을 시킨다. 법률회사들이나 투자은행들 역시 특출한 사람들을 찾고 있다. 여자들도 특출한 남자를 찾아 데이트하고 결혼하려고 한다. 그러기에 특출해진다는 것은 그만큼 중요한 일이다!! 그렇게 되면 인생을 살아가기가 한결 수월하고, 더 많은 기회를 얻게 된단다.

그럼, 특출하게 되려면, 특출한 사람은 어떻게 하면 될 수 있는 것일까?

무엇보다 중요한 점은, 모든 특출한 사람들이 태어날 때부터 그런 것은 아니라는 사실이다. 물론 더러 타고난 사람들도 없는 것은 아니지만, 대부분은 힘든 노력과 단련 과정을 통해, 그리고 반드시 누군가 주변에서 신경을 써주고 이끌어주는 사람이 있었기에 특출한 사람이 될 수 있었던 거란다.

그럼 과연 특출한 사람을 만드는 자질은 구체적으로 어떤 것일까 생각해보자.

순서없이 한 번 나열해보면:

외모:외관이 중요하지만 그렇다고 네가 누구나 한 번 보면 반할 정도로 잘 생겨야 한다는 말은 아니다. 또 최고급이나 최신 유행의 옷을 입어야 한다는 얘기는 더더욱 아니다. 외모는 타고난 것이기 때문에 그저 웬만큼 수수하게 타고났으면 충분하다. 정작 중요한 건 남에게 편안함을 줄 수 있는 자신만의 스타일을 갖췄느냐이다.

두뇌:또 한 번 얘기하지만, 너는 무언가를 배울 수 있는 정도의 머리는 가지고 태어났다. 그것 역시 유전이다. 그리고 일단 어느 정도 관문을 넘어서면 '두뇌'에도 여러 종류가 있다는 것을 알게 될 것이다. 즉, 각 분야마다 그 분야에 뛰어난 머리가 있단다. 가령 앨리의 경우 수학에 재주가 있다. 창조적인 사람도 있고, 또 어떤 이는 사진기로 찍은 듯이 정확한 기억력을 지닌 사람도 있다. 또 어떤 이는 논리적 사고가 뛰어나기도 하고 그런 머리를 타고나기도 한다. 반면에 그저 평범하게 상식적인 사람들도 있다. 또 언어에 특출한 재능을 지닌 사람도 있다. 잭아, 네 머리는 총명하다고 할 수는 없지만 평균 이상은 된다. 그렇기에 뭐든 얼마든지 배울 수가 있다. 따라서 네 머리가 특출하다는 말을 듣기 위해서는 정말 열심히 노력하지 않으면 안 된다. 넌 상식도 충분히 갖췄고 그간의 독서량도 적지 않다. 지적인 호기심도 그리고 배움에 대한 열정도 있다. 또한 넌 가장 좋은 학교를 다니면서 네 머리는 개발되어 왔고, 그것은 네게 커다란 플러스 요인으로 작용했다. 아직 네가 적성에 맞는 분야를 발견해내지 못했을 뿐이다. 하지만 잭아, 그런 날이 올 것이다. 그러나 경우야 어떻게 되었든, 머리에 관해 특출하다는 말을 들으

려면 정말 열심히 노력하지 않으면 어려울 것이다.

성격:너는 사람들에게 호감을 주느냐? 지도자 자질이 있느냐? 또 존경받고 있느냐? 그저 단순하게 호감을 주는 아이가 있는가 하면, 또 어떤 이는 매력적이고 호감을 듬뿍 주면서 사람들을 끌어들이는 자석과도 같은 성격을 지닌 아이도 있다. 넌 그런 면에서 타고 난 편이다. 앞으로도 언제나 사람들이 네 이름을 기억하고 또 그러면서 미소를 지을 수 있도록, 꾸준히 너의 성격을 만들어 가야 한다는 점을 잊지 마라. (가끔씩 넌 사람들에게 잘 대해주는 행위를 '알랑거린다' 라는 나쁜 뜻으로 잘못 받아들이고 있는 것 같더구나.) 아울러 넌 리더십과 강인함(그렇다고 지나칠 정도는 피해야 하겠지만)을 키워나가야 한다. 네가 자신의 가치관을 가지고 있고 또 그것에 충실하다면, 사람들은 너를 존경하게 될 것이다.

솔선수범:언제나 남보다 앞서 움직이고 최선을 다하며 기꺼이 움직일 준비가 되어있다면 그 역시 특출한 사람이다.

운동:넌 신체적으로 대단히 뛰어난 자질을 타고났다. 그것 또한 유전이다. 네가 세계적인 운동선수는 못 되겠지만, 그렇다 해도 자질이 충분하고 상당히 뛰어난 편에 속한다. 앞으로 좀더 노력을 하고 집중을 한다면 더 좋아질 것이다.

매력:너의 성격을 한층 더 돋보이게 해줄 수 있는 것이 바로 매력이다. 네 친구 중에서 보면 케이시는 매력을 가진 편이고, 조지와 나단은 그렇지 않다. 매력이란 네가 누구이며 무엇을 믿고 있으며 무엇을 일관되게 좋아하고 있느냐에 관한 네 자신의 내적 통찰력의 반영이다.

유머 감각 : 이것 또한 성격의 일부이기도 하지만, 그 나름으로 별도의 항목이 되기에 충분하다. 넌 어떠한 상황에서도 유머를 잃지 않을 수 있느냐? 또 자기 자신만을 최우선으로 하지 않는 자세를 지녔느냐? 어려운 상황에서 웃음을 준다는 것, 그것이 왕관은 아니지만 분명히 특출난 점에 들어간다.

사람을 특출나게 만드는 중요한 사항들을 몇 개 더 나열하면,

- 헌신적이고 사려깊은 성격
- 관대하고 친절하며 야비하지 않은 것
- 시간과 돈, 물건들을 낭비하지 않는 것
- 뭐든지 관심과 호기심이 많고, 늘 배우려는 자세를 가진 사람은 계속해서 성장해간다.
- 용감하며, 겁먹지 않는 자세
- 용서할 줄 아는 자세

잭아, 이 밖에도 많은 것들이 있겠지만, 넌 내가 무슨 말을 하는지 이해할 줄로 안다.

넌 특출한 사람이 될 수 있다. 단지 너의 선택만 남았을 뿐이다.

내가 앞서 말했듯이, 넌 현재 네 인생의 운전석에 앉아있는 셈이다. 이제 아빠가 너의 인생 행로를 변경시킬 수는 없단다. 모든 것이 네 하기 나름이다. 넌 네가 원하기에 따라 어떤 모습의 '잭 브룸' 이라도 창조해낼 수 있다는 얘기다. 여기서 그만두면 앞으로의 네 인생은 지금까지 네가 만들어 온 것만을 의지해서 살아가야 한다. 모든 것들이 매일매일 조금씩 일어나고 변해가고 있다는 사실

을 잊지 말아라. 매일 울타리 너머 송아지를 들어 넘기는 연습을 하는 사람은 한 해가 지나고 나면 커다란 황소라도 옮겨 놓을 수 있게 된다. 그때 가서 사람들은 어쩌면 저럴 수가 있냐고 궁금해 하겠지만 말이다. 이처럼 모든 것이 매일 일어나고 있지만, 사람들은 그것을 눈치채지 못하고 있을 뿐이란다.

잭아, 난 네가 특출한 쪽을 택할 것을 믿어 의심치 않는다. 나날이 옳은 일을 행하면서, 잭 브룸이 될 수 있는 최상의 너를 만들어 가기 바란다.

아들아, 언제나 난 너와 함께 있다. 그리고 네 아빠라는 사실이 난 자랑스럽다.

사랑한다.

1993. 4. 5.
아빠가

잭에게.

아침에 제인에게 전화를 걸어줘서 고맙구나. 생일 전화를 해주었다는 것은 네가 그녀에게 관심이 많다는 것이겠지. 그녀는 너를 사랑하고 너에게 많은 관심을 갖고 있단다. 그 전화는 네가 그녀에게 관심을 갖고 있다는 것과 그녀를 좋아한다는 것을 보여주었다. 훌륭했다.

네 전화가 전해 준 더 좋은 소식은 너의 성적이었다. A가 네 개에 B가 두 개(그 중 하나는 B⁺였고, 하나는 B였다, B도 준수한 성적이다.), 어떻게 반갑지 않을 수 있겠니?

캐이트에서 따낸 성적이 아니라 하더라도, 난 이보다 더 네가 자랑스러울 수가 없구나. 잭아, 그 성적은, 네가 그동안 열심히 노력했다는 사실을 보여주었고 그 결실이 나타난 것이다.

난 무척 행복하다. 바로 네가 준 행복이란다. 먼 학교에 보낸 보람을 느낀다.

이제 학부형 주말까지 정확하게 일주일 반이 남았구나. 그때 가서 너를 볼 생각이 간절하구나. 넌 훌륭한 애다. 장한 아들이기도 하고. 보고싶구나, 내 아들아!!

사랑한다.

> 1993. 4. 13.
> 아빠가

Dear My Son

3 어느새 다 커버린 너에게

역경이 의지를 만들어 준다는 말이 늘 진실은 아니다. 역경은 사람을 망가뜨리기도 한다. 하지만 역경을 어떻게 다스려 나가느냐에 따라 의지는 더욱 굳건해질 수 있다는 말은 언제나 진실이다. 동시에 역경을 헤쳐 나오지 않은 사람에게서 의지를 찾아볼 수 없다는 것 또한 진실이다. 그들은 역경으로부터 배우면서 보다 훌륭한 사람으로 성장하는 것이다.

사랑하는 잭에게.

벤츄라까지 즐겁게 태워다줘서 고마웠다. 점심을 함께 하자는 나의 제의에 네 친구들도 모두 기꺼이 응해서 더욱 기뻤다. 내가 고루하다고 도망치지 않고 시간을 함께 보내주었다는 것이 기분 좋았다. 정말 고맙게 생각한다.

나는 바닷가에 앉아 얼마동안 책을 보다가 프레스노로 돌아왔다. 네가 즐겁게 학교로 돌아가는 모습이 보기 좋았다.

너도 지금쯤은 다시 마음을 다져먹고, 모든 물건들을 잘 정돈해 두었겠지. 내가 그렇게 하라고 너에게 분명히 가르쳤으니 말이다!!

이제 모든 것들을 잠시 접어놓고 다시 새 학년을 힘차게 시작하길 바란다, 잭. 넌 언제나 새 학년을 느슨하게 시작했다가 나중에 따라잡는데 고생했지 않느냐. 그러니 이번 학년만큼은 달리 해보자꾸나!

제인이 샤스타 산에서 전화를 했다. 경치가 굉장히 아름답고, 또 샤스타 산의 새에 관한 책과 역사에 관한 책을 샀다고 하면서 토요일에 집에 온다고 하더구나. 네가 캐이트로 무사히 잘 돌아갔는지 궁금해 하면서, 널 사랑한다는 말을 전해달라고 하더라.

짐 프라이스가 전화로 네가 학교로 잘 돌아갔는지 묻더라. 그는 새로 사무실을 차리고 오는 10월 1일자로 사업을 시작한다고 하더구나. 그는 네가 그를 기억해 주기를 바라고 있단다. 그의 배낭과 텐트를 빌려준 것에 대해 네가 대단히 고마워하고 있다는 말을 그에게 전해주었다.

시간이 좀 지나서…….

나는 여기 앉아서 신문을 보기도 하고, 새들이 모이를 먹는 광경을 지켜보면서 커피를 마시고 있다. 정말 아들이 보고프구나!! 여름방학이 벌써 끝나서 네가 학교로 돌아갔다는 사실, 또 네가 상급학년이 되었다는 이 모든 것들이 참으로 믿기 어렵구나. 이제 추수감사절 방학 때까지 꼭 10주가 남았구나.

잭아, 네 인생에 있어 가장 좋은 이 시절을 즐기길 바란다!

사랑한다.

1993. 9. 9.

아빠가

사랑하는 잭에게.

단호함과 적극성, 그리고 집중에 대해 얘기해 보자.

라크로스 경기 연감을 펼쳐보니, 네 이름은 아예 실려 있지도 않더구나. 지난 해 난 네게 경기에 신경쓰지 말 것을 얘기했지. 넌 그래서 득점에 신경을 쓰지 않았었고, 심지어는 상대방을 압도할 마음도 아예 내비치지 않았다. 간단히 말해서 넌 경기에 뜻이 없었다. 네 말에 의하면, 이제 겨우 2학년이니 아직은 '뭔가' 보여줄 필요가 없다고 했다. 그러면서 조금 있으면 너의 시간이 올 것이라 했다. 내 말이 맞지?

네가 애플톤 사무실에 전화를 걸어 전화번호와 이름을 알아내려고 하는 모습을 아빠는 지켜보았는데, 넌 알아내지 못했다. 내가 전화를 걸어 알아내었지. 왜일까? 난 대화를 잘 이끌어냈고 또 내가 무엇을 원하는지를 잘 알고 있어서, 가르쳐 주기를 정중하게 부탁해서 알아낼 수 있었던 것이다.

하지만, 넌 부끄러워서 여자에게 제대로 접근도 하지 못했다.(그러니 일이 제대로 풀려갈 리가 있겠니.)

넌 외모도 괜찮고, 머리도 있고 게다가 매력까지 갖췄건만, 단지 자기 확신이 모자랐던 것이다. 왜 그런지는 나도 말해줄 수가 없구나. 내 생각에는 마음가짐과 기술 부족이 그 이유가 아닌가 싶다. 그래서 좀 충고를 할까 한다.

1. 정신력이란 중요한 것이다. 동양의 무술은 송판지를 격파할 때나 직접 상대와 맞설 때 먼저 이길 수 있다, 해낼 수 있다고 하는 마음을 중요시한단다. 미리 실패부터 눈에 그리는 사람은 실패하기 마련이다. 지금 내가 하는 얘기는 현실성 없는 낙관주의를 말하는

것이 아니라, 다가올 성공을 미리 앞당겨 그려봄으로써 바라던 성공을 거둘 수 있다는 것을 강조하고 있는 것이란다. 테니스 경기에서 우선 '미쳐버리는' 것이 시합에 도움이 된다는 것은 너도 알고 있겠지. 반대로 질 것을 예상하면 결국 지고 만다는 사실도. 그러니 이기기 위해서는 미리 이긴다는 마음을 가져야 하는 것이다.

2. 기술 또한 대단히 중요하다.

A. 라크로스 경기에서 넌 무엇보다도 네가 빠르고 몸집이 크다는 사실과 또 그들보다 기량이 앞선다는 점을 상대방에게 확실하게 보여주어야 한다. 나아가서, 그런 행동을 통해 상대편이 너를 보면서 두려움을 갖도록 해야 한다.

B. 처음 만나는 상대라면 먼저 상대방의 기를 꺾어놓아야 한다. 상대방을 매서운 눈초리로 노려보아야 한다. 그리고 처음 몸이 접촉하게 되면, 거칠게 밀어부쳐야 한다. 아주 거칠게 겁이 날 정도로 말이다. 그러면 상대방은 너를 존경하거나 두려워하게 된다. 그때부터는 상대방을 마음대로 이끌어 갈 수 있는 것이다.

C. 준비, 준비, 또 준비. 철저한 사전 준비가 있어야 한다! 준비가 된 사람은 자신이 있기 때문에 성공에 필요한 자세를 갖출 수 있다. 운동이나 학업이나 상황은 동일하다!

D. 이미 이겼다는 듯이 '단호' 한 행동을 보이는 사람은 이기게 된다. 전화 통화에서 네가 스스로를 떳떳하게 밝히면서 네 목적을 말하면, 목적을 이룰 수 있는 것이다. 가령 네가 남의 사무실로 들어가는 경우라면, 먼저 문 입구에서 잠시 멈춰서서 네가 왔음을 행동으로 알린 다음(그동안 넌 사무실을 둘러보고 어디로 가야할지를

정해야겠지), 곧바로 가고자 하는 장소로 걸어가야 한다. 그러면 사람들은 네가 단호하다는 것을 눈치채게 된다. 설령 어디로 가야하는지 모르거나 처음 가보는 곳이라도 머뭇거리면 안 된다. 또 '저' 또는 '에' 하는 소리로 말문을 떼지 말고, 바로 용건을 이야기해라. 넌 바쁜 사람이고, 상대방도 바쁘다는 걸 알고 있다는 것을 보여주어야 한다. 그러면 사람들은 너를 존중하게 된다!

중요한 점은 건방지거나, 자신밖에 모르는 얼간이처럼 행동해서는 안 된다는 점이다. 또 큰 소리로 떠들라는 얘기도 아니다. 그저 조용하지만 위엄있고 힘찬 자세로 상대방에게 너를 보여주어야 한다는 점이다.

E. 학교 수업에서는 표를 만든다든지 공부 계획을 세우고 또 각종 암기법을 총동원해야만 전체 수업 내용을 확실히 파악할 수 있다. 그 점에 대해서는 너도 잘 알고 있을 것이다.

자신을 확립하고 원하는 목표를 달성하여 승자가 되는 방법은 수백만 가지가 있다. 그러니 자신에 맞는 기술과 자신의 방식을 개발하여야 한다.

기억해야 할 점은 언제나 단호하고 적극적이고 목표에 집중해야 한다는 점이다. 네가 생각하고 있는 다양한 목표에 대해 이런 자세를 가지고 있다면, 넌 해낼 수 있을 것이다!!!

사랑한다.

1993. 9. 9.

아빠가

잭에게.

지난 6월 아버지의 날, 네가 보냈던 카드 속에 적혀 있던 말들이 지금도 마음에 걸리는구나. 넌 성인이 되면 아빠와 같은 사람이 될 것이라고 했는데, 그건 그다지 좋지 않은 생각이란다!!!

잭, 어떻게 살아가느냐 하는 것을 여러 사람에게 배우는 것은 필요하고 중요한 일이란다. 그렇지만 그렇다고 해서 '누구 같은' 사람이 되겠다는 것은 좋지 않단다. 다른 사람들의 훌륭한 점을 배우고 익혀서 넌 너만의 고유한 삶을 살아야 한단다. 너는 다른 누구처럼이 아닌 네 자신만의 생활을 해야 한다는 거지. 알겠니?

두 번째로, 넌 아빠보다 더 훌륭한 사람이 되어야 한다는 점이다. 바로 이 점이 오늘날 미국이 하고자 하는 것인데, 즉 이전 세대의 기반 위에서 갈수록 더 나은 세상을 만들어 가는 것이란다.

너의 아버지로서 내가 해야 할 일은 내가 알고 있는 모든 것을 물려주어 너에게 도움이 되도록 하는 것이고, 넌 내 어깨를 딛고 더 높은 곳으로 올라서야 한단다. 자신보다 아들이 더 잘될까 시샘하는 마음에 아들을 그냥 붙들어 두려는 아버지들이 간혹 있는데 정말 한심하고 안타까운 일이다. 어디까지나 기꺼이 자신의 아들이 자신보다 잘될 수 있도록 바라고 노력하는 것이 아버지의 옳은 자세일 것이다.

잭아, 난 한 남자로서 또 아버지로서 최선을 다해왔다고 믿고 있다. 그리고 네가 아버지를 닮고 싶다는 심정은 충분히 이해하지만, 네가 알아야 할 것은 나 역시 실수를 통해 배웠다는 사실이다.

난 결혼에 실패한 사람이다. 어쩌면 그러지 않을 수도 있었겠지만, 난 여자를 잘못 택한 셈이 되고 말았다. 그래서 너만은 그런 사람으로 만들고 싶지 않단다. 그러니 넌 시간을 충분히 들여 좋은 여자를 고르고 좋은 여자를 택했으면 좋겠구나. 그 다음에는 결혼 생활이 원만하게 영위되도록 노력을 아끼지 말아야겠지.

 난 평생 자신을 가지고 인생을 살아왔다. 난 꼭 그러지 않아도 되는 상황에서도 내 원칙을 지켜왔다. 그러다 보니 언젠가 누군가에게 털어놓은 적도 있지만, 반드시 그럴 필요가 없었건만 괜히 고집 부리다가 실수를 한 적도 있다. 난 또 결과만 중요시하고 외교적인 것은 필요치 않다고 생각했던 적도 있었다. 그러나 그것은 정말 커다란 실수였지!! 난 너무 자신의 에고에 집착해서 눈앞에 보이는 결과만 중요하다고 여겼던 것이다. 그리고 직업적으로도 안정을 찾지 못하고, 이런 기회 저런 기회 사이에서 배회하다가 정작 중요한 기회를 붙잡지 못하는 우를 범하기도 했다. 눈앞의 것을 즐기다보니 응당 내가 추구해야 할 목표를 놓친 적도 한두 번이 아니다. 난 내가 원하는 물건들(가령 책이나 예술품 등등)은 항상 얻을 수 있었지만, 정작 큰 돈이 될 수 있는 투자 기회 앞에서는 머뭇거리고 말았다.

 결국 잭아, 난 너무나 많은 실수를 거듭해온 셈이다. 그러니 넌 아빠의 실패로부터 배워서 그런 짓을 반복해서는 안 된다. 그간 내가 너에게 주려고 했던 것 중에는 그 실수로부터 얻은 교훈들이 포함되어 있고 그것들은 네가 살아가는데 도움이 되리라 생각한다.

 아들아, 그래서 얘기인데 이 아빠가 아주 잘했다는 것이 아니라 잘하기 위해 최선을 다했다는 것을 네가 알아주기만 하면 그것으로 아빠는 족하다. 하지만 그런 아빠를 사랑하는 것은 좋겠지만, 네 북은 네 손으로 두드려야 하는 것이다. 그리고 네 아들도 또한 너보다 더 나은 사람이 되어야 할 것이며, 또 그렇게 되기를 난 희망한다.
　사랑한다.

1993. 9. 12.
아빠가

잭에게.

어제 네 얼굴을 볼 수 있어서 정말 좋았다. 그런데 약간 마음에 걸리는 것이 있구나. 네가 너무 지치고 힘이 빠져 있는 걸 보니 아무래도 지난 몇 주 동안 너무 빡빡한 시간들을 보낸 것 같고, 그간 너의 영양 상태가 그다지 좋지 않았던 것 같구나. 그래서 몇 가지 방법을 궁리해 보았다.

1. 먼저 단백질 보충제와 함께 몇 가지 음식물을 좀더 골고루 섭취해야 할 것 같다. 학교에서 주는 급식 속에 영양분들이 골고루 들어있다고는 하지만, 아무래도 네게는 부족한 것이 있는 것 같다.

2. 네 나이에는 수면이 대단히 중요하다. 공부하느라 새벽 4시에 자고 아침 7시에 일어나 수업을 받는다는 것은 정말 무리다. 그러면 꼭 필요한 잠시간이 부족하다. 내가 보기엔 다른 활동에서 시간을 줄이는 방도를 찾아야 할 것 같다. 그러니 활동계획을 정말 잘 짜지 않으면 안 된다. 잠을 줄여야만 이런저런 활동들을 해낼 수 있다면 결국 성적이 뒤처지게 되거나 그렇지 않다 하더라도 결국에는 지쳐서 병이 나게 될 것이니 말이다. 한 주일이 끝날 때마다 그간의 시간 사용에 대해 좀더 깊이 생각해 보아라. 그리고 나중에 이 문제에 대해 좀더 얘기를 나누자꾸나.

아빠의 차 사고를 주제로 쓴 네 글을 읽어보았다. 난 정말 감동했단다, 정말로!! 우린 서로 가까운 사이면서도 정작 얘기를 나눌 시간은 많지 않다는 사실을 너도 알고 있더구나. (바로 그 점 때문에 이 아빠는 편지 속에 구구절절한 얘기를 늘어놓았었단다.) 아빠의 사고에 대한 네 느낌에 대해 충분히 이야기를 해 보지 못해 네 생각들은 미처 알 수 없었구나. 그래서인지 글의 내용을 충분히 이해하기가 어렵다.

우선, 그날 밤 내가 외출하기로 한 결정에 대해 네가 책임감을 느껴야 할 이유는 전혀 없단다. 나 역시 위험하다는 것은 알았지만, 겨우 여덟 블럭 떨어진 거리에서 무슨 큰일이 있을까 싶었던 거지. 그런데 그것이 실수였다!! 잭, 넌 네가 살아오면서 네가 처했던 위험과 기대치, 이익과 손해 등등을 저울질 해왔고, 또 어떤 때는 이기고 또 진 적도 있을 거다. 나 역시 이긴 적도 또 진 적도 있단다. 그 날 있었던 일은 인생 전체를 날릴 뻔한 실수였지만, 다행히도 하나님의 계획 속에서는 아직 내가 죽을 때가 아니었나보다. 그러니 거기에 네 잘못은 없을 뿐만 아니라, 괜스리 어떤 책임감을 느낄 필요도 전혀 없다.

잭, 네게 해 주고 싶은 이야기가 또 있단다. 살아가다 보면 위나 아래에서 약 20% 정도씩은 눈에 잘 보이지 않는 구석이 있게 마련이라는 것인데 다시 말해 혼자 힘으로는 아무리 해도 더 잘하기가 쉽지 않은 부분이 조금씩은 있게 마련이라는 뜻이란다. 이 말은 인생에서 경험이 왜 중요한 것인지, 또 먼저 겪은 경험을 통해 사랑을 바탕으로 너를 안내해 주는 이 아빠가 있다는 사실이 왜 네게 행운인지 설명해 주고 있단다. 모든 아이들이 그런 환경 속에서 자라고 있는 것은 아니고 아빠 역시 그런 행운을 누리지 못했기에 많은 실수를 거듭하면서 힘들게 배워야 했단다. 넌 지난 번 내가 겪은 차

사고를 통해 많은 것을 배웠을 것이다.

네 글 속에서 아빠가 느낄 수 있었던 것은 너와 아빠 사이의 끈끈한 유대관계와 나에 대한 네 사랑이었단다. 넌 지금까지 그렇게 직접적으로 사랑을 표현한 적이 없었다. 잭아, 그래서 너같은 아들을 둔 이 아빠는 정말 많이 행복하단다. 나 역시 너를 그 못지 않게 사랑하고 있는 건 잘 알고 있지? 네게 무슨 일이라도 생긴다면, 정말이지 그땐 어떻게 해야 할 지 잘 생각이 나지 않는구나.

아, 그래, 그 사고를 통해 배운 한 가지 교훈은 내가 스스로의 원칙을 어겼기 때문에 그런 일을 당했다는 점이다. 그 원칙이란, 그 위험천만한 새해 새벽에는 설내 외출하지 말리는 것이었다. 그런데 난 그 원칙을 어겼고, 그 대가를 비싸게 치뤘다. 원칙이란 언제나 그 뒤에 타당한 근거가 있기 마련인 법이건만, 그것을 어겼으니!!

집에 돌아와서 난 네게 커다란 봉투를 하나 우편으로 부쳤다. 아마 이번 주말쯤 네가 수학여행에서 학교로 돌아오면 기다리고 있겠지. 난 네가 반 친구들과 함께 돌아가고 싶어하는 것을 이해한다. 그러나 굳이 너를 아빠 자동차로 데려다 주었던 것은 어쩌면 차안에서라도 스텝과 나와 함께 시간을 보내기를 네가 바라지 않을까, 또 내가 운전하는 동안 네가 좀더 쉬면서 피로를 털어낼 수 있지 않을까 하는 생각 때문이었다.

어쨌든 스텝과 나는 토요일 캐이트로 차를 몰고 가서 생일 만찬을 위해 너를 데리고 나올 작정이다. 네가 원한다면 네 친구 하나나 둘 정도는 함께 와도 좋다. 그리고 나서 스텝과 난 그날 저녁 좀 일찍 떠날 생각이다. 아마 아침 7시경에 프레스노를 출발하면 오전 10시

반까지는 캐이트에 도착할 수 있겠지 싶다.

이만 줄이겠다, 잭. 너를 사랑하며 또 보고싶구나. 이번 소풍이 즐겁기를 바란다. (일기예보를 봤었는데, 비옷은 가지고 가지 않아도 될 것 같더구나.)

사랑한다.

1993. 9. 26.

아빠가

잭에게.

'무엇이 중요한 것이냐?!?' 가끔 이런 질문을 던질 때가 있다. 우선순위를 정하라는 말이다.

예전의 아빠의 말로는 '잭아, 공!!'이 되겠지. 여기서 말하는 공, 역시 우선순위의 문제가 되겠지만, 이것은 내가 너에게 공과 득점이라는 말을 통해 전달하고자 했던 것이다. 내가 그런 말을 외칠 때 넌 다른 여느 아이들처럼 그저 즐거운 시간을 보내고 있던 작은 꼬마에 지나지 않았었다.

잭, 이제 넌 더 이상 어린이가 아니다. 넌 이제 열일곱이고 '무엇이 중요한 것이냐?' 는 질문에 대답할 수 있는 나이기 되었다. 우선순위가 무엇인지를 이해할 수 있는 때이며, 이제야말로 공을 몰아 득점을 올릴 때가 된 것이다!!

앨리는 공에서 눈을 떼지 않고 있다. 그 녀석은 싼 값에 자전거를 사서 좀더 나은 값에 팔아넘기고, 좀더 좋은 자전거를 저렴하게 사서는 좀더 나은 값에 넘기고 있다. 그러면서 그 놈은 언제나 좋은 자전거를 타고 다닌다. 그 놈은 자신이 무얼 하고 있는지를 제대로 알고 있다. 공에서 눈을 떼지 않고 계속해서 점수를 올리고 있단다. 그건 정말 타고 난 재주다.

태이텀 역시 공에서 눈을 떼지 않는다. 어떤 분야에서 점수를 따내고 있는가는 중요치 않다. 내가 너에게 읽기를 권한 책의 요점도 바로 이것이다. 그것 때문에 너더러 읽길 권한 것이다. 그들이라고 뭐 특별히 연습해 온 것은 아니다.

그렇다면, 학교에서의 점수란 무엇이 되겠니? 배우고 학점을 따고 그러면서 다음 단계로 나아갈 준비를 하는 것이다. 여자라든가 멋있는 자전거 같은 것이 점수는 아니다! 바로 공부와 학점, 진학 준비가 요점인 것이다!!

축구에서는 무엇이 점수가 되겠느냐? 너의 포지션이라든가 얼마나 멋있게 보이느냐 하는 것은 결코 아니다. 골과 득점이다!!

잭아, 가장 큰 문제란 어떤 것이 점수가 되는가를 판단하는 일이 아닌가 싶구나.

넌 열입곱 살이고 공은 이제 너의 진영에 들어와 있다. 무엇이 중요한지 영문도 모른 채 마냥 즐거워서 운동장을 뛰어다니는 어린 아이는 이제 아니다. 너 옛날에 너희 팀에 있던 멕시코 꼬마 기억나니? 열심히 공을 쫓아다니다가 공을 빼내서는 곧잘 득점을 하던 그 아이 말이다. 지금 그 아이가 캐이트 같은 좋은 학교 내지는 그 비슷한 수준의 학교에 다니지 않고 있다고 자신있게 얘기할 수 있지만, 동시에 그 아이가 여전히 점수를 올리고 있다는 점도 내가 보장할 수 있다. 내가 걱정되었던 애는 그 아이가 아니라 바로 너였다.

다시 한 번 묻겠는데, '무엇이 핵심이냐?'

잭아, 누구나 비용과 이익, 위험도와 보상, 그리고 자신의 가치관을 따져 가면서 살고 있다. 물론 축구 경기처럼 점수가 무엇인지를 쉽게 알 수 있는 경우도 있다. 네가 축구 시합에서 얼마만큼의 실력을 보였는지 평가하기는 누구에게나 아주 쉽다. 앨리에게도 그렇고, 버터워드 역시 그렇다. 뿐만 아니라 화이델라 씨의 딸도 얼마든지 평가할 수 있다.

그러나 더러 무엇이 점수인지를 판단하기 어려운 경우도 있다. 그

동안 나는 수백 통의 편지를 통해 무엇이 정작 점수인지를 판단하기가 어려운 상황들을 네게 들려주었다. 이처럼 누구에게나 무엇이 점수인지를 판단하기가 어려운 상황이 닥쳐오기 마련이다.

　네가 아주 어린 꼬마였던 때부터, 난 너에게 큰 소리로 외치곤 했다. 공, 잭, 공!!! 공을 쫓아가!!! 공을 빼내어 점수를 올려!!

　아들아, 너를 사랑한다.

1993. 10. 8.
아빠가

잭에게.

네 반 친구가 사망했다는 말을 듣게 되니 정말 유감이구나. 특히 네가 그 여학생에 대해 지난 주에 얘기를 했던 터라 더욱 그런 마음이 드는구나. 그녀의 죽음에 대해 애도의 마음을 표하고자 하는 네 마음 충분히 짐작이 간다. 네 말대로, 그녀의 죽음에 대해 학교 전체가 하루 수업을 쉬고 애도를 표하는 게 마땅할 듯 싶구나.

그리고 네가 내 충고를 듣지 않고 그녀의 오픈 캐스킷(open casket-화장시킨 시신을 관에 담은 채 조객들에게 공개하는 장례식 행사를 말함:옮긴이)에 갔다니 유감이다. 그것은 네가 반드시 하지 않아도 되는 일이었는데 말이다.

너도 알다시피, 사람들은 각자 다른 방식으로 슬픔과 절망에 대처한다. 아빠는 내 자식이 죽었다 하더라도 그것을 기리는 노래를 작곡할 마음은 없다!! 하지만, 그녀 아버지는 그렇게 하는 것이 더 위안이 되었었겠지. 사람들은 어떤 압력을 받을 때면 이상한 행동을 보이곤 한다. 사람들은 때로는 평소와 달리 다소 못난 행동도 하기 마련이라는 생각이 솔직한 내 심정이다.

이번에 넌 정말 이중으로 충격을 받은 셈이다. 열 달 전 난 거의 죽다 살았고, 넌 그 충격에서 채 벗어나지 못한 상태에서 또 이번의 그런 일을 당했으니 네 신경이 견디기 어려웠을 것이다. 그러니 네 감정 상태는 이중의 타격을 입은 셈이구나.

얼마 전 난 네게 '죽음'에 관해 편지를 보냈었다. 또 최근에는 '운명'이라는 문제와 '신의 계획'에 대해 썼었다. 그 편지들을 다시 한 번 읽어보는 것도 괜찮을 성싶다.

아무튼 잭아, 그녀의 죽음이 네게 큰 충격이었고 잊기 어려운 기억을 남겨놓았다는 사실을 이 아빠는 십분 이해한다. 또 넌 그런 경험들로부터 많은 교훈을 얻게 되겠지. 그 역시 성장의 일부이고 겪어야 할 인생 경험이 되리라 생각한다.

배운다는 것은 어쩌보면 '순진함이 깨져가는 과정'이라 정의내릴 수도 있을 것이다. 그처럼 아들아, 너의 순진함도 이번 일, 처음으로 친구가 죽는 경험을 통해 조금씩 부서져 나가고 있는 것이다. 그게 바로 배운다는 것이다.

네가 느낀 고통에 대해 아빠는 마음이 정말로 아프구나. 친구의 죽음을 경험한다는 것은 참으로 견디기 어려운 일이다. 특히 너처럼 젊은 나이에는.

어쨌든, 이제 다시 마음을 굳게 먹고 정신을 차려야 한다. '우리는 죽은 자를 그들이 원했을 삶을 통해 기린다.'는 아일랜드 속담이 생각나는구나.

사랑한다.

1993. 10. 13.
아빠가

잭에게.

몇 분이라도 짬을 내어 아빠 일이 어떻게 돌아가고 있는지를 네게 알려주어야겠다는 생각이 들어 이렇게 쓴다.

전번 사고로 그간 기억력이 감퇴되고 손상받기도 했지만, 지난 두 달여 동안 몸이 많이 좋아진 덕분에 이제는 예전의 내 규칙이 그 상황에서 어떻게 적용될 수 있었던가를 생각해 볼 수가 있게 되었다.

두 달 전에 연합 가정 서비스 사로부터 지역 부사장 일을 다시 맡아달라는 요청이 오길래 수락했다. 서서히 연습해 나갈 일이겠지만, 시간을 들일 가치는 있겠지. 정말 좋은 회사다 싶은 마음이다.

에드는 내게 마샬 제도(하와이에서 북서쪽으로 2,000마일 떨어져 있는 곳이다.)에 본부를 둔 어로 회사의 재정 일을 맡아달라는 부탁을 해왔다. 나는 동의하고 나서 지난 금요일에는 뉴포트에 있는 주주들과 만나보았다. 그 일은 회사가 성장할 때까지는 분명히 말해서 하나의 계기가 될 성싶지만, 안전한 거래는 아니다. 그것은 고도로 투기적인 일이다.

그렇게 되면 일이 분주해질 테고 더 많은 거래들이 뒤따르겠지. 하지만 당장이라도 그 일을 맡을 생각이다.

남미 오두막 부락에 관한 내 학위 논문은 이제 최종 마무리가 되었다. 연말까지는 역사학 협회에 제출할 것이다. 그것이 역사학 분야에 대해 새로운 문들, 즉 새로운 만족이라든가 학위증명서, 어쩌면 강의료도 좀 받을 수 있는 기회가 생기지 않겠나 하는 기대를 가져본다.

HSA 산타 바바라 프랜차이즈 사는 여전히 내 소유로 있다. 현재 내가 생각 중인 것은 이 회사 주식의 반을 같이 일하는 동업자에게 팔아넘기고 그를 도와주면 어떻겠는가 하는 것이다. 그것이 잘된다면, 그리고 잘될 것으로 확신하지만, 거기서 해마다 들어오는 수익이 상당할 것이다. 요는 제대로 된 동업자를 구할 수 있느냐가 관건이다!!

잭아, 내 얘기는 네 아빠가 다시 일로 돌아왔다는 사실이다. 현재 꽤나 바쁜 편이지만, 아직은 고삐를 최대한 죌 마음은 없다. 현재 내가 하는 일은 어떤 면에서 보면 사고 나기 전보다 더 능률적인 면도 있다고 여겨진다. 확실히 난 똑똑해.

그래서 요즘 좋은 거래를 기내하면서 일할 것들과 필요한 시간들을 짜가고 있다. 지난 열 달 동안 재무장부를 뽑아보지 않았던 터라, 이제 들여다 보면서 그 사고가 회사의 경영에 어떤 영향을 미쳤는지를 알아보는 것도 재미난 일이겠지.

아무튼 잭아, 이게 전체 그림이다. 단숨에 전부를 보는 것도 재미있을 것 같구나. 물론 네가 이 일에 뭐라뭐라 써 보내면 나 역시 재미있을 것이다.

아주 사랑한단다.

1993. 10. 14.
아빠가

잭에게.

이번 추수감사절 방학 때 네가 집에 오면 정말이지 제대로 된 대접을 해 줄 생각이다. 아빠의 '진짜 요리 솜씨'를 선보일 계획이거든. 지난 주, 나는 여태까지 맛보지 못한 정말 기막힌 파스타 요리를 발견했다!

일단, 마늘로 소시지(이태리 소시지)를 천천히 익히고 나서 약간 맛을 강하게 하기 위해 캐이전 양념(미국 남동부 흑인들의 양념: 옮긴이)을 곁들인다. 다음에 그것을 신문지에 싸서 기름을 완전히 빼낸 다음 그것을 잘게 썬다. 그것에 올리브 기름을 약간 곁들여 버섯과 잘게 썬 양파, 신선한 베이즐(박하 향이 나는 향미료:옮긴이) 잎사귀 5~7개 정도, 로즈마리와 백리향 약간, 신선한 마늘뿌리 5~7개 정도와 함께 살짝 튀겨낸다. 여기에 소시지 조각과 유명한 트레이더 조 사에서 나온 스파게티 소스, 붉은 포도주를 약간 뿌리면 다 된 것이다. 그 기막힌 맛을 넌 상상도 못하겠지만, 맛보게 해 줄게!! 스파게티 위에 스테이크용 소스를 펴서 포도주와 함께 먹어 보아라. 지금까지 네가 먹어 본 가장 맛있었던 라비올리(저며서 양념한 고기를 얇은 가루반죽에 싼 이태리 요리:옮긴이)보다 열 배는 더 맛있을 것이다.

추수감사절에는 칠면조 가슴살(아주 큰 거다!)을 버터와 레몬 주스, 그리고 세이지(식용 셀비어 잎사귀:옮긴이)를 양념해서 연기로 천천히 훈제한 요리를 준비할 생각이다. 그 또한 기가 막히게 맛있단다!! (그 요리를 드레싱과 리마 콩, 크랜베리 소스, 얌 열매 등등과 곁들여 한 번 먹어보렴.) 그리고 디저트로는 호박 파이를 준비할 생각이다. 그 날을 혼자 쇠어야 할 사람이 있으면 당연히 초대해서 만찬을 나누어야 하겠지. 잭아, 그 날에는 깊은 감사의 마음을 가져야 한다. 혹 초대할 사람이 있으면 알려다오.

 사랑한다.

1993. 10. 16.
아빠가

잭에게.

네가 흥미를 느낄 만한 읽을거리를 함께 보낸다. '제발 하나님, 전 이제 겨우 열일곱이에요.'는 너무 슬프지만 네 친구 제니퍼의 죽음을 생각하면 공감하는 부분이 있을 것 같다.

여기 소식은 네가 모르는 것이 많지 않다. 아직 몸이 완치되었는가는 확인해 보지 않았지만, 지금이라도 아무 문제가 없으면 좋겠구나.

목요일 네가 오는 것이 무척이나 기다려지는구나. 즐거운 주말이 되어야 할 텐데.

사랑한다.

1993. 10. 18.

아빠가

"제발 하나님, 전 이제 겨우 열입곱이에요"

애비 선생님에게.

이제 곧 밤이 되고 그러면 여름방학이 시작됩니다. '제발 하나님, 전 이제 겨우 열입곱이에요.'를 다시 한 번 들려 주실래요? 저는 지난 5월 부주의한 차사고로 친구 둘을 잃어버리고 말았거든요. 그 글을 다시 들려주는 것이 십대들이 신중하게 행동하는데 조금은 보탬이 될 것이라고 생각해요.

　　　　　　　　　- 숙은 신니와 버드를 그리워하는 이가

여전히 그리워하는 이에게:

저는 지난 15년 동안 해마다 이 글을 책으로 발간해 왔습니다. 많은 사람들이 이 글을 실어달라고 요청해 왔기 때문입니다.

여러 고등학교와 대학 신문들로부터도 그 글을 실을 수 있도록 허락해 달라는 요청이 있었습니다. 물론 언제나 기꺼이 허락해 드렸지요.

얼마 전 '십대가 알고 있어야 할 것들'이라는 저의 작은 책자를 받은 한국 서울에 있는 모 고등학교 학생들은 그 책 중에서 '제발 하나님, 전 이제 겨우 열입곱이에요'가 가장 도움이 되었다고 편지를 보내오기도 했습니다.

누가 쓴 글인지는 모르지만, 설득력이 매우 큰 것이 이 글입니다. 여기 소개합니다.

"제발 하나님, 전 이제 겨우 열입곱이에요"

제가 죽었던 그 날은 여느 때처럼 학교 수업이 있는 날이었습니다. 그 날 통학 버스를 탔더라면 얼마나 좋았을까요! 하지만 저는 잔꾀를 쓰는 바람에 버스를 타지 못했던 것이지요. 그 날 저는 엄마에게 졸라서 차를 뺏어내었지요.

"엄마 제발, 응, 모두들 차를 몰고 다녀."라고 졸랐던 것이지요. 그 날 오후 2시 50분 종료 종이 울리자, 저는 라커 속에 교과서들을 몽땅 쓸어넣었지요. 다음날 아침 8시 40분까지는 마음대로 놀 수 있다고 생각하니 신이 났어요!

저는 주차장으로 달려가서, 차에 올라탔습니다. 직접 차를 운전한다고 생각하니 마치 대장이라도 된 기분이 들었습니다. 야, 자유다!

사고가 어떻게 해서 일어났는가는 아주 간단합니다. 저는 과속을 했었습니다. 너무 빨리 몰았던 것이지요. 아주 위험한 상태였지만, 자유를 만끽하고 즐겼던 것입니다.

그러다가 아주 느리게 걸어가는 나이든 아주머니를 치었다는 것이 마지막 기억입니다. 둔한 충격음을 듣는 순간 전 심한 흔들림을 느꼈습니다. 자동차 유리와 쇠붙이들이 어지럽게 허공을 날았고, 온몸이 뒤집히는 느낌이었습니다. 그리곤 누군가의 숨넘어가는 소리가 들렸습니다.

갑자기 깨어나 보니, 주위가 아주 고요했습니다. 경찰관이 저를 내려다 보고 있었고, 제 몸은 온통 피로 홍건히 적셔져 있었지요. 깨어진 유리 파편들도 몸에 여기저기 박혀있었어요. 너무 이상해서 말로 표현하기가 어렵군요.

여보세요, 제 머리 위로 시트를 덮지 말아요! 전 아직 죽을 수 없어요. 이제 겨우 열입곱 살이란 말이에요. 오늘 밤 데이트 약속도 있어요. 아직 더 자라서 아주 멋진 인생을 살도록 되어있단 말이에요. 아직 덜 살았단 말이에요. 전 아직 죽을 수 없어요.

그러나 조금 있으니 제 몸은 관 속에 들어갔고, 아는 사람들이 저를 확인해 주었습니다. 왜 그들이 이런 눈으로 바라보는 거지?

저를 바라다보는 엄마 얼굴이 왜 그처럼 세상에서 가장 슬퍼 보이는 걸까? 아빠 역시 갑자기 늙은 사람처럼 보였다. 아빠는 "예, 이 아이는 제 아들입니다."라고 담낭사에게 말했습니다.

장례식의 주인공이 된다는 것은 아주 기이한 경험이었지요. 알고 지내던 모든 사람들과 친구들이 제가 누워있는 관 주변으로 걸어오는 것이었어요.

그들은 한 사람씩 제 주위를 지나쳐 갔습니다. 저를 내려다 보는 눈들이 그렇게 슬퍼 보일 수가 없었어요. 친구들 몇 명은 울고 있었지요. 또 몇몇 여자애들은 제 손에 입을 한 번 맞추고는 멀리 걸어가 버렸습니다.

제발, 누군가 저를 깨워주세요! 여기서 나가게 해 달란 말이에요! 저렇게 슬퍼하는 엄마와 아빠를 더 이상 참고 바라볼 수가 없단 말이에요. 할아버지와 할머니도 너무 슬퍼서 잘 걷지도 못하고 계셨지요. 동생들은 얼이 빠진 아이들 같아 보였지요. 마치 로봇처럼 걷고 있었으니 말이에요. 이런 일이 어디 있담! 아무도 이 사실을 도저히 믿을 수 없어, 나 역시 마찬가지야.

제발 저를 땅 속에 묻지 말아 주세요! 난 죽은 게 아니란 말이에요. 아주 하고픈 일들이 너무 많단 말이에요, 예! 다시 웃으면서 뛰어다니고 싶어요. 노래도 하고 춤도 추고요, 그러니 제발 땅 속에 저를 버려두지 마세요.

한 번만 더 기회를 주신다면, 하나님, 약속할게요, 전 이 세상에서 가장 조심해서 운전하겠어요. 제가 원하는 것이라곤 단 한 번만 기회를 더 달라는 것 뿐이에요.

"제발요, 하나님, 전 이제 겨우 열입곱이에요."

〈'프레스노 비'에서 복사〉

잭에게.

오늘은 무슨 날인가 보구나! 두 달만에 처음으로 너의 편지를 받다니, 정말 좋구나.

편지 속에 넌 그다지 할 말이 없다고 했는데, 그렇지 않다. 네가 아빠에 대해 관심을 두고 30분이라도 시간을 들여 편지를 썼다는 것 자체가 바로 중요한 일이다.

또 네가 제인을 존경하고 제인으로부터 받은 것이 많다는 것도 써놓았구나. 직접 그녀에게 편지를 보내면 더욱 좋겠지. 그녀 또한 너를 다시 보게 되지 않겠니.

애미와 린나 중에서 선택하는 문제에 대해서 여기 방법이 있다. 우선 큰 종이를 가져온 다음 종이 한가운데를 수직으로 길게 선을 그어라. 그리고 양쪽에다가 각각의 좋은 점을 모조리 써보아라. 그리고 나서 종이를 뒤집어 똑같이 선을 긋고 나서 이번에는 싫은 점을 모두 열거해라. 그리고 나서 각 항목마다 중요도에 따라 +1에서 +5, 또 -1에서 -5까지 점수를 매겨라. 그리고 그것들을 더하고 빼면 결과치가 나오겠지. 그 결과를 놓고 네 생각을 정리해 보아라. 결국 네 자신에 달린 문제이니, 스스로의 평가를 믿어야 하는 것이다. 내 생각에는 둘 다 괜찮은 것 같은데, 어느 여자든 네가 만족을 느끼면 된다. 그게 전부다!

스텝은 네게서 편지를 받고 대단히 좋아하더라. 직접 편지를 받는 게 그렇게 좋은 모양이니 자주 편지해 주거라.

화학 시험을 잘 봤다니 축하한다. 그간 네가 열심히 공부한 보람을 찾았구나.

잭, 너도 알다시피, 아빠는 '기업가'이고 '모험자본가'이며 지난 이십 년 동안 끊임없이 변신해 온 사람이다. 그 점에 대해 나는 스스로 만족하고 있다. 또 하는 일마다 새로운 도전에 직면했고, 새롭게 배워야 할 것들이 있었으며, 새로운 사람들을 만날 수 있었다. 한 직종에 머무는 것보다 안전성은 떨어지겠지만, 새로운 도전과 개인적인 만족감이 그것을 보충해 주었단다. 모든 일들이 언제나 확률이 없어 보였지만, 그런 와중에서 회사를 복구하고 성공시킬 때마다 언제나 커다란 기쁨을 맛볼 수 있었다.

사랑한다.

1993. 11. 5.

아빠가

잭에게.

과연 '잭 브룸'이란 사람은 누구냐? 교육을 받고 성숙해가면서 너는(다른 이들도 마찬가지겠지만) 차츰차츰 잭 브룸이라는 사람을 '만들어가고' 있는 것이다. 그런데 여기서 너를 만들어내는 구성 요소들은 무엇일까? 아마 그 중 가장 중요한 것은 타고난 네 유전적 자질과 환경이라 할 수 있겠지. 네 환경이란 네가 태어난 이 나라와 그 문화, 그리고 네가 겪어가는 모든 경험들을 말한다. 그래서 난 앞으로 조금씩 네가 태어난 이 나라와 그 문화에 대해 좀 자세하게 언급할 생각이다. 오늘은 우선 너의 자질에 대해 얘기해 보자.

가장 중요하면서도 가장 오랫동안 논쟁거리기 되어 온 것이 바로 유전에 관한 얘기다. 일란성 쌍생아에 관한 모 과학적 연구는, 정확하게 동일한 유전자 구성을 가지고 태어난 이 아이들이 생후 헤어져서 각자 전혀 다른 환경에서 성장했을 경우 유전이 사람의 능력과 지능에 깊은 연관을 가지고 있음을 보여주었다. 심지어는 성격까지도 같음을 보여주었다. 물론 같은 부모 아래서 태어난 형제 자매들간에도 상당한 차이가 있다고 해서 앞의 연구 결과를 부정하기는 어렵다. 그만큼 한 개인에게 이어져 내려가는 유전 현상은 실로 흥미로운 바가 있다.

개 중에서도 아이리시 세터는 사냥감인 새가 숨어있는 것을 본능적으로 알 수 있다. 또 도벨만은 본능적으로 도둑놈이 침입하면 공격하도록 되어있다. 하지만 양쪽 개 모두 반대편 자질은 가지고 있지 않다. 다시 말해 도벨만은 사냥감을 잡는데 별로이고, 세터는 도둑놈이 들어오면 좋다고 손바닥을 핥게 된다. 이런 성질들을 인간에 대한 유전 연구에 적용하기는 어렵다.

그렇다면 과연 네가 이어받은 유전적 자질은 어떻게 되느냐? 네 외할아버지는 영국계였고, 외할아버지의 어머니는 독일계였다. 아마도 두 분 모두 미국으로 이민을 오셨거나 이민자의 후손들이었던 셈이다.

네 친할아버지는 양친 모두 내가 알고 있는 범위, 즉 10대조까지는 영국인들이셨다. 그리고 친할머니의 양친들은 모두 5대조 이상이 영국인이셨다. 아빠 쪽 가계를 살펴보면 상인, 전문직 종사자, 농부들이 있었고, 범죄자나 반대로 큰 업적을 남긴 유명한 분들은 없었다. (네 친할머니 말로는 유명한 조상님도 있었다고 주장하셨지만, 글쎄) 네 친할머니의 가계를 거슬러 올라가면, 1650년대에 버지니아로 이민오셨던 것을 알 수 있고, 할아버지 쪽은 1700년대 말에 필라델피아로 이주하셨던 것을 알 수 있다.

그런 혈통 속에서 태어난 잭 브룸은 과연 어떤 사람일까?

1/4은 독일계이고 3/4은 영국계라 할 수 있는 셈이지. 친가나 외가 모두 물려받은 재산은 없었고(하기야 아빠의 할머니는 경제 공황 전까지만 해도 상당히 많은 재산을 가지고 계셨긴 했지만), 커다란 스캔들(아빠의 할아버지는 그 당시로서는 드물게 두 번씩이나 이혼을 하시긴 했지만)도 없었으며, 집안에 정치가도 찾을 수 없단다. 그저 밝은 성격에 성실하고 야심도 꽤 있는 편이고 열심히 일하는 분위기가 우리 집안의 혈통이라 할 수 있다. 네 외할아버지는 스탠포드 대학을 나오셨고, 친할아버지는 웨스트 포인트 육사 출신이시다. 또 증조 할아버지는 신시내티 의과대학을 졸업하셨고, 고조 할

아버지는 텍사스 법대를 나오셨다.

따라서 넌 아빠와 엄마의 유전 특성들이 골고루 섞여 있는 셈이다. 두 집안 모두 암을 일으킬 수 있는 가능성(현대 의학 연구에 의하면 일정 나이가 되면 심장병이나 암과 같은 병에 걸릴 수 있는 유전적 '방아쇠'가 있다는 것이 밝혀져 있지만, 통계적으로 큰 의미는 없다)은 약간 있지만, 전반적으로 큰 유전질환은 없다.

아버지 집안은 몇 대에 걸쳐 독서와 뭔가 배우는 것을 좋아하는 경향이 이어져 오고 있고, 운동을 좋아하는 성향은 아빠 쪽이 아니라, 네 엄마 쪽에서 오고 있다.

내가 물려준 것은 너도 잘 알고 있겠지만, 머리 색깔과 키, 봄의 체형, 피부 같은 것이다.

그렇다면 누군가 너의 상세한 신상 명세서를 들여다 본다면 어떤 식으로 널 생각할 수 있을까?

잭 브룸은 키가 180센티미터를 약간 웃도는 중간 정도의 골격과 몸매를 가졌으며, 머리카락은 많지만 무성한 정도는 아닌 사람이다. 지능지수는 135(어머니 쪽)와 145(아버지 쪽) 사이로 천재라고는 할 수 없지만 명석한 편에는 속한다고 할 수 있다. 운동은 상당히 잘하고 또 즐기는 편이다. 하지만 수퍼스타 급에 들지는 않는다. 건강에 큰 문제가 있을 리는 없고, 별다른 사고가 없는 한 상당히 장수할 수 있을 것이다. 책읽기와 배우기를 좋아하고 질서와 전통을 존중할 줄 알고 '정의'에 대한 감각을 지녔다. 음악이나 미술에는 그다지 재능이 없는 편이고, 직업적으로 사업은 꽤 잘해낼 수 있겠지만, 장사 수완이 타고 난 정도는 아니다. 그리고 성격은 차분한 편에 속한다.

이 정도면 다 말했다고 하겠지. 잭아, 그만하면 출발선이 괜찮은 편이다.

앞으로 네가 쌓아올릴 것들은 이제 전적으로 네게 달렸다. 네가 배우는 것들, 배운 것을 어떤 식으로 써먹느냐 하는 문제들이 남았고, 또 네 성격의 특징들을 어떻게 활용하느냐 하는 숙제도 있겠지. 하지만, 종합적으로 검토해 볼 때 그만하면 유전적으로 괜찮은 출발선상에 서있다고 말할 수 있을 것이다.

사랑한다.

1993. 11. 15.

아빠가

잭에게.

또 다시 같은 질문, '잭 브룸은 누구인가?'이다. 오늘은 좀더 너의 개인적인 환경적 발전, 다시 말해서 네 자신과 개인적인 경험에 대해 얘기하도록 하자. 그것 역시 '잭 브룸이란 누구인가?'의 중요한 일부를 이루기 때문이다.

우선 생각나는 대로 열거해 보면, 넌 학구적이라고까지는 할 수 없지만 교육적인 환경 속에서 자라났다는 사실을 들 수 있다. 어릴 때부터 네 나이에 맞는 책들과 지적인 추구, 배움에 대한 존중, 교육을 중요시하는 분위기 속에서 넌 자랐다. 친가와 외가, 양쪽의 조부모 중 세 분이 대학을 나오셨고, 네 부모는 모두 대학 출신으로 대학원까지 마쳤다. 너는 아주 어려서부터 연극이나 음악, 뮤지컬, 박물관이나 전시회 등을 구경다니는 등 여러 문화적 환경에 접해왔다. 네 엄마는 네가 어릴 때부터 늘 책을 읽어 주었고 넌 책들로 가득찬 집에서 성장해 왔다. 아빠는 네가 이 세상 이것저것에 대해 많은 관심을 갖도록 곁에서 노력해 왔다. 넌 여행도 네 나이치고는 꽤 많이 한 편에 속한다. 워싱턴에도 다녀왔고, 남부 지역에도 이곳저곳을 다녀보았다. 그래서 넌 새로운 사람과 생각을 접해도 어떤 두려움을 갖지 않도록 자랐다. 그리고 아빠는 네가 가장 좋은 학교에 가야한다고 일관되게 주장해 왔으며, 네 학구적 성취를 관심있게 지켜보아왔다.

두 번째로 얘기할 것은, 넌 운동에도 소질을 키워왔다는 점이다. 특히 네 엄마로부터 많은 영향을 받아온 셈이다. 넌 승마도 배웠고, 테니스도 배웠으며, 수영 교실에도 다녔다. 그리고 어떤 것이든 운동 경기라면 언제나 허락을 받았다. 또 넌 늘 건강 식품(엄마가 네게 준 캔디를 제외하고는)만을 먹어왔고, 패스트 푸드나 콜라와 같은 음료수, 포테이토 칩 같은 음식은 그다지 먹지 않았다. 여름이면 등산을 다녔고, 겨울에는 스키를 다녔다.

세 번째로, 넌 사랑과 정성 속에서 자라났다. 언제나 키스와 포옹을 받으며 자랐고, 건전한 가치관과 도덕관을 몸에 지니도록 배워왔다. 거짓말은 범죄 행위보다 더 나쁜 것으로 배워왔고, 요령 위주의 행동을 버리고 언제나 바른 길만 걷도록 배워왔다. 아빠는 네가 어릴 적부터 경찰이 지나가면 손을 흔들도록 가르쳤고, 정의가 살아있다는 것을 보여주기 위해 법정에도 너를 데려갔었다.

네 번째로, 넌 항상 청결함과 질서를 존중하도록 배워왔다. 매일 자기 전에는 침대를 정리하고, 옷가지를 세탁하고, 집안 청소를 하도록 되어있었다.

다섯 번째로, 넌 지금까지 돈 때문에 어려움을 겪어보지는 않았다. 돈이 없어서 자전거가 없다든지, 스키타러 못 가는 일이 없었고, 항상 좋은 집에서만 살아왔다. 그러나 돈이란 기꺼이 일해서 얻을 만한 가치가 있는 것이어서 함부로 낭비해서는 안 된다는 것도 배웠다.

여섯 번째로, 넌 신에 대한 지식을 늘 배워왔다. 줄곧 교회에 다녔으며, 주일 학교에도 다녔다. 네 집안이 무슨 대단한 기독교 집안은 아니지만, 기독교인이라는 사실은 명백하다.

일곱 번째로, 네 부모 모두 과음이나 약물을 복용해 본 적이 없다. 아빠의 담배가 약간 지나친 면은 있지만, 처방전이 필요한 약을 함부로 써 본 적도 결코 없다.

여덟 번째로, 네가 자라난 집은 언제나 아빠 친구나 사업상의 여러 손님들이 드나드는 사교적인 집이었다.

아홉 번째로, 집안에는 언제나 네가 사랑할 동물들이 있었다. 말, 돼지, 양에서 고양이에 이르기까지 말이다. 아마도 우리가 키우지 않았던 것은 새와 물고기밖에 없는 것 같다.

열 번째로, 넌 자라면서 항상 정치나 뉴스 등과 같은 시사 문제들을 접해왔다. 공무원들과도 만났었고, 주 상원의원과 하원의원들, 심지어는 주지사와도 면담했었지 않느냐. 또 군 장성이나 언론계 사람들도 만나보았다. 넌 여섯 살의 어린 나이에 시 의사당에 들어가 방청한 적도 있고, 정치 지도자의 사무실에서 일도 했었다.

하지만, 넌 네 부모의 이혼으로 인해 고생도 겪어야 했다. 이혼하기 전 상당 기간 동안 불행과 서먹함이 무엇이라는 것을 넌 네 눈으로 지켜 보아야 했다. 심지어는 부모간에 화를 내는 광경도 보았다. 그리고 이혼한 뒤에도 이혼에 따르는 긴 과정에서 어려움을 겪어야 했다. 넌 어쩔 수 없이 환경에 휘말려 들어야 했고, 이혼에 따르기 마련인 '어느 쪽을 따라갈까' 하는 선택의 어려움도 맛보았다. 불신과 역정, 그리고 증오심까지도 넌 지켜 보아야 했다. 남자와 여자가 만나 가정을 이룬 다음에도 서로 어떻게 행동해야 하고 서로를 충족시켜 주어야 하는가에 대해 네 부모는 본보기를 보여주지 못했다. 넌 네가 겪은 일들과 자라온 환경들이 구체적으로 네게 어떤 영향을 끼쳤는지 주의깊게 생각해 볼 필요가 있다.

네가 겪어보지 못한 환경들도 많이 있다는 것도 넌 알아야 한다. 폭력이나 주정뱅이가 가장인 가정에서 자라보지 못했을 뿐더러, 이 아빠가 직장을 다니지 않았기에 IBM이나 스탠더드 오일 사 등의 사내 소풍이나 직장 파티 같은 것도 경험해 보지 못했다.

게다가, 네게는 대부분의 아이들이 겪어보지 못한 또 하나의 다른 생활의 경험이 있다. 4년 동안 아빠와 단둘이서만 생활했고, 지금도 가끔씩은 그런 실정이지. 그렇기에 다른 아이들에게는 없는 아빠와의 친밀함과 '남자만의 세계'를 넌 경험했다. 그리고 열한 살 때부터 엄마의 영향을 받지 않고 자라났으니, 그것이 좋든 나쁘든 너를 약간은 다른 사람으로 만들어 놓았을 것이다. 넌 열한 살 때부터 남자의 세계에서 살면서 집 안 청소도 자기 몫을 다해야 했으며, 자기 빨래도 직접 했으며, 때로는 저녁 식사도 아빠가 사업 관계로 사람을 만날 때면 밖에서 함께 먹어야 하는 적도 많았다. 너는 아빠가 사귀는 여자친구와 알게 되었고, 사업 친구도 많이 알고 있다. (가령, 리 아저씨 같은 분 말이다.)

이런 과정 속에서 넌 독립심을 키웠고, 자긍심과 가치의 소중함, 또 너만이 지닌 개성과 세상과 관계를 맺어가는 특이한 자질을 키워왔다. 그리고 그것은 여늬 젊은이들이 갖지 못한 것들이다.

네 아빠가 집안 사람들과 밀접한 관계를 갖지 못했고, 네 엄마 또한 외삼촌들과 소원하다보니 넌 가족의 유대를 잘 모른 채 자란 셈이다. 너는 일종의 의무와도 같은 친척 모임에 거의 참석해 본 적이 없고, 어릴 때부터 친하게 지낸 형제나 사촌간에는 서로간에 보호해 주려는 성향이 있는데, 너에겐 그런 것이 없다. (예를 들자면, 테이텀 집안이나 케네디 집안 같은 예가 있겠지.)

잭아, 네가 지금의 네 성격과 경험에 영향을 미친 것은 지금까지

내가 말한 것 말고도 무수히 많을 것이다. 내가 더 중요한 것들을 그냥 지나쳤을 수도 있을 테니 네 스스로도 한 번 곰곰히 생각해 보는 것도 좋을 것 같구나.

그래서 말인데, 잭아, 지금껏 내가 쓴 이 내용들은 '과연 잭 브룸이란 누구냐?' 하는 질문에 대한 부분적인 답변에 불과하다고 여겨진다. 적어도 현 시점에서, 열여덟 살 난 잭 브룸, 고등학교 상급생인 잭 브룸, 미국인으로서 또 한 개인으로서의 잭 브룸이란 유전과 환경에 의해 이루어진 것이어서 '네가 누구냐'에 대한 정확한 대답은 되어줄 수 없을 듯하다.

그 질문에 대한 올바른 대답을 하려면 보다 전체적인 그림에서 눈을 떼지 말아야 한다. 매일매일, 한주일 또 한주일 이어지는 생활 속에서 전체를 보는 눈을 가져야 한다. 다시말해 네 생활이 어떤 목표를 향해 움직이고 있는가 하는 것을 살펴봐야 한다는 뜻이란다.

나는 네게 '무엇이 되고 싶은가'라는 것보다는 '무엇을 하고 싶은가'라는 질문을 하고 싶구나.

이 아빠는 이 질문에 네가 답할 수 있도록 너를 준비시켜왔다고 생각한다. 이제 그러니 너의 대답을 마음놓고 기다리겠다.

사랑한다.

1993. 11. 18.
아빠가

잭에게.

너와 함께 한 지난 엿새 동안은 정말 좋았다! 너를 태우고 집에 돌아올 때도 즐거웠고, 너와 함께 보낸 수요일도 그렇고, 또 너와 스텝과 함께 갔던 팜 스프링스 나들이도 정말 즐거웠다. 사막 한가운데서 맞은 추수감사절, 그리고 함께 집으로 돌아오는 길도 그렇고, 너와 스텝과 함께 지낸 일요일도 참으로 즐거웠단다. 그런데 오늘 오후 네가 집을 떠나고 나니 정말 허전하기만 하구나. 이제 크리스마스 때까지 18일이나 더 기다려야 다시 너를 데리러 갈 수 있겠구나.

잭아, 라크로스 시합 일정을 알려다오. 아빠는 가능하면 많은 경기를 관전하고 싶으니 최대한 빨리 보내주기 바란다.

잭, 너도 알다시피, 네가 어떤 일을 시작하려면 그에 앞서서 '계획'을 세워야 하고, 게임을 한다치면 게임 '계획'을 세워놓고 있어야 한다. 인생의 계획을 세우지 않고 사는 사람들을 보면 아빠는 도무지 이해가 가질 않는다. 삶이란 사업이나 게임보다 더 중요한 것이건만 사람들은 계획없이 살아가고 있으니.

넌 내게 말하기를 네가 어디로 가고 있는지를 모르는 것이 걱정된다고 했다. 그래, 아빠는 네 나이에 의사가 되겠다든가 변호사가 되겠다고 결심했다가 뒤늦게서야 잘못된 결정이었음을 후회하는 수많은 사람들을 알고 있다. 너무 일찍이 결정했기 때문이란다. 그러니 걱정하지 말거라. 단지 인생의 각 단계에 필요한 실제적인 목표들에 대해 눈을 떼지 않고 있으면 그것으로 충분하니까. 가장 중요한 결정을 내려야 할 시기는 다 때가 있는 법이다. 그리고 넌 사실 큰 줄기가 되는 결정들은 이미 내렸지 않니. 넌 의사나 병리학자는 되지 않기로 마음먹었지 않느냐. 또 공직 같은 것에 출마하고 싶지 않다는 것도 이미 정했지 않느냐. 게다가 넌 무용수로나 축구 선수로서는 미흡하다는 것도 알고 있지 않느냐.

여기에 기본적인 인생 계획이 있다.

1 ~ 5세:목욕하기와 먹는 법, 대소변 가리기를 배운다. 초보적인 가치관을 익힌다.

5 ~ 18세:기초적인 교육을 이수하고, 네가 누구인지, 어떻게 성장해 가는지를 알게 된다.

18 ~ 22세:고등교육을 이수하고, 지난 2년 동안은 전공할 과목에 주력해왔다.

22 ~ 24세(또는 25세): 법률이나 재무 등 전공 학위를 얻는다.

25 ~ 29세:직장 경험을 쌓는다. 경우에 따라 인턴 과정을 거친다. 워싱턴에 가서 정부 조직이 어떻게 운영되는지를 경험해 볼 수도 있고 뉴욕에 가서 문화와 금융시장이 돌아가는 세상을 익히게 될 수도 있을 것이다.

29 ~ 31세(또는 32세): 그간의 경험과 교육, 교우 관계를 활용하여 특정 산업 분야에 들어가 성장하거나, 자신의 사업을 시작한다. 동시에 성격이나 교육 수준, 마음 등이 맞는 여성을 만나 결혼한다.

31 ~ 34세:가정을 꾸리고 자신의 경력을 쌓아간다.

그러니 잭아, 모든 것이 하나의 과정이라는 것을 알아야 한다.

'한 번에 1야드는 어렵지만, 한 번에 1인치씩은 일도 아니다.' 라는 옛 격언도 바로 같은 뜻이다. 언제나 전체 구도에서 눈을 떼지 않되, 항상 눈앞의 구체적인 목표를 추구하며 살면 되는 것이다. 당장은 공부를 잘하면서 다음 단계를 준비하면 되는 것이다. 넌 아주 잘하고 있다. 아무 걱정 말거라.

사랑한다.

1993. 11. 19.

아빠가

잭에게.

방금 네 1학기 성적표(미국은 4학기제이다:옮긴이)를 받았다. 공부량이 많다는 사실, 네가 최선을 다하고 있다는 사실 등을 금방 알아차릴 수 있었다. 더 이상 너에게 공부하라고 말하기가 뭐하구나. 성적표를 보니 좋은 성적을 받으려면 어떻게 해야 하는지를 네가 깨우쳤다는 점도 느껴지는구나. 그 방면에 있어 이 아빠가 도와줄 수 있는 사항들도 있다는 것을 느꼈다. 네 학업이 약간은 문제가 있지만, 전반적으로 좋아지고 있다는 사실도 알 수 있었다. 1학년 때 받은 성적표와 비교해보면, 학업 성취도나 성숙도가 확연히 차이가 나는 것을 알 수 있을 것이다! 축하한다.

잭아, 넌 A 두 개와 B 세 개를 따낸 것이다. 이번 성적이 좋긴 하지만, 넌 계속 노력해서 학년이 끝날 때에는 4개의 A와 B 하나로 마무리지을 수 있도록 하자꾸나. 결코 무리한 욕심은 아니다.

이번 성적표에서 아빠가 가장 흐뭇해하는 점은 (넌 미처 보지 못했겠지만) 코즈 선생의 평이다. 너는 네가 지녔으면 하고 바라던 바로 그 성실성을 지녔더구나!!

코즈 선생님이 뭐라고 말씀하셨는지 들어보렴. "캐이트의 어떤 학생도 이 학생만큼 책임감이 강하지는 못하다." 야!! 이 아빠가 이제 무엇을 더 바라겠니, 응? 코즈 선생님은 "이 학생은 간단히 말해서 최상이다."라고 말하고 있다. 잭아, 아빠는 이 말이 진실이라는 것을 알고 있다. 이 이상 내가 듣고 싶었던 말은 없단다. 그 말들은 내가 아버지로서 성공했다는 뜻이고, 내 모든 노력들이 가치가 있었다는 말이기도 하단다. 동시에 네가 네 인생을 제대로 살아가고 있다는 말이기도 하다. 정말 네가 자랑스럽구나, 잭아. 얼마나 자랑스러운지 말로는 표현할 수가 없지만, 넌 알 수 있을 거라고 아빠는 생각한다.
   아들아, 사랑한다.

1993. 11. 22.

아빠가

잭에게.

이번 여름에는 반드시 러시 럼버거의 새 책 「내가 말한대로 보아라」를 읽기 바란다. 지금 나는 반쯤 읽었다만, 1990년대의 정치와 정부를 이해하고 싶은 사람이라면 모두 반겨할 책이란다. 읽기 쉬운 내용도 아니고 주제가 가볍지도 않지만, 분명 좋은 책이다.

여기 계곡 지대에는 이미 겨울이 성큼 다가서고 있다. 밤이면 온도가 화씨 30도 밑으로 내려가고, 한밤중에는 짙은 안개가 자욱하게 서린다. 정말 너무 어둡구나. 매일 밤 바라다보는 벽난로 불을 제외하면 아무런 낙이 없으니 정말 따분하다. 발렌타인 데이가 오기까지는 아직도 무려 70일이나 남았구나. (바로 드렉의 생일이지.)

간 밤, 저녁 7시경에는 저녁을 들기 위해 에탄과 함께 차를 몰고 있었는데, 작년 내가 겪었던 사고와 똑같은 사고 현장을 목격했었다. 자동차끼리 부딪치고 차 한 대는 구르고, 구급차가 오고 등등…… 정말 똑같더구나. 북쪽으로 달리던 차 옆구리로 서진하던 차가 방향을 틀다가 그만 들어박은 광경이었다. 그만 소름이 끼치더구나! 이 세상은 이토록 위험으로 가득차 있으니 넌 정말 조심하고 또 조심해야 한다!!

좀 전에 캐이트 학교의 12월과 1월, 2월 일정을 받았다. 그것을 보니 네 첫번째 미들랜드와의 라크로스 홈 경기가 12월 11일에 있더구나. 그 날은 스텝과 함께 보내기로 한 날이 아니라, 안타깝구나. 그 다음 경기 일정은 1월 22일로 잡혀 있는데 그때는 스텝도 함께 주말을 보내기로 되어 있는 날짜더구나. 제이 블라이가 1월 22

일 경기를 보겠다고 하고 있고, 어쩌면 12월 11일 경기도 보러갈 것이다. 어쨌든, 나는 12일 일요일에는 LA에 가야 하니 11일 밤에 경기를 보고 함께 저녁을 들면 되겠지.

이만 줄인다.

사랑한다.

1993. 12. 2.

아빠가

잭에게.

너는 이제 네 인생에서 가장 흥미로운 시기를 맞이하고 있다. 지금 너는 뭐가 뭔지도 모르면서도 무엇인가가 되고 싶어 안달이다. 하지만 정작 되고자 하는게 무엇인지 모르면서, 또 그 방법도 모르면서 어떻게 무엇인가가 될 수 있겠니?

개중에는 그것을 아주 쉽다고 생각하는 아이들도 있고, 변호사나 의사가 되겠다고 결심을 한 아이들, 그리고 리처럼 게임 사업을 하는 아버지의 뒤를 잇겠다거나 마틴처럼 이미 아버지가 다 만들어 놓은 사업을 이어가겠다고 생각하는 아이들도 있다. 그런데 말이다. 우선 눈앞에 보이는 것을 목표로 했다기 나중에 가서 그것이 자신의 적성에 맞지 않다는 것을 알고 후회하는 사람들이 참 많단다. 대부분 자신이 목표로 삼은, 예를 들어 변호사나 의사가 어떤 일을 하는지 사실 말만 들었을 뿐 깊이 따져보지 않았기 때문이다.

너도 그런 사람이 되고 싶은 것은 아니겠지? 무언지도 잘 모르는 목표에 매달리다가 어느 순간 이게 아닌데 하고 후회하고 싶지는 않겠지? 그런데 왜 그렇게 목표를 서둘러 정해놓고 싶어 안달인지 아빠는 정말 모르겠구나.

내가 말해주마. 우선은 우리 나라가 갈수록 쇠퇴하고 있다는 말은 정말 얼토당토 않은 말이란다. 그것은 어두운 마음을 지닌 자들이나 팬스리 요란 법석을 떠는 언론 매체들, 스스로의 이익만을 챙기려는 일부 정치가들의 마음을 나타낸 것에 지나지 않는다. 아직도 우리 사회는 역사상 어느 나라 어느 시대보다 많은 기회와 보다 많은 정의, 보다 많은 자유를 누리고 있는 게 사실이다. 몇 가지 문제점들을 가지고 있긴 하지만, 여전히 어느 때 어느 나라보다 많은 것들을 누리고 있다는 것은 엄연한 현실이다.

두 번째로 동시에 더 중요한 점은 너의 미래는 밝고 네 앞에 펼쳐질 세계는 지금 너와 내가 꿈꿀 수 있는 것보다 더 많은 즐거움과 가능성을 가지고 있다는 것이란다.

네가 태어난 후만 놓고 잠시 생각해 보자. 그동안 컴퓨터 과학은 얼마나 발전했으며 MRI와 같은 의료 기술은 그 얼마나 획기적인 발전이었는지, 그것 말고도 무수한 발전들이 이루어졌지 않느냐? 불과 지난 2~3년 사이에 팩스가 사업상 서류를 보내는 수단으로서 오랜 세월 동안 유일한 방법처럼 여겨져 오던 편지를 거의 대체하지 않았느냐? 컴퓨터 모뎀이 그같은 기능을 대신 맡아서 세금 고지서나 법률 관계 서류들을 팩스로 보내고 받고 있는 오늘이다. 그리고 쌍방향 텔레비전도 앞으로 2~3년만 있으면 완전 실용화가 될 것이다. 예전에는 감히 상상조차 못했던 일이었는데 말이다. 내가 이십 년 전 자동차에 전화를 달았을 때만 해도 그런 전화를 달았던 사람은 매우 드물었다. 가격이 너무 비쌌기 때문이지. 그런데 이제는 너도 나도 다 달고 다니고 있고, 최근에는 작고 간편하고 저렴한 휴대폰이 일반화되었다. 그리고 앞으로 수년 안에 손목시계에 부착된 전화기도 나올 것이다. 그러면 이 모든 것들은 어떻게 된 셈이냐? 간단히 말해서 아빠 때보다는 네 세대에 가서 정보화가 보다 진척되고 고도화되고 더욱 편리하게 되며, 정보의 전송 속도도 더욱 빨라진다는 것을 의미한다. 예전 아빠가 처음 사업에 뛰어들었을 때는 일일이 손으로 쓰고 편지로 부치고, 또 받으려면 며칠씩 기다려야 하고 답장을 받으려면 또 다시 며칠을 기다려야 했는데 지금은 팩스로 즉각 보낼 수 있고 답장도 보낸 지 얼마 안 되어 받아 볼 수 있게 되었다. 이 모든 것이 몇 시간이면 족하다. 오늘날의 미국 사업계가 이런 것들로 인해 얼마나 눈부신 발전을 했는지 정말 상상도 하기 어려울 지경이다!! 하지만 이 모든 것도 앞으로 맞이할 네 세대에 비하면 정말 아무 것도 아닐 것이다. 내가 일을 시작할 당시만 해도 서류의 청사진을 뜨느라 무려 몇 명이 며칠간 일해야 했었다. 그러던 것이 이제는 CAD 컴퓨터가 있어 단 한 사람만 있어도 일 전체를 처리하는데 몇 시간이면 충분하다. 그러니 앞으로 또 어떻게 발전해 갈 것인지 상상하기도 어렵구나. 잭아, 내가 소유하고 있는 아델레이드 제분 회사의 기술은 지난 17세기부터 변함이 없던 것이 이제는 전체가 컴퓨터로 돌아가고 있다. 그러니 앞으로는 또 무엇이 나올 것인지 원!!

잭, 장차 네가 활동하게 될 세상에서는 또 다른 기술이 나와서 산업계와 경제를 끌어가는 원동력이 될 것이다.

자, 그러니 네가 과연 어디를 향해 가고 있는지 지금 시점에서 어떻게 미리 알 수 있겠니? 네가 알 수 있는 것이라고는 그런 변화에 능동적으로 대처하겠다는 자세가 필요하다는 것 외에는 아무 것도 없는 것 같구나. 그렇다면 그 대처 방법은 뭘까? 그것은 열심히 배우고 많은 사람들과 사귀고, 건전한 정신 자세를 갖추는 것이다. 네가 그 모두를 갖추었다면, 기회란 으레 오기 마련이므로 그때 가서 너는 네가 가진 것들을 십분 활용하면 되는 것이란다.

잭, 넌 참 좋은 세상을 만난 셈이구나. 축하한다. 세상은 변하고 그에 따라 기회는 생기기 마련이니 네가 열심히 노력하고 가진 재주를 살린다면 네 인생은 분명히 전망이 밝다. 네가 그럴 수 있으리라는 것을 아빠는 알고 있다.

　사랑한다.

1993. 12. 20.
아빠가

잭에게.

'국보'라는 단어를 떠올리면 무엇이 생각나니? 위대한 예술 작품이나 국립 공원 아니면 위대한 건축물 같은 것을 생각하기 쉽겠지. 하지만 아빠는 과거와 현재에 이 나라를 이끌어가는 위대한 지도자들, 이 나라를 현재와 같은 위대한 나라로 건설했던 사람들이 떠오른다. 바로 그들이 이 나라의 진정한 보물이라고 나는 생각한다.

그들은 그들 자신이 무엇을 어떻게 달성해야 하는가에 대해 어떤 기준점을 세워놓은 사람들이다. 아래 예를 들겠다.

조지 윌: 그 사람만큼 명철한 사고와 탁월한 지적 능력을 보여준 사람은 없다. 그는 모든 시시한 정치적 수사와 입발림 소리를 뒤로하고 오로지 정도만을 걷는 자다. 그는 역사적이고도 철학적인 시야를 지녔으며, 불투명한 모든 문제점들이 지닌 오류들을 정확하게 짚어낼 수 있는 사람이다. 그의 칼럼이야말로 정말 읽어볼 가치가 있다.

해리 트루먼 전 대통령: 그 분은 자신만의 스타일을 지녔던 사람이다. 평이하고 유연하며 대중에 기반을 둔 분이셨다. 성장 배경은 그리 뛰어나지 않았지만, 하나님은 그 분에게 뛰어난 매력을 주셨다. 그 분의 정치적 업적에 네가 동의하든 그렇지 않든간에 너 역시 그 분의 역사적 입지를 잘 알고 있을 것이다. 그 분은 여론에 영합하거나 인기조사 같은 것을 하지 않고 어디까지나 미국적 가치관에 근거하여 담대하게 모든 것을 결정하셨다. 그야말로 신조를 지닌 정치가셨던 것이지.

전 국방장관 딕 체니: 그는 평생을 공직에 몸바쳤다. 일하는 말

(馬)과 장식용 말이 있는 이 세상에서 그는 일하는 말이었다. 그는 말없이 그저 모든 정력을 일에 기울였다. 그에게 무슨 문제를 물으면 그는 깊이 생각한 뒤 자신있게 대답을 했고 그 대답은 언제나 옳았다. 그는 평생을 통해 공적으로나 사생활에 있어서 아무런 스캔들이 없었다.

보브 호프:70년 동안 전 국민을 즐겁게 해주었고 이루 헤아릴 수 없이 많은 기여를 한 사람의 전형이 여기 있다. 55년 동안 크리스마스 때면 그는 늘 집에서 가족들과 시간을 보낼 수 없는 군인 장병들을 즐겁게 하기 위해 자선공연을 하곤 했다.

빌리 그레이험 목사:가치관의 혼란과 범죄로 얼룩진, 문제투성이인 이 세상에서 그는 기독교가 무엇이고 도덕이 무엇이며 가치관이 무엇인가를 보여준 분이다. 그의 순회 전도는 수백만의 사람들을 신에게 인도했단다.

존 케네디 전 대통령:그의 정치적 업적과 도덕성, 사생활을 떠나서 그 역시 자신의 스타일을 보여준 사람이었다는 점만큼은 부인할 수 없다. 그는 유머 감각이 풍부했고, 명랑하며 뛰어난 위트 감각, 그리고 따뜻함을 지녔던 위대한 정치가였다. 그는 지도자였다. 우리가 그를 기억하는 이유도 바로 그 점 때문이다. 보수 정치인들과 민주당 사람들 공히 그를 폄하하고 있지만, 그의 인간적 매력은 특별한 것이었다.

리처드 닉슨 전 대통령:그가 워터게이트에서 실수를 저지른 것은 사실이지만, 리처드 닉슨 씨는 소신이 무엇인지, 용기가 무엇인지를 보여준 사람이다. 그가 비록 정치적으로 몰락하긴 했지만, 여전히 용기와 의지와 지성의 힘을 무수히 보여주었다. 그는 상, 하원 의원과 부대통령, 대통령을 지낸 분이다. 그는 열댓 권의 책을 저술했고, 지금도 전 세계 지도자들의 자문에 응하고 있다.

앨스테어 쿡:그가 지닌 문화적 깊이와 지적 호기심은 어디 비길 데 없이 뛰어난 전형이다.

재클린 케네디 여사:그녀는 국가적 보물이었다. 그녀는 위대한 어머니였다. 1963년 이후로 그녀는 한 번도 언론이나 기자 회견을 가진 적이 없었다. 또한 그녀는 용기와 지적 충실성, 스타일이 무엇인가를 보여준 귀감이었다.

마이클 조단:이 뛰어나고 놀라운 운동 선수는 로스 페로보다 더 많은 돈을 벌었다. 또 클린턴보다 유명하다. 그렇지만 여전히 국민의 좋은 친구이며 성실한 가장이다. 그는 잘난 체도 하지 않고 과시하려 드는 법도 없다. 흑인 아이들의 우상이며 또한 백인 아이들의 우상이기도 하다. 그에 대해 나쁜 얘기를 하는 사람을 본 적이 있느냐!

지금까지 열거한 분들은 국가적으로, 나아가서 전 세계적으로 훌륭한 사람으로 꼽히고 있단다. 역사를 보면 링컨, 워싱턴, 해밀턴, 제퍼슨 등등 무수한 위인들이 있는데 그들 모두 자신만의 특성이 있었고 자신에게 주어진 기회를 살렸던 사람들이다.

그리고 다음에 얘기하는 사람들은 그들이 미국인이었으면 국가적 보물에 해당될 만한 인물들이다.

아바 에반:지성의 대명사요, 향기로운 여인이다.

마가렛 대처 전 영국 수상:불굴의 의지와 지고한 신념을 지닌 지도자였으며, 친구들과 자신의 믿음에 충실했던 정치인이었다. 정말 위대한 인간이다. 또 여성 해방을 위해 진정으로 노력한 위인이기도 하다.

이외에도 국가적 보물이라고 할 수는 없어도 훌륭한 인물들은 많이 있다. 가령 스코트 맥레오드 같은 이가 그 좋은 예라 할 수 있지.

아무튼 아들아, 너더러 국가적 보물이 되라는 것은 어려운 요구지만, 적어도 그들을 본받는 것은 할 수 있다고 아빠는 생각한단다. 네가 그럴 포부와 자세를 지녔다면 충분히 가능한 얘기다!!! 그렇지 않니?

사랑한다.

1993. 12. 29.
아빠가

잭에게.

다시 한 번 묻겠다. 잭 브룸이란 어떤 사람이냐?

이미 너의 개인적인 것들, 문화적 환경에 대해 그리고 유전에 대해서는 얘기했다. 흔히들 그런 것들은 이미 결정되어 있는 것이어서 사람은 타고난 대로 살아야 하는 거라고 말들 하는데 그럴지도 모른다.

그렇지만 나 개인적으로는 개개인이 지닌 불굴의 정신이라는 것을 더 신뢰한다. 나는 그동안 태어날 때 지녔던 모든 이점들을 손쉽게 날려 보낸 많은 사람들을 보아왔다. 또 출생시에는 그리 특기할 만한 것이 없었지만, 노력을 통해 더 큰 것들을 성취해내는 사람들도 보아왔다. 간단히 말해서 잭아, 네가 지금 하고 있는 것, 가지고 있는 것은 그저 기본일 뿐이고, 모든 것은 앞으로 네가 하기에 달린 문제다!!

결정적인 것은 한 남자로서의 성격이고 그가 지닌 가치관이다. 노력하고 잔꾀를 피우지 않으며 열정적이고 책임감이 강하며 신에 대한 두려움이 있는 사람이라면 그는 필연코 성공할 것이다. 반대로 모든 것이 갖춰져 있음에도 살아가는 삶의 태도나 가치관이 잘못되어있다면 단지 언제 실패하느냐의 문제일 뿐, 그 사람이 실패하는 것은 기정 사실이다.

크리스마스 선물로 너에게 빌 벤넷이 쓴 책을 보냈는데, 그 책은 성격과 가치관에 대한 것으로 그것을 중요하게 여기는 사람들에 관한 얘기도 포함되어 있단다. 너에게 뭔가를 느끼게 해줄 수 있을 거라고 생각한다.

아들아, 이제 공은 네 코트 위로 넘어가 있다는 사실을 잊으면 안 된다. 바로 네가 네 인생길을 결정하는 것이고 동시에 네가 좋은 인생을 살고 훌륭한 업적을 남긴다면 그에 따른 보상도 물론 다름아닌 바로 네 것이 된단다.

사랑한다.

1994. 1. 3.
아빠가

잭에게.

넌 내게 지금 네가 하는 공부들이 무슨 의미가 있는지, 그리고 나중에 과연 무엇이 될지 궁금하다고 했다. 그래, 넌 지금 그럴 나이에 있다. 동시에 그것은 해묵은 질문이기도 하다. "이 다음에 자라서 뭐가 될래?"하는 질문이지. 이 물음은 중년의 남자에게도 마찬가지란다!!

그동안 어떤 분야가 전망이 밝은지, 또 어떤 분야가 바람직한지에 대해 너와 난 많은 얘기들을 나누었다. 또한 네 인생의 설계도에 대해서도 적잖은 얘기를 했다. 좋다, 오늘은 좀더 구체적으로 얘기해 보자꾸나.

대학을 졸업할 때까지 향후 5년 반 동안의 네 목표는 일단 교육을 잘 받은 사람이 되는 것이다. 너는 사람들과 의사를 나누는 법을 배워야 하고, 과학의 기초와 역사와 이 세상 사회에 대해 알아야 한다. 즉 무엇이 세상을 움직여 가는지 네 주변 세계에 대해 배울 필요가 있다는 얘기다. (계약에 관한 지식과 가치관, 예술, 문학, 인간성 등등) 그러고 나면 넌 모든 학문들이 끊임없이 새로워지고 있다는 사실과 보다 복잡한 이론들과 개념들을 만들어 내고 있음을 알게 될 것이다.

동시에 보다 실용적인 경험과 너의 사회적인 능력을 시험해보는데 앞으로 다섯 번의 여름방학이 남아있다. 너의 사회성이나 성격 같은 것들 말이다. 아울러서 그동안 즐기기도 하면서 새로운 곳에서 새로운 사람들을 만나게 되겠지.

이 5년 반의 기간 동안 넌 보다 구체적인 어떤 한 분야에 대해 배우게 될 것이다. 그러다 보면 네 능력과 기호 취미 등을 바탕으로 하나를 선택하게 되고 그러다보면 어떤 분야와는 완전히 손을 떼게 될 것이다. (이미 네가 의료 분야에 대해서 관심을 잃었듯이 말이다.) 반대로 네가 흥미를 느끼는 분야는 여름방학 중에 일자리를 구해 경험해 봄으로써 그 분야에 대해 좀더 잘 알 수 있을 것이다.

네가 대학원에 들어갈 즈음이 되면, 넌 정말 네 적성에 맞는 분야가 무엇인가를 발견하게 될 것이다. 그러니 현재로서는 모든 관심 분야를 검토해 보는 것이 무난하고도 좋은 생각이 되겠지.

대학원에는 사업이나 직장에서 성공한 많은 사람들이 강의를 들으러 온다 (물론 학생들도 뽑는다!). 각종 주제에 대해 많은 세미나가 열리기 때문에 네 재능을 그들에게 보여줄 수 있는 아주 좋은 기회가 됨과 동시에 사람들과 계속 토론하다 보면 사고력을 성숙시키는 데도 큰 도움이 되지.

네가 석사 학위를 받을 무렵이면, 너 역시 사귄 사람들도 있고 지식도 생겨서 네가 원하는 곳이라면 어디든 갈 수 있게 될 것이다. 그때쯤이면 과연 무엇이 네 적성에 맞는지 저절로 알게 될 것이다.

그러니 잭아, 우선 가까운 목표에서 눈을 떼지 말고, 계속해서 그때그때 나타나는 목표를 성실히 추구하면 된다. 그러면 저절로 네 인생에 있어 장기 목표가 무엇인가를 확연히 알 수 있게 된단다.

또 그러기 위해서는 어느 정도 신념을 가질 필요가 있다. 장님에게 거품이 뭔지 처녀에게 오르가슴이 뭔지 설명해 주는 것은 쉽지 않은 일이다. 그곳에 가보지 않으면 그곳에 뭐가 있는지를 알 수가 없는 법이란다. 하지만 잭아, 난 그곳에 줄곧 있어 왔다. 아빠를 믿으렴. 넌 잘할 수 있을 것이다.

  우리들은 미래의 너와 네 선택에 대해 많은 얘기를 나누었다. 그리고 그 얘기는 정말 즐거웠다. 네 앞에는 놀랄 만한, 도전해 볼 만한 세상이 널 기다리고 있단다. 넌 언제나 상위 1, 2% 안에 들어왔으니 너무 애를 태우지 않아도 괜찮을 것이다!!

  자신감을 가져라, 애야. 하루하루의 삶을 성실히 그리고 즐겁게 지내고, 내일을 위해 준비하면 되는 것이다. 그것이 바로 인생이다!!

  사랑한다.

1994. 1. 6.
아빠가

잭에게.

무려 삼 주 동안 안개가 계속해서 끼더니 드디어 걷히고 오늘은 햇빛이 났다. 해가 나니까 마음도 한결 나아지는구나. 저놈의 골짜기 안개는 내 마음을 우울하게만 하는구나. 다행히도 이제 한달만 견디면 온도가 18도 이상으로 올라갈 것이고 그러면 안개는 사라지고 봄이 성큼 다가서겠지.

나는 니코틴과의 결별이 성공적으로 진행되고 있다. 조만간 그동안 몸에 쌓인 니코틴이 완전히 해독이 되겠지. 현재 60% 정도에서 머물고 있는데, 재미난 점은 약간 우울증이 있고 소변 색깔이 약간 변했다는 점이다. 난 몇 년 동안 2000밀리그램의 비타민 C를 계속 섭취해 왔는데 내 몸은 비타민을 흡수했어도 소변은 노래지지 않았단다. 확실히 니코틴이 거기에 영향을 끼쳤다고 여겨진다. 왜냐면 최근엔 노란 오줌이 나오니 말이다. (원래 비타민 C가 필요량을 넘어서면 소변으로 나오도록 되어 있다.)

1월 22일 토요일엔 너의 라크로스 경기가 있는 날이구나. 제이 블라이와 제프리스도 그날 경기를 같이 보러 갈 생각이다. 나는 차를 몰고 내려가 스텝을 데려가겠다. 그 애 생일이 23일 일요일이니 토요일 경기가 끝나고 저녁에 함께 모였을 때 생일 파티를 해주는 것이 좋을 것 같다. 너도 미리 생일 선물을 준비해 두어라. 아무튼 구체적인 일정에 대해서는 다음 주까지 좀더 함께 생각해 보자꾸나.

어젯밤 스텝에게 전화를 걸었더니 드렉이 받더구나. 화난 목소리는 아니었지만 거리감이 느껴지더구나. 그 아이에게는 정말 미안한 마음이 들었다. 심각한 일이 생기지 않았으면 좋겠는데, 이 일에 대해 네가 뭐 해볼 수 있는 방법이 없는지 생각해보고 어떻게 한 번 해 보렴. 부탁이다.

너에게 법대 이야기를 들려주었는지 잘 기억이 나지 않는구나. 법대 얘기를 들어보렴. "법대에서 A학점을 받으면 법대 교수가 되고, B학점은 판사가 되고, C학점을 딴 학생은 법지식을 이용해서 큰 돈을 벌게 된다"고 하는 우스개 이야기란다. 이런 얘기는 의대나 경영대학도 마찬가지로 통용된다. 물론 여기서의 요지는 직업적 성공을 거두는데 꼭 우수한 학점이 필요한 건 아니라는 것이겠지. 반대로 교수가 될 정도의 학점을 딴다고 해서 그 학점이 성공을 보장해 주는 것도 아니란 얘기고. 그러니 이 세상은 희망을 품어볼 만한 곳이지!

그렇게 따지고 보면 성적이란 네가 가고 싶어하는 학교에 들어가도록 해 주는 것 말고 또 다른 무슨 가치가 있을까 하는 생각도 들 수 있겠지. 하지만 좋은 성적이란 무엇보다 성공하는 습관을 익힌다는 점에서 중요하고, 두 번째로 스스로의 훈련을 위해서도 중요하단다. 학교에서 성공한 사람은 나아가서 인생에서 성공할 준비를 마친 셈이 되는 것이지. 동시에 어떤 사실들을 찾아낼 수 있는 방법을 익히고, 참고 자료들을 발견할 줄 알고 생각을 조직화함으로써 결론을 도출하는 것 등이 모두 그런 훈련에서 얻어질 수 있는 것이란다.

그러니 계속 건투를 빈다, 아들아.

사랑한다.

1994. 1. 8.
아빠가

잭에게.

오늘날 쓰고 있는 단어 중에서 가장 중요한 단어 중에 하나가 '스트레스'다. 사람들은 언제나 스트레스를 받으며 살아가고 있다. 너 역시 학교 공부가 네게 많은 스트레스를 주기 때문에 수시로 모든 것을 잊고 긴장을 풀 필요가 있다고 말한 적이 있지. 네가 손톱을 깨무는 버릇 또한 일종의 스트레스를 나타내는 표시일 것이다.

좋다, 그렇다면 과연 무엇이 스트레스인지 한 번 알아보자. 왜 스트레스가 생기는 것인지, 또 어떤 점이 나쁜지, 스트레스를 받으면 어떻게 해야 하는지 등등에 대해 말이다. 스트레스를 연구해 보니 이런 결과가 나왔다고 하더구나.

1. 대부분의 스트레스는 본인 스스로가 만든다! 우리들은 불가능한 목표를 설정하고 그것 때문에 엄청난 스트레스를 받거나 인위적으로 한계를 그어놓고 그 선을 지키기 위해 스트레스를 받는다. 사람들은 습관적으로 자신이 스트레스를 받았던 같은 상황 속에 반복해서 스스로를 밀어넣고 나서 커다란 스트레스 속에 자신이 놓여 있다는 것을 발견하곤 하는데 대부분은 그 상황에서 자신을 구출할 능력도 없다. (가령 LA에서 일하는 사람이 오렌지 카운티에 집을 사놓고, 매일 왕복 세, 네 시간씩을 길거리에서 허비한다면 게다가 길이 막히기라도 해서 시간이 더 걸리게 된다면 당연히 스트레스를 받게 되고 그러다가 그 문제를 해결하려고 집을 헐값에 팔아 직장 근처로 옮기려고 해도, 집값이 맞지 않거나 아내가 집을 옮길 마음이 전혀 없어 이사를 못하게 된다면 그 집에 사는 동안 내내 일방적으로 스트레스를 받으며 살아가야 한다. 엄청난 스트레스겠지!!)

2. 대부분의 사람들은 뭐가 스트레스를 일으키는지 잘 이해하지 못한다. 심한 경우 그런 요인이 있다는 사실마저 부인하려 든다. 아트의 아내는 그를 좀팽이로 여기고 있지. 그러나 그들 사이엔 자식들이 있고 또 이혼을 하기엔 경제적 부담이 너무 크다. 내가 보기엔 그는 아내를 사랑한다고 생각하는 것 같은데, 그렇다면 스트레스를 받지 않을 수 없지. 알린의 직장 상사는 정말 나쁜 놈이다! 그녀는 결정을 내릴 수 없었지. 무언가 결정을 내려야 할 일이 생기면 그놈은 알린을 무시하고 끊임없이 괴롭히는 것이야. 알린은 자신의 일을 좋아하고 또 직장도 필요하지만 2년씩이나 참고 기다려야 했다. 큰 스트레스였지. 그런데 상사가 떠나버리고 나자 믿을 수 없을 만큼 분위기가 좋아졌단다.

  3. 대부분의 사람들은 스트레스에 대처하는 방법을 모르고 있다. 무엇보다도 스스로가 스트레스를 받고 있다는 사실을 알고 있어야 한다. 잠시 하던 일에서 손을 떼고 운동이나 독서, 산책 같은 것을 하는 것이 바람직한데 조심할 것은 그러다가 하던 일로 돌아가고픈 마음이 아주 없어져 버릴 수도 있다는 거란다. 그러니 스트레스의 뿌리를 알고 그것을 제거할 대책을 세우는 것이 보다 바람직한 것이 된다.

  4. 스트레스라고 해서 모두 해로운 것은 아니다. 사람들은 적당한 스트레스를 받고 있을 때 가장 많은 것을 성취한다. 다시 말해서 능력에 적당한 목표를 설정하고 노력하면 높은 성취를 얻어낼 수 있다.

  5. 아마도 미지(未知)의 것이 사람들에게 가장 큰 스트레스 요인이 되는 것 같다. 사양 산업에서 일하다보니 언제 직장을 잃을지도

모른다는 두려움, 나로 말하면 언제 수표가 돌아올지 모른다는 불안감, 너로 말하면 네 성적이나 시험 결과 또는 좋은 대학에 들어가게 될지 하는 불안감 등등 말이다. 이 모든 것들이 스트레스 요인이 된다.

6. 때때로 사람들은 자신들이 어떻게 할 수 없는 상황에 대해 어떻게든 해결해 보려고 무리한 욕심을 부린다. 어차피 파경에 접어든 이혼을 2년씩이나 끄는 것도 그런 예에 해당된다. 너 역시 무리하게 자동차 속도를 내지 말거라!! 그렇게 하면 단지 스트레스만 늘 뿐이다. 차 사고가 났을 경우 몸이 정상화될 때까지 18개월에서 2년까지 걸린다. 더 이상 속도를 올려서는 안 된다는 사실을 받아들이는 것이 스트레스를 덜 받는 방법이다.

7. 식사나 수면도 스트레스에 영향을 준다. 마찬가지로 스트레스도 식사와 수면에 영향을 미친다.

8. 스트레스는 면역계의 활동을 저하시키며, 그 결과 병이 날 수도 있다. 스트레스가 암이나 각종 장애, 감기나 심지어는 에이즈에도 영향을 미친다는 유력한 의학적 증거도 있다. 따라서 사람들은 각자 스트레스를 이해하고 그를 통제할 수 있어야 할 것이다.

9. 스트레스는 누적된단다. 어떤 사람이 이혼할 경우 그 사람이 받는 스트레스는 엄청나다. 그러다가 직장마저 잃게 되면 스트레스는 배가 된다. 이런 경우 병이 나기 십상이다. 이런 면에서 스트레스란 것은 인체의 안전을 감시하는 밸브이기도 하다.

따라서 스트레스를 오히려 어떻게 활용하고, 어떻게 하면 스트레스를 덜 받을 수 있을 것인지 하는 문제는 우리 모두에게 중요하다.

1. 적절한 식사와 수면, 운동 계획을 세우고 실천할 것. 이런 것이 적절해지면 스트레스를 훨씬 적게 받을 수 있게 될 것이다.

2. 목표는 높게 설정하되 한계선은 적절한 범위 내에서 유지할 것. 또 목표 역시 아예 불가능할 정도로 지나치게 높게 잡아서는 안 된다.

3. 상황이 돌아가는 것을 미리 예측해서 결과에 지나치게 놀라거나 무리한 한계선을 설정해서는 안 된다. 앞으로 있을 일들을 잘 생각해서 일정 계획을 세우고 모든 것에 준비할 충분한 시간을 배정해야 한다.

4. 너에게 어떤 것들이 설정적인 스트레스 요인이 되는가를 심사숙고해서 그것들을 건설적인 방향으로 유도해야 할 것이다. 내가 샌프란시스코 학교에 다닐 당시 오전 8시 수업이 있었는데, 그 시간에는 주차장도 없고 또 출퇴근 시간이라 정말 힘들었었다. 그래서 밤에 공부하는 것을 포기하고 좀 일찍 자고 다음날 오전 4시 30분에 일어나서 오전 5시에 집을 나서면 5시 30분에 교실 바로 근처 주차장에 차를 댈 수 있었다. 그러면 커피 숍에서 커피나 주스를 한 잔 마시고 6시부터 공부할 수 있었다. 그러다가 7시 45분이 되면 상쾌한 마음으로 수업에 임할 수 있었단다. 전혀 스트레스가 없었지. 수업이 끝나면 10미터만 걸어서 차를 몰고 집으로 돌아왔다. 스트레스를 제거할 수 있는 방향으로 생활 태도를 바꾼 예이다.

5. 계획성이 뛰어나면 인생에서 실제 어떤 일이 일어난다 해도 많은 스트레스 요인들을 사전에 제거할 수 있다. 가령 늘 자동차를 잘 정비하고 있으면 고장나는 일도 없을 뿐 아니라, 고장이 나도 자신

있게 대응할 수 있어서 스트레스도 한결 가볍다. 네가 지닌 것에서 벗어나지 않고 시간에 맞추어 지불할 것을 지불하면 돈갚으라는 전화를 받아도 전혀 부담을 느끼지 않을 수 있다. 또 사업상으로 정직한 사람들만 거래한다면 훗날 소송건이나 괴로운 일은 생기지 않을 것이다. 아울러 괜찮은 여자와 밖에 나가 데이트를 하면 남의 놀림이나 쳐다보는 시선에서 스트레스를 받지 않아도 된다. 나아가서 네가 결혼하고 싶은 상대에 대해 미리 깊이 생각해 놓고 있다면, 그리고 사귀면서 충분히 관찰한다면 나중에 이혼으로 인한 스트레스는 받지 않아도 된다. 네가 어리석은 행동을 피한다면 (가령 신년 초에 외출하는 일따위 말이다) 있을 수 있는 사고를 미연에 방지할 수 있고 그로 인한 스트레스를 피할 수 있다.

결과적으로 말하자면 좋은 인생을 살아가기 위해서는 적절한 스트레스를 활용해야 하고 반면 스트레스로 인해 무너지거나 병이 생길 정도가 되어서는 안 된다는 얘기다.
사랑한다.

1994. 1. 15.
아빠가

잭에게.

오늘은 돈에 대해 얘기해 보자꾸나. 물론 돈과 관련된 각종 생각이나 개념도 포함해서 말이다.

우선 돈이란 것은 가치가 집적된 것에 불과하다. 동시에 돈은 교환의 일반적인 수단이기도 하다. 옛날의 돈은 그 자체가 어떤 가치를 지니고 있었다. 예를 들어 금화처럼. 나중에 와서 돈은 그 자체로는 아무런 가치가 없는 종이 돈, 즉 지폐로 변했다. 돈 이전에는 물물 교환이 있었지. 가령 네게 소를 줄 테니 넌 나에게 말을 다오 하는 식으로. 오늘날 말하는 환율이란 것은 각국의 돈이 가진 상대적인 교환 비율을 말한다. 가령 달러가 강세고 엔화가 약세라는 식으로 말이다.

대부분의 사람들은 자신의 노동력으로 돈을 얻고 그 돈을 가지고 생활에 필요한 물건들을 얻는 식으로 살아가고 있다. 사람들은 맥도널드 햄버거 집에서 일하듯이 시간제로 일할 수도 있고, 제인처럼 월급을 받는 수도 있다. 또 나처럼 수수료를 받는 경우도 있다. 수수료 중에도 종류가 달라서 어떤 것은 시간당 얼마 하는 식도 있고 외과 의사의 수술처럼 시간에 관계없이 고정 수수료를 받는 경우도 있다. 어떤 경우든 간에 돈과 노동력을 바꾸는 것이다. 그것이 바로 소득이라는 것이다.

금전 수입에는 또 다른 형태도 있다. 네가 은행에 돈을 예금하면 '이자'를 받게 된다. 그리고 네가 자전거를 200달러에 사서 400달러에 되팔면 '이익'이 발생한다. 또 텔레비전을 훔쳐서 장물아비에게 200달러에 넘기면 불법 수익이 발생한다. 그리고 내가 죽고 네가 그 재산을 상속받아 그것을 팔면 '증여 소득'이 발생한다.

이런 식으로 넌 어딘가에서 돈을 벌어들인다. 그러면 그 돈은 어디로 가는 것일까? 먼저 네 생활을 지탱하는데 사용된다. 그 과정에서 약간 돈을 남기면 '가처분 소득'이 생긴다. 다시 말해서 생계비에 필요한 돈을 제외한 나머지 돈은 네가 원하는 곳에 자유롭게 지출할 수 있는 돈이다.

여기에서 의문점이 하나 생긴다. 과연 생필품이란 무엇인가 하는 문제다. 어떤 이에게 생필품이 되는 것이 어떤 이에게는 사치품이 될 수도 있다. 가령 데이비드 고뱅은 자신은 반드시 롤스 로이스를 몰아야 한다고 생각했다!! 또 어떤 이는 꼭 디자이너가 설계한 옷만을 입어야 한다고 여긴다. 또 값비싼 크로스 컨트리용 자전거를 타지 않으면 안 되는 것으로 생각하는 이도 있다.

따라서 첫번째 요점은, 누구나 자신의 소득에 근거해서 생필품의 수준을 결정해야 한다는 점이다. 그러면 가처분 소득 또는 자본이 남게 된다. 이것은 대단히 중요한 개념이다. 가령 네가 매주 몇 번씩 고급 식당에서 외식을 하고 휴가를 값비싸게 지낸다면 넌 가처분 소득을 지출하고 있는 것이다. 그러면 그 돈은 네 통장으로 들어가지 않는다, 즉 자본이 형성될 수 없다. 자본이란 '늦춰진 소비'이다. 달리 말하면 자본이란 네가 당장 쓸 수도 있지만, 나중에 보다 유용하게 쓰기 위해서 간직하고 있는 것이다. 저축이란 자본의 한 형태이다. 네가 자본을 은행에 넣으면 이자가 주어질 것이고, 다른 곳에 투자하면 그로 인해 이익을 기대할 수 있는 것이다.

자, 네가 대학을 마쳤다 치고 연봉 36,000달러짜리 월급쟁이가 되었다고 하자. 소득 중 12,000달러는 세금으로 낼 것이고, 24,000달러, 즉 매월 2,000달러가 남는다. 아파트를 월세 600달러에 구하고, 전화료와 전기료 등에 월 200달러를 내고, 또 식료품에 월 300달러, 옷가지 사는데 월 50달러, 자동차 할부금에 월 200달러, 보험료로 월 50달러, 기름값으로 월 50달러를 지출한다면 기본지출로 월 1,450달러가 나가는 셈이다. 결국 비상금으로 쓸 수 있는 돈, 가처분 소득은 매월 550달러가 된다. 그 돈으로 스키 여행을 가거나 데이트를 하고 선물을 사는 등으로 사용할 수 있겠지. 그 돈을 전부 쓰지 않고 매월 절반 정도씩만 남긴다면 넌 한달에 275달러의 자본을 얻게 되고 그 돈은 해마다 약 20달러 정도의 이자를 네게 안겨줄 것이다.

  내가 너무 시시콜콜하게 얘기하는 것처럼 보이겠지만 일단 참고 아빠 말을 들어보아라. 가령 아파트를 전세내지 않고 집을 사는 경우를 보자. 또 집값이 75,000달러라 치면 매월 주택할부금융으로 600달러를 내면 아파트 임차료와 같다고 하고, 집을 사고 나서 2년 동안 살다보니 집값이 해마다 5%씩 올랐다 치면 넌 7,500달러의 이득을 얻게 된다. 여기서 그동안 네가 갚은 돈이 집값의 10%라면 넌 무려 100%의 이득을 올린 셈이 되겠지.

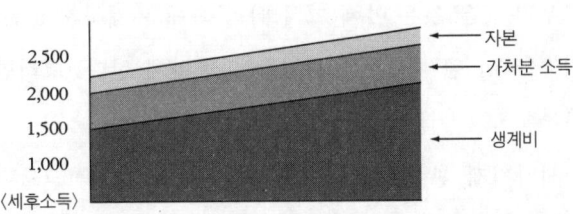

여기서 내가 말하는 요지는 각종 변수들을 네가 설정한다는 점에 있다. 직업도 네가 선택하고, 얼마나 열심히 일할지도 네가 결정한다. 따라서 전체 소득도 네가 정하는 셈이 되겠지. 그러면 결국 네 삶의 수준도 네가 정하는 것이며 따라서 네가 어느 정도의 자본을 축적하는가도 결국은 네가 결정하는 것이 된다.

자 그렇다면, 가장 결정적인 변수는 네가 얼마를 저축하고 생활수준을 어느 정도 낮게 잡느냐 하는 것이 아니라 네가 얼마를 벌어들일 수 있느냐 하는 것이다. 월급이 얼마이고 세금은 어떻게 해야 절감하며 생필품 수준은 어느 정도로 하느냐 하는 문제는 누구라도 금방 계산해 낼 수 있는 문제이기 때문이지.

그러면 두서없이 몇 가지 생각을 적겠다.

앨리는 자전거를 원했던 것이 아니라 돈을 원했다. 앨리는 돈을 벌기 위해 자전거를 샀고, 너는 즐기기 위해 자전거를 샀다. 앨리 그 녀석은 돈을 위해서라면 뭐든지 행동에 옮길 놈이고 항상 돈을 어떻게 버느냐에 관심이 가 있다.

돈에 대한 욕구는 자칫 소모적이기 쉽다. 존 가라베디언은 맨몸으로 부자가 되었다. 그는 돈밖에 생각하지 않는 사람이고 하루에 20시간 이상을 장사에 몰두하고 있다. 그것이 전부다. 윤리의식이나 친구와의 우정 같은 것은 아예 그의 머리 속에 존재하지 않는다. 돈 그 자체가 목적이 될 때, 돈은 사람을 피폐하게 한다. 그러면 만사가 끝이다!

돈만을 지나치게 생각하는 사람은 돈을 벌 수 없다. 그보다는 좋은 일, 좋은 제품, 양질의 서비스에 신경쓰는 사람들은 돈벌이를 그 노력의 부산물로, 돈은 따라와 준 것이라고 여긴단다. 그들은 일 자체만을 신경 쓸 뿐이지.

그러면 빚이라는 것에 대해 얘기해 보자. 버는 것보다 더 많은 돈을 지출하는 사람들도 있다. 자본을 축적하는 것의 반대 현상이지. 벌기 전에 쓰는 것은 그에 따라 이자를 지불해야 한다.

넌 가끔 물건을 사기 위해 돈을 빌리기도 하는데 그 물건을 갖는 것으로 즐거움을 얻는다면 그 또한 보상을 받은 것이라 할 수 있다. 하지만 사들인 물건이 마음에 들지 않을 때는 아무런 이득도 없이 공연히 이자만 지불해야 한다, 원금은 물론이고. 심지어 물건이 그 가치를 상실하고 나면 상황은 완전 거꾸로 되겠지. 그렇게 된다면 얘야, 괜한 물건에 손을 댔다가 파산하는 결과가 올 수도 있단다.

집안에 돈이 많은 상대와 결혼하는 것은 어떨까? 힘들여 일하는 것보다 무지무지하게 편하다고 생각되지는 않을까? 하지만 잭, 그건 그렇지 않다!! 이 문제에 대해서는 나중에 보다 깊이있게 얘기하기로 하자꾸나. 또 네가 부잣집 딸과 사랑에 빠진다면 정말 심각하게 얘기해 봐야겠지. 하지만 현재 네가 믿을 것은 '돈' 과 결혼하는 것은 남자가 벌어들이는 돈 중에서 가장 힘겨운 돈이라는 사실이다!!!

너에게 내 경험을 얘기해 줘야 하겠구나. 돈에 대한 네 자세에 대해서도 말이다. 결론부터 말하면 '내가 한 대로 하지 말고 내가 말하는 대로 하라는 것' 이다.

난 돈 때문에 인생을 살아오지는 않았다. 내게 닥치는 도전들을 즐겼지. 내 자유 의사로 내가 믿는 신념을 위해 열심히 일해왔다. 그렇지만 돈은 나와 큰 인연이 없었는지 많이 다가오지는 않았다. 난 항상 필요한 액수만큼 벌었고 내가 가진 것만을 썼다. 그동안 큰 자본을 축적하지는 못했지만, 내가 원하던 많은 것들을 얻을 수 있었다.

난 결코 돈을 벌려는 계획이나 투자 또는 자본 이득 같은 것에 신경쓰면서 살아오지 않았다. (당시 내게는 이런 점을 설명해 줄 아버지가 없었기 때문이기도 하다.) 난 내가 살아오면서 모든 것을 스스로 배웠고, 그 때문에 시간도 많이 허비했지, 특히 인생이라는 것을 말이다!!

앞으로 세월이 가면서 돈버는 것에 대해 그리고 어떻게 써야 하느냐의 문제, 돈의 투자 방법 등등에 대해 더 많은 것들을 얘기하게 될 것이다. 네가 영리하다면 내가 저지른 실수로부터 많은 교훈들을 얻을 수 있을 것이다. 그리고 네 아버지가 살았던 삶보다 훨씬 나은 삶을 살 수 있을 것이다. 나는 진정으로 그러기를 빈다.

게임의 목적은 너와 네 가족에게 안락한 삶을 제공하는 것이다. 동시에 돈에 지배되지는 말아야 한다. 그럴 경우 넌 네 인생을 잃게 될 것이다. (돈 때문에 친구를 배신하고 돈 때문에 신부를 맞이한다, 넌 그러고 싶으니? 난 그러지 않길 빈다.) 늘 가진 것과 자신의 역량을 비교해 가면서 산다면, 늘 자신을 너보다 많이 가진 자들과 비교하면서 산다면 결코 행복을 얻을 수 없을 것이다.

나중에 더 얘기하자.

사랑한다.

1994. 1. 16.
아빠가

잭에게.

스테파니가 자기 생일날 네가 전화를 걸어줬다고 정말 좋아하더라. 넌 그 아이의 '위대한' 오빠이고 그 아이는 정말로 너를 좋아한단다. 봐라, 생일날 네가 조금만 신경 써줘도 얼마나 기뻐하는지.

하지만 잭아, 금요일의 네 전화는 나를 정말 골치아프게 했다. 넌 완전히 분위기가 가라앉은 채 등을 정말 다친 것 같다고 말했다. 네 어조는 '인생이란 것이 살 만한 가치가 없다'는 식이었는데 그 말을 듣고 나는 머리가 아득했다.

마음을 굳게 먹어야 한다, 아들아. 의지가 중요하다!!! 네 삶이 완전하지 않다는 생각을 없애 버려라. 따분한 삶의 일상사를 견디내야 한다는 생각일랑 아예 잊어 먹어라. 아빠를 보렴. 난 사고 때문에 거의 죽을 뻔했고 또 병상에서 두 달 동안 꼼짝도 못하고 누워 있어야 했다. 그것은 정말 끔찍한 고통이었고 그러고도 또 다시 열 달간 기억력 감퇴와 체력의 약화로 고생해야 했지 않느냐. 그런 내가 언제 한 번 불평하는 것을 본 적이 있느냐. 그만큼 산다는 것은 가치가 있는 것이다. 아들아, 용기를 내길 바란다.

어쩌면 그동안 네가 너무 편히 지내다 보니 잘 산다는 것은 기본이고 이제 더 이상 나아질 것이 없을 것이라는 생각을 했는지도 모르겠구나. 틀렸다! 아니면 하도 네가 잘 지내고 있으니까 하나님께서 네 등을 약간 건드렸는지도 모르지.

잭아, 무릎을 조아리고 현재 네가 이만큼씩이나 가진 것에 대해 하나님께 감사해라. 또 네 의지를 조금 시험하시는 것에 대해서도 진심으로 감사해라. 아울러 살 만한 인생, 네가 어떤 결점을 지녔든

간에 이렇게 고마운 삶을 주신 것에 대해서도 하나님께 감사 기도를 올려라.

몇 가지 새로운 소식이 있다.

스텝은 자기 생일을 무척 기뻐했는데 특히 생일 케익을 세 개나 받아서 (하나는 파티장에서, 또 하나는 내가 해주었고 나머지는 엄마가) 그랬던 것 같다. 벌써 그 애가 열 살이라니 원 참! 빨리도 자라는구나!

샌 페르나도 계곡의 지진은 한마디로 말해 정말 무서웠다. 그 피해가 상상을 초월할 정도다. 그리고 언제나 그런 것처럼 지진으로 재미를 보는 사람들도 있다. 짐 프라이스의 사업이 그 바람에 확 피었다. LA로 되돌아오는 길에 벤츠 차의 온도계가 터졌다. (거의 드문 일이지.) 별 문제는 아니지만 아무튼 문제는 문제지.

우리의 고기잡이 회사는 그동안 쉬다가 마샬 군도에서 다시 조업을 시작했다. 날씨가 워낙 안 좋아서 고기도 보이지 않았다. 상황이 좋아져야 될 텐데. 에드가 이 거래를 내게 가져다 준 것은 아주 좋았단다. 그건 전형적인 거래였지. 관리 잘못과 회계처리 미숙 그리고 지나친 낙관주의 등이 겹친 바람에 생긴 일이었다. 나는 그런 회사를 살리는 것을 무척이나 즐긴단다. 기울어가는 기업을 살린다는 것은 정말이지, 내게 큰 만족을 주는 일이란다.

네 등이 아프다는 점에 대해 브라운 박사와 얘기해 봤다. 그는 네 문제가 무엇인지를 알고 있다고 하면서 네가 어떤 치료와 요양을 해야 하는지에 대해 편지로 알려주겠다고 했다.

브라운 박사는 필요하다면 등 문제에 전문가인 산타 바바라에 있는 동료에게 연락해 줄 수도 있지만 박사 생각에는 적당히 운동을 하면서 당분간 무리한 경기만 하지 않으면 조만간 좋아질 것이라고 하더라.

   사랑한다.

1994. 1. 24.
아빠가

잭에게.

넌 갈수록 사업 쪽에 적성이 맞을 것 같다는 생각이 드는구나. 좋다, 네게 우선 두 가지 원칙을 알려주마. 이것들은 불변의 원칙이니 배워서 사용하고 평생 지켜가거라. 그러면 나머지는 저절로 따라오게 되어있다.

원칙 1. 사업이란 사람들 간의 게임이다. 삶의 활동 중 일부는 기술 지향적 또는 발상에 의해 지배되지만, 대부분의 사업은 무엇보다도 사람과 사람 사이의 관계에 의해 이루어진다. 그러니 게임에 참가하는 선수들을 알고 그들의 배경과 장단점, 그들 상호간의 관계, 업계와 회사의 정치 판도에 대해 알아야 한다. 사업의 많은 것들은 어떤 사람을 알고 있는가, 또는 서로간에 신뢰가 있는가, 서로 만나면 편안한가 하는 것들에 의해 이루어진다. 역으로 말해서, 혼자서 길을 간다면 사업은 이루어지지 않고 두 사람이 뜻이 맞지 않거나, 서로 싫어해도 안 된다. 만나서 불편한 관계라면 더더욱 되는 일이 없다. 기본은 어디까지나 사람을 사귀고 접촉하는 기술에 있다. 고등학교나 대학 동창, 대학원이나 클럽에서 사귄 사람들이 도움이 될 때가 아주 많다. 그들의 성이 아니라 이름을 부르며 지낼 정도가 되고 서로 만날 약속을 하거나 서로에게 중요한 정보나 거래 기회를 알려줄 정도가 되면 되는 것이다. 그저 손바닥 하나로는 어렵다.

너만의 사람들 네트워크를 만들고 그들 사이에서 신뢰를 쌓아야 한다. 불필요한 적은 만들어서는 안 된다. 대인 관계 기술을 개발해라. 네가 어떠한 상황에 들어서든 그곳의 선수들을 알아야 한다. 그게 바로 게임이다!!

원칙 2. 원칙을 알고 여타 각종 재무 비율을 알고 나면 나머지 자세한 사항은 저절로 알 수 있게 된다. 잭아, 이 부분에서는 너에게 들려줄 이야기가 너무도 많다. 어디서부터 시작해야 좋을지를 잘 모를 지경이다.

우선 얘기하면, 기술 집약도가 낮은 산업의 경우 종업원 1인당 20,000달러의 자본이 든다. 하이 테크 산업이라면 1인당 30,000에서 50,000달러가 필요하고, 종업원당 설비 공간은 약 50평방 미터가 필요하다. 로우 테크 산업에서는 종업원 한 사람당 연간 50,000에서 75,000달러의 매출을 만들 수 있고, 하이테크 산업은 1인당 500,000에서 700,000달러의 매출이익 내지는 그 이상을 올릴 수 있나. 회사는 매출액의 10% 정도를 관리비(관리와 회계 등에)로 지출하고 15% 정도는 매출에 지출하게 된다. 때문에 네가 어느 회사에 대해 두세 가지 사실만 알아도 저절로 그 회사가 어떻게 돌아가는지를 알 수 있게 된다.

두 번째로 네가 자금을 대출받기 위해서는 양호한 신용 실적과 대출에 대한 적법한 목적을 갖춰야 하고, 첫번째 대출이 안 될 경우 대출받을 다른 곳을 알고 있어야 한다. 사람들은 자신의 금전 상황을 알려주는 자료나 세무 자료도 없이 그리고 담보나 보증인도 없이 그냥 은행에 돈을 빌리러 가는데 그러면 대출이 제대로 될 리가 없다. 그들은 게임의 기본을 모르는 것이다.

세 번째로 소매점은 객장 면적이 1평방 미터당 1,000에서 4,000달러의 매출을 올릴 수 있다. 그 중 50%는 물건을 사는데 쓰이고 (따라서 50%가 기본 마진이 된다.), 15%는 종업원 인건비에 또

15%는 광고에 14% 정도는 임대료에 들어간다. 다시 한 번 얘기지만, 어느 점포에 대해 한두 가지 사실만 알아도 그 점포에서 어느 정도 이익이 발생하는지를 알 수 있다. 그렇다면 네가 만일 400평방 미터의 매장을 임차한다면, 연간 800,000달러 정도(평당 2,000 달러로 잡고)의 매출을 기대할 수 있겠지. 그중에서 80,000달러는 임차료로 지불하게 된다. 따라서 가게를 낸다면 넌 1평방 미터에 연간 대략 200달러를 지출하는 셈이 된다. 이런 계산으로 나가면 2년이면 본전을 뽑을 수 있다는 계산이 나오고 그후로 얻는 소득은 네 것이 된다.

네 번째로, 건전한 회사(또는 개인 사업자)라면 현금이나 주식, 채권, 금 등등의 단기 유동성 자산이 신용 카드 사용액이나 갚아야 할 어음 수표 등의 단기성 부채에 비해 가급적 많아야 한다. 이것을 '산성도 테스트(acid test)'라 부르는데 그 비율이 1 대 1 또는 그 이하면 그 기업이나 개인 사업자는 문제가 있는 것이다. 이것 말고도 많은 재무 비율이 있다. 가령 전체 부채에 대한 수익의 비율이라든가 총 자산 대 총 부채의 비율 같은 것이 있다. 우리 집의 경우라면 총부채(주택할부금융을 포함해서)에 대해 순 자산(집을 포함해서)이 3배이다.

아무튼 각종 비율과 원칙들을 익혀가다 보면 사업을 알게 된다.
너를 사랑한다.

1994. 1. 26.
아빠가

잭에게.

동봉한 기사를 읽고 나서 하나님께 감사 기도를 올려라. 그리고 나서 다시는 인생이 살 만한 가치가 없다는 말일랑 입 밖에 내지 않겠다고 하나님께 약속해라.

그 후 또 한 번 글을 읽고 인간이 자신의 의지와 불운, 또 역경 속에서 어떻게 성장해 가는가에 대해 생각해 보거라.

글에 나오는 이 불쌍한 소녀는 모든 것을 가졌다가 모든 것을 잃었고 또 다시 그것들을 되찾았다. 그 소녀가 가졌던 것은 돈으로 얻어질 수 없는 선물이었다. 그녀는 힘과 의지를 통해 그것들을 얻어낼 수 있었던 것이기에 난 그 소녀를 존경한다!!!

기사에 대해 생각해보고 네가 가진 것에 대해 하나님께 감사해라. 너를 사랑한다.

1994. 2. 7.

아빠가

인간의 의지와 인내에 대한 한 화재 생존자의 이야기

원더 밸리- 히더 와이어트

지난 1991년과 1992년, 화재 사고에서 극적으로 살아나 한참동안 대중의 이목을 집중시켰던 와이어트 양은 청소년 운동 포럼 2주년을 맞아 자신의 이야기를 들려 주었다.

리더십 회의에서 120명의 십대 청소년들 앞에서 연설한 와이어트 양은 고교 시절 육상 스타였고 혼기를 앞둔 젊은 여성으로서 또 물리치료사의 꿈을 키워가던 자신이 화재 사고를 만나는 바람에 어떻게 변했는가를 이야기해 주었다.

그 모든 과정을 거치면서도 그녀의 인내력은 여전히 남아 있었다.

"인내란 당신이 하고픈 것을 1000% 할 수 있도록 만드는 것이다."라고 금년 21세의 와이어트 양은 말했다.

지난 1990년 핸포드 고등학교를 졸업한 와이어트 양은 육상에서 기록을 세웠고, 대학에서 장학금 입학을 권유받았으며, 올림픽에 나갈 야심도 키우고 있었다.

그런데 1991년 자동차 사고로 그녀는 심한 화상을 입게 되었다. 인체의 70% 이상이 화상을 입었고 거의 사망 직전까지 갔었다.

여러 차례의 수술을 받은 그녀는 걷기와 달리기, 촉각 훈련 등등 갓난아기들이 배우는 과정을 다시 배워야 했다.

"저는 죽었다가 다시 인생을 살고 있습니다. 제가 예전처럼 되려면 아직 갈 길이 멀어요.(2000년이 되기 전에 그녀는 또 한차례 수술을 받아야 한다.)"라고 그녀는 말했다.

와이어트 양은 화재로 인한 위험에서부터 암울한 시기를 거치는 동안 자신을 지탱해 준 확고한 의지와 신념, 사고가 난 뒤의 수술과 재활 과정에 이르기까지의 이야기들을 소상히 들려주었다.

그녀는 화상과 피부이식, 수술 그리고 '자신에게 매정하게 대하는 사람들에 대처하는 방법'에 이르기까지 모두 설명해 주었다.

"때로는 한 다섯 살쯤 난 아이가 내게 '아줌마, 왜 그렇게 얼굴이 보기 흉해요?'라고 묻기도 했지만 더 견디기 힘든 것은 나이 든 사람들의 차가운 시선입니다."라고 그녀는 얘기했다.

"그러니 제발 앞으로는 화상입은 사람들을 빤히 쳐다보지 말아주세요. 궁금하다면 그저 무슨 일을 겪었냐고만 얘기하시면 됩니다."

사고가 난 뒤 6개월 동안은 지역 주민들의 도움이 이어졌지만, 이제는 가까운 친지들만 남아있다고 그녀는 말했다.

"사람들은 제가 사람 앞에 나서기가 부끄럽냐고 묻곤 하지요. 하지만 왜 제가 부끄러워 해야 하지요? 앞으로도 전 귀퉁이에 앉거나 기죽은 채 살고 싶지 않습니다. 전 살고 싶거든요."

그동안 그녀의 체력이나 신체 거동은 많이 회복되었다. 걷는 것은 물론 춤도 추고 체육관에서 운동도 하고 트랙을 뛰기도 한다. 하지만 화상은 그녀에게 지울 수 없는 흔적을 남겼다. 그녀는 더 이상 격렬한 운동은 할 수 없게 되었다.

현재 와이어트 양은 핸포드에 집을 가지고 있으며 가끔 세쿼이아 대학에 나가 강의도 듣고 있다.

그녀의 향후 목표는 결혼해서(사귀는 중인 남자도 있다), 아이도 낳고 학위도 받고 물리치료사의 길을 걸으면서 화상을 입은 사람들을 위한 치료 재단을 설립하겠다는 것이다.

"제 인생은 갈수록 좋아지고 있어요." 그녀는 "아무리 힘겨워도 결국은 좋아지게 되어 있다는 말을 기억하세요."라고 말했다.

잭에게.

아들아, 용기를 잃지 말고 굳센 의지를 가져라!!

넉 달 전만 해도 넌 내게 온통 운동에 관한 얘기만 늘어 놓았었다. 자전거 타기가 어떻다는 둥 경기가 어떻다는 둥 년 내내 밖에서 뛰는 얘기만 했었다. 그래서 난 네가 무엇이 중요한지를 잘못알고 있지는 않나 싶어서 걱정도 했었단다. 그렇게 넉 달이 지나자 하나님이 네가 노는 것을 그만 막으신 것 같구나. 등을 다쳤으니 말이다. 그 바람에 네 생각은 한 단계 성숙한 것 같구나. 그만큼 넌 겸손해졌으니. 넌 네 정신 자세와 친구들의 우정에 대해 많은 것을 배운 것이다. 삶이 뭐라는 것을 배운 셈이지. 간단히 말해서 하나님이 네게 참으로 소중한 것이 무엇인지를 깨닫게 하고 네 '친구들'의 고마움을 새삼 인식하게 해서 더 나은 사람이 될 수 있도록 배려하신 것이다. 좀더 큰 눈으로 본다면 넌 그간 사소한 문제와 맞닥뜨렸던 것이다. (하기사 17살 난 청년에게 그것이 작은 문제는 아니었겠지만) 이번 시련에서 문제에 어떻게 대처하는가, 또 일시적인 장애에서 어떻게 벗어날 수 있는가를 배웠다는 것은 대단히 중요하다.

난 네가 등을 다쳤을 때 이 모든 것이 약간은 철학적인 면이 있다는 것을 눈치챘다. 왜 내 말이 이상하게 들리니? 하지만 진실이다. 그리고 너 역시 그 점을 알아야 한다.

잭아, 역경이 의지를 만들어 준다는 말이 늘 진실은 아니다. 역경은 사람을 망가뜨리기도 한다. 하지만 역경을 어떻게 다스려 나가느냐에 따라 의지는 더욱 굳건해질 수 있다는 말은 언제나 진실이다. 동시에 역경을 헤쳐 나오지 않은 사람에게서 의지를 찾아볼 수 없다는 것 또한 진실이다. 그들은 역경으로부터 배우면서 보다 훌륭한 사람으로 성장하는 것이다.

근육 단련과 마찬가지로 의지를 단련시키는 어려움은 일종의 고통이 아니라 귀한 것을 얻을 수 있는 기회란다.

잭아, 네가 일전에 얘기했던 캐이트 학교 장서 모으기 운동에 대해 다음의 네 가지 점을 강조해서 친구들을 설득해 봐라. (1) 학교에는 당연히 책이 있어야 한다는 점. (2) 선배들은 후배들에게 그런 선물을 남기지 않았다는 점. (3) 대학에서는 흔히들 그렇게 하고 있다는 점. (4) 목표를 달성하는데 오랜 시간이 걸리지 않는다는 점. (가령 다섯 명의 학생이 각자 아버지로부터 또는 자신이 스스로 열 사람씩의 명단을 만들고, 그 열 사람에게 운동의 취지를 설명하고 그 사람들로부터 1인당 200달러씩 기부를 받는다. 전화거는 것은 여름방학 기간을 이용한다. 안 되면 장서 모으기 운동을 내년까지 이어가도 된다. 그러면 넌 아이디어를 내고 그것을 실행에 옮겨 달성한 사람으로 인정을 받을 수 있다. 그러니 한 번 해봐라!!

네 얼굴을 보니 정말 기뻤다.

너도 알고 있겠지만, 너도 아버지에게 편지를 쓸 수 있다. 바쁜 시간이겠지만 반 시간만 내면 충분하다.

이제 봄방학 때까지 4주밖에 남지 않았다. 정말 기다려지는구나! 사랑한다.

1994. 2. 8.
아빠가

잭에게.

셰익스피어는 자신의 희곡「율리우스 시저」속에서 '사람의 일에는 밀물과 썰물이 있다. 물이 밀려들 때 행운을 잡아야 한다.'라고 말하고 있다.

그간 난 너에게 계획의 한 방법으로 '일정표 짜기'를 알려 주었는데 이제 좀더 정밀하게 일정을 짜는 방법에 대해 이야기하겠다. 과연 셰익스피어의 시저처럼 우리들도 기회를 살릴 수 있는 시간표를 짤 수 있는지 한 번 생각해보자. 즉 사이클(크로스 컨트리용 사이클이 아니라)과 파동 이론에 대해 얘기해 보자는 것이다.

첫째, 사이클에 관한 것이다. 넌 현재 두 번째 교육 주기의 3학년에 재학 중이다. 학기는 9월에서 6월에 걸쳐 그 사이에 짧은 방학과 긴 방학이 들어있고 그때그때에 따라 기분의 오르내림이 있다. (조수간만이 달의 인력에 의해 일어나듯이) 또 날씨는 계절별로 변화한다.(그간 넌 나의 프레스노 차트를 보아왔다) 정치적인 주기는 후보지명과 함께 개시되어 6월쯤에서 달아올랐다가 여름에 쉬고 가을에 유세를 펼치고 11월에 가서 총선을 치른다. 운동경기 시즌은 NBA 플레이 오프와 월드 시리즈, 수퍼 볼로 끝을 맺는다.

각 산업마다 고유한 주기가 있다고 생각된다. 고서 판매를 위한 북 페어는 2월에, 옷 판매를 위한 패션 쇼, 오스카 상과 각종 영화제도 가을에 열린다. 이런 식으로 각자의 주기가 있다.

농부들의 경우 파종하고 곡식이 자라고 거두는 시기가 뚜렷이 구분된다. 국회 역시 오르내림이 있어 국가 예산안 처리 주기가 있다.

이만큼 해서 네가 감을 잡았다면 괜찮은 셈이다. 좀더 진도를 나가보자. 어떤 일이 언제 생기고 언제 어떤 얘기를 해야 하는지도 모두 주기와 관련된다. 심지어는 자연 재해도 어느 정도 예측할 수 있다. 허리케인이 몰려오는 시기나 홍수, 폭설 등등 말이다.

요점을 말하면, 무엇이 오고 있는가를 알 수 있다면 그것에 대해 미리 계획을 세울 수 있다는 뜻이 된다. 이것은 아주 명백한 것이다. 아침에 갑자기 프레스노 행 비행기를 타려 했다가 안개 때문에 못오는 것과는 얘기가 다르다. 따라서 가령 월드 시리즈 기간 중에 중요한 회의 일정 같은 것은 약속하지 말아야 하겠지. 사람들이 시합 때문에 모임을 잊어먹기 십상이니. 돈을 모으는 계획은 농부가 농사짓듯이 하면 된다. 정치가에게 무언가를 요구하고 싶으면 선거 전 공약시에 미리 요구해야 표 때문에 네 말을 들어 주겠지. 건설업자에게는 한창 공사를 벌이는 4~5월에 돈을 빌리려 해서는 안 된다. 또 12월에 사람들에게 많은 것을 주문하지 말아라. 모두들 성탄절 파티라든가 선물 사기, 또 학교에서 일찍 돌아온 아이들 때문에 정신이 없을 테니까. 핵심은 머리만 잘 쓰면 물살을 거스르지 않고 물살을 타고 헤엄칠 수 있다는 점이다.

알았으니, 이젠 파동 이론에 대해서 얘기하겠다. 이 말은 '뭐든지 올라가면 내려와야 한다.'는 속담처럼 아주 간단한 것이다. 보통은 좀더 복잡한 모양새를 나타내겠지만.

나는 그간 두 번이나 불경기 초입에서 사업에 손을 대었다.(당시 나는 경기 사이클이라는 것을 이해하지 못했다.) 그 때문에 남들보다 두 배는 더 공을 들였는데 돌아온 것은 그 절반에도 채 미치지 못했단다.

남자의 직장에도 오르내림이 있다. 잘 나갈 때는 모든 사람이 오로지 그만을 찾는다. 하지만 뭔가 잘 안 될 때는 아무도 돌아보지 않는 경우가 많지. 네가 실패를 막 겪은 친구에게 도움을 줄 수 있다면, 그는 너를 기억할 것이고 나중에 다시 정상에 오르면 너에게 신세를 갚으려 할 것이다. 숱한 사람들이 그런 이치를 알고 있다(닉슨, 클린턴, 많은 사업가들, 흥행업자들 등등). 네게 말해줄 수 있는 사례는 정말 무수히 많다.

파동 이론에 근거한 투자 기법을 가르치는 경제학파도 있다. 소위 콘트래리언 학파라는 것이다. 그들의 주장에 의하면 "모두가 외면할 때 그것을 사들여라, 그러면 반드시 값이 뛸 것이다. 반대로 모두가 찾을 때 팔아라, 반드시 값이 내릴 것이다."라고 한다. 이 점에 대해서는 수백 가지의 실례가 있다. 소개하겠다. 크라이슬러는 한 때 바닥에서 주당 3달러 50센트에 살 수 있었다. 그러던 것이 그 이후 30개월만에 12달러로 올랐다(무려 700%의 투자 이익이고 신용매입을 했다면 더 큰 수익율을 올릴 수 있었겠지). 또 은이 온스당 52달러를 넘어섰을 때 영리한 투자가는 다 매도해 버렸고 나중에 은값은 온스당 5달러로 하락했다. 나는 금을 1971년에 온스당 42달러에 샀는데, 나중에 대부분을 팔 때 보니 무려 650달러였다.

또 하나 주요한 경제 요인은 금리이다. 금리야 말로 경제 사이클을 따라간다. 나는 주택할부금융 금리가 비교적 저렴할 때 월드비 거리의 집과 챔플레인 지역의 땅을 샀었다. 네가 알아야 할 것은 인플레와 금리는 같이 움직이고 올라가면 반드시 내려오고 내려오면 또 올라간다는 사실이다.

네가 8학년(중 2)이었을 때, 일본은 총자루를 쥐고 있었고 더 이상 잘못될 수가 없을 정도였다. 그렇지만 모두들 일본어를 배워야 한다고 말할 때 나는 스페인어를 배워야 한다고 했다. 이제 와서 일본은 불경기고 주식 시장은 무너지고 말았으며 반면 NAFTA(북미 자유무역협정)가 뜨거운 이슈가 되었고 라틴 아메리카가 부상하고 있다. 넌 지금 스페인어를 배우고 있다. 더 이상 일본어 운운 하는 이야기는 들어보기가 힘들 것이다. 바로 그게 실전에 있어서의 파동 이론이다.

하지만 나를 도사로 오해해서는 안 된다. 아빠 말고도 수많은 사람들이 천장과 바닥을 알아내기 위해 야단들이니. "황소(Bull, 강세 시장)도 되고 곰(Bear, 약세 시장)도 되지만, 돼지는 안 된다."는 격언처럼 어느 누구도 마법의 수정 구슬을 가지고 있지는 않다. 그렇지만 넌 추세 변화를 어느 정도 읽어낼 수 있고 그것을 이용하면 된다.

됐다, 아들아. 지금까지의 이야기는 네게 들려주고 싶은 삶의 지혜란다. 바로 네 아버지가 일생 동안 살아오면서 무수한 실수를 통해 얻은 열매가 바로 그것이다. 왜 실수했냐고? 아무도 가르쳐 주지 않았기 때문이지. 지금 내가 말한 방법을 기억했다가 이용하면 반드시 셰익스피어의 말처럼 '흐름을 타고 행운을 잡을' 수 있을 것이다.

너를 사랑한다.

1994. 2. 10.
아빠가

언제 하느냐가 아니라 무엇을 하느냐가 중요하다

· 테드 윌리엄스는 42세에 마지막 공식 타석에서 홈런을 쳤다.
· 미키 맨틀은 20살 때 그의 첫 메이저 리그 시즌을 통해 23개의 홈런을 때렸다.
· 골다 메이어가 이스라엘 수상이 되었을 때 그녀는 71세였다.
· 윌리엄 피트 2세는 대영제국의 수상이 되었을 때 24세, 약관의 나이였다.
· 조지 버나드 쇼는 자신의 첫 희곡을 썼을 때 94세 고령이었다.
· 모차르트는 겨우 7세의 어린 나이에 첫 작품을 발표했다.
· 벤저민 프랭클린은 16세에 신문 칼럼니스트였고, 81세에 가서 미국 헌법의 초안을 작성했다.

따라서 당신의 나이는 당신의 재능을 발휘하기에 너무 어린 나이도 아니고 또 늦은 나이도 아니다.
결국 나이는 재능이나 능력과 큰 관계가 없다는 것을 알 수 있다.

〈유나이티드 테크놀로지 주식회사, 1979. 월스트리트 저널에서 복사〉

잭에게.

네 성적표와 선생님들의 평을 오늘 받았다.

기본 내용은 이번에 너는 A가 두 개고 B가 세 개인데 만약 네가 열심히 했다면, B 두 개는 A로 바꿀 수 있었을 것이고, 이번 학기를 A 네 개, B 하나로 마칠 수 있었다는 것이었다. 그랬다면 나쁘지 않았을 텐데!!

너의 학업 성적이 좀더 올라가려면 다음 학과에서 실력 보완이 필요하다고 여겨진다.

1. 데니슨과 와이즈 선생님 모두 네가 실수와 부주의, 노력을 잘 못 기울였다는 것을 지적하고 있다. 넌 좀더 꾸준해야 한다. 그것은 이해도와 노력, 주의집중에 달려있다. 이 세 가지 부문에 노력해라.

2. 로빈스와 트위첼, 그리고 에이거는 시험에서 네 약점이 뭔가를 지적해 주고 있다. 잭아, 그것들은 일종의 기술이기 때문에 실전에서 실수하지 않는 방법에 관해 도움을 받을 필요가 있다고 생각된다. 이는 숙달에 관한 문제이다. 그러니 약간만 도움을 받으면 한 등급 높은 성적을 받을 수 있을 것이다.

내가 보기에 선생님들의 평 가운데에서 가장 자랑스러운 것은 코즈 선생님의 평이다. 그 선생님은 너를 가장 잘 이해하고 인정해 주고 있다. 나는 그 선생님에게 B 세 개와 A 두 개는 '빛나는' 성적이 아니라고 얘기했다. 좋긴 하지만 그렇다고 대단한 것은 아니다. 가장 기분좋았던 것은 네가 '굽히지 않는 성격'을 지녔다는 그의 식견이었다. 잭아, 그것은 A 다섯 개보다 중요한 얘기였다!! 네가 자랑스럽구나. 그리고 너는 그가 너를 친구로 여기고 있다는 점을 자랑스러워 해야 한다. 스코트 교장으로 하여금 지도 교사를 바꾸게 한 게 기뻤다. 그 결정은 아버지로서 보다 나은 판단이었다고 생각한다.

그래 네가 열심히 한 덕택에 보람을 찾아가고 있고, 넌 학생으로서의 본분을 잘 해내고 있는 중이다. 좀더 보완(꾸준히 하고 시험 치는 요령을 좀더 알면)하면 넌 학업이라는 게임에서 정상을 밟을 수도 있을 것이다. 나아가서 격심한 경쟁에서 스트레이트 A 학생도 가능하다. 그렇게만 된다면 더 이상 무엇을 바라겠니!!

사랑한다.

1994. 2. 15.

아빠가

잭에게.

　달라스 카우보이의 구단주인 제리 존스는 NFL 선수지명에서 어떤 선수를 원하느냐는 질문을 받을 때면 '플레이 메이커'를 원한다고 답했다. 플레이 메이커란 시합을 풀어주고 큰 일을 일구어내는 선수를 말한다. 사업의 세계에서도 마찬가지이다. 사람들은 무엇이 중요한지를 혼자 알아서 지시하지 않아도 그 방향으로 움직일 줄 아는 '셀프 스타터(self-starter)'를 원한다. 이 말을 바꾸면 리더십이 되는데 이런 종류의 사람은 스스로 할 일을 정하고 스스로 자신의 길을 따라 목적지에 도달한다.

　동계 올림픽 경기를 생각해 보렴. 30년 만에 처음으로 젠슨은 미국에서 설계한 스케이트를 신고 500미터 스피드 스케이팅에서 금을 따내면서 자신의 징크스를 깨뜨렸다. 스키 점프에서 언덕을 내려갈 때 모와 피카보는 놀랄 만한 스피드를 보여 주었다. 얼마나 멋진 연기였냐. 또 봅슬레이 경주는 어떻고. 4년 동안 훈련과 단련에 자신의 모든 것을 바친 사람들의 모습을 난 정신없이 지켜보았다. 그들은 1~2분 걸리는 경기에서 0.003~0.004초 차이로 3~4피트를 앞서는데 승패를 다투는 자들이다. 그것도 일사불란하게 호흡을 맞추지 않으면 안 되는 경기에서 말이다. 조금만 늦어도 모든 것이 지나가버리는 그런 경기. 하지만 아들아, 난 그것이 헛되거나 쓸데없는 일이라고 생각지는 않는다. 그들, 천분의 일초를 다투는 선수들은 시상식 가장 높은 자리에 서서 금메달을 목에 걸고 미국 국가가 연주되는 것을 자랑스럽게 들었을 것이고 정말 그것은 그만한 가치가 충분히 있는 것이라고 생각한다.

코즈 선생에게 프렙 미션 학교와의 농구 경기에서 승리한 걸 축하하는 쪽지를 보냈다. 그리고 봄방학 중에 며칠 동안 방문해 달라는 초대도 했다. 네가 직접 선생님께 며칠간 프레스노에 오셔달라고 말씀드리면 어떻겠니? 오시면 즐거울 거다.

스텝과 제인과 나는 오늘 톰스톤(Tombstone - 묘비석, 국내에서도 톰스톤이라는 제목으로 개봉된 서부 영화:옮긴이)을 보았다. 네 말대로 엉터리 같은 영화더구나. 와이어트 어프(미국의 전설적인 보안관:옮긴이)는 LA에 와서 1929년에 죽은 사람이다. 그 영화는 1870년대에서 1880년대를 시대 배경으로 하고 있는데, 영화에서는 그가 그때 그 여자와 결혼했다고 나오고 있다. 그렇다면 그는 47년간 결혼 생활을 했다는 얘기가 되고 그러면 그가 톰스톤에서 활약을 펼칠 때가 겨우 스무 살이었다는 논리가 된다. 말도 안 된다!! 그래서 나는 와이어트 어프에 대한 책을 뒤져 볼 작정이다. 특히 그의 말년에 대해 좀더 알아보고 싶어서다.

오늘은 이만 줄이겠다.

사랑한다.

1994. 2. 17.

아빠가

잭에게.

그동안 우리는 사람으로서 반드시 갖춰야 하고 배워야 할 것, 그 중에서도 '교양인'이 되기 위해 꼭 필요한 정규 교육에 관해 많은 얘기를 나눴다. 그것 말고도 라스베이거스에서 볼 수 있는 휘황한 불빛이나 무용수의 짙은 화장, 현란한 쇼와 일확천금의 기회에 대해서도 얘기했었고 또 귀만 밝아도 몇 백만 달러를 벌 수 있고 몇 백만 달러의 돈이 순식간에 사라지기도 하고 생기기도 하는 시카고의 상품 시장, 뉴욕에서 벌어지는 일들에 대해서도 이야기했는데, 이 모든 것이 다 알아야 할 사항들이다.

넌 라스베이거스가 어떤 곳인지 제프를 통해 조금이라도 알게 되었을 테니 그 이야기는 생략하고 이번 편지에서는 뉴욕에 대해, 다음 편지에서는 워싱턴에 대해 이야기할까 한다.

뉴욕 시는 커다란 사과로 상징되는 곳으로 전 세계의 교차로이다. 어떻길래 그런 곳이 될 수 있을까?

뉴욕 시는 다섯 개의 지역으로 구분된다. 스테이튼 아일랜드와 브루클린, 퀸스, 맨해튼, 그리고 브롱크스이다. 하지만 보통 사람들이 말하는 뉴욕은 대개 맨해튼을 가리킨다.

뉴욕은 소위 '보스~워시 회랑'의 중앙에 위치하고 있다. 이 말은 뉴욕 시가 보스턴에서 워싱턴에 이르는 대 도시의 띠 사이에 위치해 있다는 말이다. 이 띠에는 코네티컷, 뉴저지, 동부 펜실베이니아, 로드아일랜드, 델라웨어, 동부 메릴랜드, 마지막으로 버지니아의 워싱턴 시가 들어있다.

뉴욕은 미국에서 가장 큰 언론매체 시장으로서, 맨해튼 주변 60

마일 이내에 전 미국인의 10% (2천 5백만 명) 이상이 살고 있다.

그러나 뉴욕은 그것만이 아니라, 전 세계 금융의 중심(최근 들어 런던과 도쿄의 금융 시장에 위협을 받기 시작했지만 아직은 여전히 세계의 중심이란다.)이기도 하다. 뉴욕에는 유명한 월 스트리트 주식 시장이 있고, 모든 일반 은행과 투자은행, 증권사들의 본부가 자리하고 있어서 서구 세계의 수도라 할 수 있단다. 뉴욕에는 또 음악과 연극의 브로드웨이, ABC, CBS, NBC 등 방송 3사, 거대 출판사와 잡지사 들의 본부 등이 있다. 1년 내내 각종 예술 전시회가 열리고 미국의 훌륭한 음악가들이 살고 있는 곳이기도 하지. 뿐만 아니라, 저명한 소설가와 칼럼니스트, 편집사, 뉴스캐스터, 아울러서 수많은 명사들이 살고 있는 문화의 중심지이기도 하단다.

뉴욕은 모든 미국 기업들의 수도이기도 하다. 미국 유수의 기업들은 대부분 이곳에 본사를 두고 있어서 중요한 사안들은 대부분 이곳에서 결정되곤 한단다. 비록 LA가 영화나 음반 등에서 전 세계 연예계의 수도로 부상하고 있긴 하지만, 수많은 연예 관련 기업들의 주요 사안들은 이곳에서 결정된다. 왜냐면 뉴욕은 방송망과 출판, 금융의 중심이기 때문이지.

뉴욕은 또한 전 세계 패션의 수도이기도 하다. 이미 오래 전에 파리를 앞질렀단다. 각종 직물들이 생산되는 곳은 남부 지역이고 값싼 직물은 동양에서 만들어지지만, 패션은 여전히 뉴욕이 주도하고 있단다.

아울러서 뉴욕은 미국 교육의 중심지이다. 유수의 전문 대학들과 종합 대학들이 뉴욕에서 반경 50마일 이내에 위치하고 있지. 얼핏 생각나는 학교만 해도 예일, 프린스턴, 콜롬비아, NYU, 웨스트 포인트, 펜 유니버시티, 워튼 등등이다. 그리고 각종 재단의 대다수가 이곳에서 본부를 운영하고 있다. 록펠러, 카네기, 포드 등등.

이런 점에서 뉴욕 시는 전 세계의 머리에 해당되고, 모든 면에 큰 영향을 미치는 수도이다.

아 참, UN을 잊을 뻔했구나. 국제연합이 뉴욕에 있기 때문에 뉴욕은 전 세계 외교의 수도이기도 하다. 한마디로 뉴욕 시는 돈으로 가득차 있다. 누가 돈을 가졌고 누가 돈을 원하는지, 그리고 누가 가져가는지는 모르지만.

뉴욕은 또한 거친 곳이다. 뉴욕 시 자체에는 중산층이 얼마 되지 않는데 중산층은 대부분 교외에 살면서 뉴욕으로 출퇴근한다. 그 결과 아주 부자들이나 아주 가난한 사람들만 살고 있는데 맨해튼 섬의 끝부분에 있는 할렘이 바로 빈민 밀집 지역이다. 또 뉴욕은 언제나 관광객과 사기꾼, 악당들로 득실거리는 곳이기도 하고 24시간 살아있는 도시이다. 레스토랑이나 바는 문을 닫지 않기 때문에 새벽 4시 30분에 거리에 나가도 얼마든지 먹고픈 음식과 쇼를 볼 수 있고 가게들도 24시간 문을 여는 곳이 즐비하다. 그리고 뉴욕은 인종 박물관이기도 하다. 그래서 엘리트들을 제외하고는 모두 이상한 억양의 말투를 쓰고 있다. 현재 이곳에서는 200개 이상의 인종이 살고 있고, 그들의 고유 음식을 파는 식당이 있다. 최소한 한 블록에 각 인종별 고급 식당이 하나씩은 있을 정도다.

뉴욕은 따라서 더러운 곳이기도 하다. 여기저기 때와 검댕이 어지럽게 묻혀져 있어서 숨을 쉬면 금방 시커먼 것이 묻어나올 지경이다. 으으윽! 그리고 위험한 곳이다. 택시를 타고가다 보면 노상 강도를 쉽게 찾아볼 수 있을 정도지. 강도 행위가 고급 호텔에서도 곧잘 발생한다. 하지만 사람들은 그 문제에 대해 심각하게 여기지 않는다. 뉴욕 시는 언제나 붐비는 편이고 너무 많은 사람들이 살고 있어 물가가 비싼 곳이다. 핫도그에서 주차비용(만약 주차장을 발견했다면)까지 모든 것이 다른 곳에 비해 두 배로 든다고 알면 된다. 그러니 넌 뉴욕 시에 차를 가지고 가서는 안 된다. 비싸고 위험하고 불편한 곳이니. 그보다는 택시나 리무진을 타고 그럴 돈이 없으면 지하철을 타는 게 낫다. 길거리 어디서나 택시와 리무진은 널려 있다. 뉴욕 사람들은 거칠고 친절미가 없다. 이전투구가 그들의 문화이다.

 뉴욕은 동쪽을 향해 자리잡고 있는데 그래서인지 뉴욕 사람들 대부분이 유럽이나 유럽과 관련이 있는 지역에서 옮겨온 사람들이다. 이곳의 엘리트들은 주말에 파리나 런던, 브뤼셀 등지로 놀러가는 것을 예사로 안다. 그들은 뉴욕이 이 세상의 중심이고 뉴욕에서 서쪽으로 50마일만 벗어나도 카우보이와 가시덤불만 있는 줄로 여긴단다. 그들 생각에 서부 사람들은 모두 멍청하고 남부 사람들은 가난뱅이다. 그들에게 서부는 세상 밖이란다. LA나 샌프란시스코 같은 곳은 비행기를 타야 갈 수 있는 먼 나라로 여긴다. 그들은 일이란 일은 으레 뉴욕 시에서 생긴다고 믿고 있다. 왜 아니겠니. 뉴욕 말고 지옥이 또 어디 있겠니?

 여러 가지 문제점에도 불구하고 뉴욕은 여전히 엄청난 영향력을 가지고 있다. 돈이 워낙 많아서이지. 넌 뉴욕을 한 번 경험해 볼 필요가 있다고 생각한다. 그곳에 살면서 그곳의 모든 것들을 흡수해 둘 필요가 있다는 말인데 뉴욕과 친숙해져서 그곳에 가도 아무렇지 않게 될 필요가 있다는 얘기다.

뉴욕을 모르는 서부인들은 그런 의미에서 교양인이 아니다. 그러니 너도 언젠가는 뉴욕에 가야 한다.

사랑한다.

1994. 3. 18.
아빠가

잭에게.

전번에는 뉴욕에 대해 말했으니 오늘은 워싱턴 시에 대해 얘기하겠다. 난 너를 몇 년 전에 그곳에 데려간 적이 있다. 넌 그곳에서 국회 의사당과 상하원 의원들을 방문했었지. 백악관에도 가봤고, 앨링턴 국립 묘지와 스미소니언 박물관, 조지타운에도 갔었고 워싱턴 기념탑도 올라갔었지. 또 베트남 박물관과 링컨 기념관에도 갔었고, 부카난, 버클리, 올리 노스, 싱글로브 장군과 같은 명사들도 만났었다. 또 짐 레이크도 만났었지. 바로 그런 것들이 워싱턴 D.C.의 겉모습이다.

워싱턴 시는 한마디로 말해서 권력과 영향력의 도시이다. 워싱턴 시는 세상에서 무슨 일이라도 일어나도록 할 수 있는 도시란 이야기다. 바로 세상 모든 권력의 중심인 것이지. 정부의 중요성이 갈수록 커지고 있기 때문에 워싱턴 시의 비중은 갈수록 높아가고 있다.

이 도시의 가장 큰 특징은 대부분의 주민이 흑인이라는 점이다. 택시 운전사도 흑인, 정부 기관의 대민 부서도 흑인, 경찰은 물론 청소부까지 모조리 흑인들이 맡고 있다. 이처럼 대부분 흑인들이 이 도시 행정을 운영하곤 있지만, 그들이 워싱턴 시를 책임지고 있지는 않다.

이 도시에는 100명의 상원 의원과 435명의 하원 의원이 있다. 국회의 각종 위원회와 소위원회의 의장을 맡고있는 다선 의원들은 바로 권력을 지닌 자들이다. 넌 샘 넌 상원 의원을 만난 적이 있지. 그분 역시 대단한 권력을 지닌 분이란다.

행정부의 고급 공무원들도 권력을 지녔다. 대통령과 고위 보좌관들, 내각의 장관들도 권력을 지녔다.

그리고 일류 로비스트들도 힘이 있다. 그들은 자신의 고객이나 법률가 출신이 아닌 로비스트들을 위해 일을 해주고 돈을 버는 사람들이다. 그들이 하는 일은 고객이 원하는 법이 국회에서 제정되도록 도움을 주는 일이다.

게다가 상설 단체도 많다. 각 사회단체나 언론사 사람들, 그리고 조지 월과 같은 칼럼니스트들은 이 도시가 돌아가도록 바퀴에 기름칠을 하는 사람들이다. 그들은 누구든지 필요하면 전화 연결이 되고 만찬에 초대되기도 하고 자신들의 생각을 듣도록 할 수 있는 사람들이다.

또 워싱턴에는 정부 일을 하는 방대한 관료 집단이 있다. 그들은 시행령을 만들거나 각종 통계 자료를 발간하기도 하며, 또 행정 양식을 정해서 시행하기도 하지만 여타 그것 외에 그들이 보기에 중요하다고 생각되는 일이면 시행하고, 또 그런 일들을 하기 위해 사람들을 설득하는 일도 한다. 워싱턴 관료집단이 업무 수행을 위해 하루에 지출하는 돈은 봉급을 제외하고도 무려 6천만 달러에 달한다. 매일 그같은 거액을 쓰고 있단 말이다!!

워싱턴 시에는 관광객 말고도 수많은 방문객들이 드나드는 곳이다. 그들은 정부와 계약을 맺거나 정부 시행 규칙을 조정하려고, 나아가서 법안이 통과되도록 하기 위해 전국 각지에서 모여든 사람들이다. 그들은 로비스트를 고용하거나 국회 의원을 방문하고 있고 또 청문회에서 증언을 하기 위해서도 이 도시로 모여든다.

또 그곳에는 'Think Tank'(특별한 목적을 연구하는 두뇌 집단)와 수많은 협회 사무소가 자리하고 있다. 워낙 많다보니 시시한 소규모 단체들도 모조리 워싱턴에 협회를 운영하고 있는 듯이 보인다. 네 숙부도 협회 회장직을 맡고 있단다. 협회 회장들은 그 협회와 관련이 있었던 전직 의원이나 고위 보좌관들이 보수를 받으면서 일하는 게 보통이다. 예를 들자면 닉슨 전 대통령의 보도 담당 비서는 현재 트럭 운수회사협회의 회장을 맡고 있다.

이 도시에서는 만나는 모든 사람들이 권력을 지녔거나 최소한 겉보기에 권력을 지닌 사람들인양 느껴진단다. 그러니 과연 누가 들어오고 나가는지, 누가 어떤 만찬에 초대를 받는지, 또 누가 어떤 잡지에 기고를 하고 전국 텔레비전 뉴스망에 소식을 전달하는지 종잡을 수가 없을 지경이다.

워싱턴 시에서 가장 중요한 구호는 '접근'이란 말이다. 전화를 걸면 회신을 받을 수 있느냐, 네가 만나고픈 사람을 원하면 만날 수 있느냐 하는 것이지. 이같은 접근에서 가장 높은 단계는 대통령과 골프를 치는 것이다. 그게 바로 진짜 접근이다. 국회 모 위원회의 의장과 점심을 먹는 것 또한 대단한 접근이다. 골프장이나 점심 식사에서 네 모습을 나타낸다는 것은 바로 네가 제대로 접근하고 있다는 사실을 많은 사람들에게 알리는 것과 같다.

반복되는 얘기지만, 네가 제대로 교육받은 사람이라면 워싱턴에서 어떻게 길을 찾을 수 있느냐를 알아야 한다. 물론 길을 찾기 위해선 워싱턴 시에서 지내봐야겠지. 가령 네가 비중있는 인사 밑에서 여름방학 중 인턴십을 거치거나 임시직이라도 맡아서 경력을 쌓는다면 넌 '워싱턴 경력'이 생긴 것이 된다. 또 네가 대통령 선거전에서 일하면서 워싱턴을 출입하면 그 또한 워싱턴 경력을 쌓은 것이 된단다.

짐처럼 수많은 사람들이 워싱턴에서 임시직이라도 경험해보기 위해 그곳에 가서 머물고 있다. 또 선거에 패배한 수많은 전직 의원들이 로비스트 활동을 하면서 워싱턴에 체류하고 있다. 권력이란 그만한 마력이 있단다. 일단 누구나 그곳에서 권력의 맛을 알고 나면 영원히 그곳을 떠나지 못하니 말이다.

그러니 중요한 핵심은 '워싱턴을 일단 배우고 그리고선 그곳에서 떠나라' 이다. 워싱턴은 현실의 세계가 아니다. 그저 권력만이 오가는 무상한 곳일 뿐이지. 오늘 권력을 손에 잡았다 해도 내일이면 손아귀에서 빠져 나간다. 그런 광경을 지켜보는 것 역시 워싱턴 경력의 일부가 된다.

그러니 언젠가 한 번 실행에 옮겨보려므나.

사랑한다.

1994. 3. 22.
아빠가

잭에게.

이 편지를 반드시 두 번 읽고 복사해 두어라. 그리고 복사한 것은 네가 캐이트를 마칠 때까지 매주 한 번씩 읽을 수 있도록 눈에 잘 띄는 장소에 붙여 두어라. 나중에 대학에 가서도 재복사를 떠서 매달 한 번씩은 읽도록 해라. 너의 야망과 꿈을 이루려면 이 글을 마음에 새기고 수시로 되뇌이길 바란다.

최근 하버드 경영대학원에서는 실업계에서 최고봉에 있는 사람들의 일반적인 특성을 조사했다. 아래 글이 그 결과다.

1. 그들은 결코 개인적으로 '아니오'라든가 거절을 하지 않는다. 그들은 자기 자신에 대한 믿음이 대단하다. 그들도 때때로 실망하거나 절망을 맛보지만, 거기에서 좌절하지는 않는다.

2. 그들은 자신이 한 일의 결과에 100% 책임을 진다. 결코 다른 사람이나 환경 탓으로 돌리지 않는다. 실제에 있어 그들은 환경이 열악할수록 더욱 강한 힘을 낸다.

3. 그들은 높은 야망과 성공에 대한 강한 욕구를 가지고 있다. 그들은 모든 것을 그 목표에 의해 우선 순위를 결정한다.

4. 그들은 동정심이 많다. 타인의 입장에서 남들이 무엇을 필요로 하고 무엇을 원하는지 헤아릴 줄 아는 사람들이다.

5. 그들은 확고한 방향 감각을 지니고 있다. 따라서 자신이 어디를 향해 움직이고 있는지, 목적지까지 얼마나 남았는지, 기한은 얼마나 주어져 있는지를 알고 결코 옆길로 새지 않는다.

6. 그들은 강한 의지력을 지녔으며 단호하게 결정한다. 그들은 자기개발을 통해 스스로 정한 목표를 결코 포기하지 않는다.

7. 그들은 대부분 정직한 사람들이다. 어떤 유혹이 있어도 거기에 이끌리지 않는다. 그래서 사람들로부터 신뢰를 얻는다.

8. 그들은 사람들과 접촉할 수 있는 방법을 알고 있다. 비록 싫은 단체나 사람일지라도 기꺼이 만난다.

9. 그들은 사소한 일까지 세심한 주의를 기울인다.

10. 그들은 자신의 일이 무엇인가를 잘 알고 있다.

그러니 아들아, 반드시 잘 간직하고 있어라. 성공을 위한 청사진으로 여겨라. 위에서 말한 자질을 타고 나는 사람들도 있지만, 어느 수준까지는 자신의 노력으로 그런 자질을 개발해 가는 사람들도 있다. 경우야 어떻든 그런 자들은 성공한다!! 과감히 밀고 나가거라!!

너를 볼 수 있는 '학부형 주말'이 기다려지는구나. 이제 꼭 열흘 남았다!!

너를 사랑한다.

1994. 4. 10.
아빠가

Dear My Son

또 다른 시작을 위하여 4

책아, 인생을 살아가는 법은 이외에도 아주 많단다. 자신들의 삶이 가치있음을 보여줄 수 있는 사람들을 너도 많이 알고 있으리라 여겨진다. 그들의 삶의 각 장면들을 관찰하거라. 그래서 네 자신의 삶을 설계하는데 도움이 되도록 하거라. 사람은 사람들과 어울려 살아가야 한단다. 네 자신과 네 스스로의 가치관을 편안히 받아들이고, 아울러 네가 지금까지 어떻게 현재의 네 모습에 이를 수 있었는가를 알고 있어야 한다.

잭에게.

난 월요일 오후 캐이트에서 돌아와 1991년부터 찍은 사진첩을 펼쳐 보았다. 새비지 하우스에서 너를 떠나보내던 당시의 네 모습이 보고 싶어서였다. 보면서 난 웃어야 할지 울어야 할지 알 수가 없었다. 그때 넌 열네 살의 나이에 키는 150센티미터인 신입생이었는데, 이만큼 성장하다니 대견하기만 하구나. 믿는 구석은 있었지만, 해외로 나가 본 적도 없고 밖에서 일을 해본 경험도 없이 그저 귀엽기만 하던 네가 이렇게 자랐으니, 참 세월이 빠르기도 하지.

이제 넌 4학년이 되었고, 나이도 열여덟 살에 가까우니 이젠 학교의 큰 형님(Big Man On Campus: BMOC)이 되었구나. 이제 너의 캐이트 생활도 1/4 밖에 남지 않았고. 지난 3년 동안 넌 참 훌륭하게 보내왔다고 자부해도 좋다. 스트레이트 A학점을 받지는 못했지만, 그만하면 상당히 좋은 성적을 받았고 난 네가 최선을 다했다고 믿어 의심치 않는다.

학교에서 학생회장을 하지는 못했지만 그건 네가 마음에 내키지 않아서 그런 것이지, 하려고 했으면 할 수도 있었을 것이다. 나는 그것이 너의 커다란 실수라고 보지만, 어디까지나 그건 너의 선택이었다. 또 반장도 해보지 못했구나. 그 점에 있어선 뭔가 꼬인 점이 있었다고 본다. 너와 나 모두 네가 반장을 맡을 만한 자격이 있다는 것을 알고 있었는데, 아무튼 공정치 못한 감이 든다. 하지만 잭, 그래도 넌 여기에서 커다란 교훈을 얻었지 않니? 인생이 반드시 공평한 것은 아니라는 사실을 말이다. 자격이 있어도 안 될 때가 있고, 또 자격이 없는데도 될 때가 있는 것이 인생이다. 또 한 가지 네가 반성해야 할 점은 버터워드와 같이 정말로 괜찮은 아이들과 좀더 친하게 지내지 못했다는 점이다. 아마도 네가 그런 점에 신경을 그다지 쓰지 않았다고 나는 생각한다. 그 점에 대해서도 넌 스스로 자문해 볼 필요가 있다. 네가 조금만 시간을 내어 친구들을 폭넓게 사귀어두었다면, 조금만 더 진지하게 여러 사람들에게 주의를 기울였다면 좋은 친구들을 더 많이 만들 수 있었을 것이 틀림없다.

그러나 전체적으로 볼 때, 넌 지난 3/4을 썩 잘해온 편이라 본다.

그럼 나머지 25%, 달로 쳐서 8개월은 어떻게 해나가는 것이 좋을까. 내 생각은 이렇다.

1. 학업에 열중한다. 잘 배워서 성적을 더 올린다.

지금까지의 괜찮은 성적을 깎아먹는 일은 없어야겠지. 케이트에서 얻을 수 있는 것은 최대한 흡수해야 한다. 선생님들과도 개인적으로 연분을 쌓아두길 바란다. 잘 돌이켜보고 항상 지적으로 호기심을 유지해라.

2. 그동안 쌓아올린 네 평판을 유지해 나간다.

상급생은 권한도 크지만 책임도 많다. 그러니 함부로 처신해서는 안 되겠지. 다시 한 번 얘기지만, 건전한 양식과 정당한 네 가치관에 기준해서 행동해라.

3. 보다 많은 사람들과 사귀어둔다.

주변 학생들의 출신과 배경에 대해 새겨두어라. 주변 사람들에게 친절해야 한다. 누군가 몸이 좋지 않으면 모른체 말고 어깨를 쳐줘라. 또 인기없는 아이가 혼자 걸어가고 있을 땐, 반드시 '안녕' 하고 인사를 먼저 건네거라.

4. 지도자가 된다.

이 말은 적극적이어야 한다는 뜻이다. '이렇게 해야 한다', '이렇게 하자' 같은 적극적인 유도와 함께 '이런 짓은 하지 말자'와 같은 말도 할 수 있어야 한다. '넌 할 수 있어'라든가 '우리는 할 수 있어'라는 말, 사람들의 용기를 북돋는 말을 아끼지 마라.

5. 즐겁게 지내라.

남은 학기를 만끽하라는 말이다.

잭아, 난 네가 무척이나 자랑스럽다. 지난 3년 동안 넌 내적으로나 외적으로 정말 많이 성장했다. 너의 열두 번째 생일날 네게 키플링의 시를 준 것 기억나니? 그 시는 다음과 같이 끝을 맺고 있다. "이 대지와 이 대지 속에 있는 모든 것이 너의 것이다. 그리고 넌 남자가 될 것이다, 내 아들아."

그렇다, 이제 6년만 있으면 넌 어엿한 남자가 될 것이다.

아들아, 너를 사랑한다.

1994. 9. 9.

아빠가

잭에게.

이번 '학부형 주말'은 사흘이 아니라 이틀이라 아쉽긴 했지만 정말 즐거웠다. 너 아주 괜찮아 보이더라.

내가 보기에 너는 뭔가를 설명하는 글을 쓰는데 문제가 있는 게 확실하다. 그런 문장 실력은 시험과 편지 쓰기 등을 통해 생겨나는 것이다. 이런 상태로 계속 가면 나중에 영 자신이 없어지고 말게 된다. 그래서 네게 다음과 같은 몇 가지 조치가 필요하다고 생각한다.

1. 캐이트에서 실시하는 문장 강화 수업에 참가할 것.
2. 작년 네 국어 선생님으로부터 글쓰는 기술을 배울 것.
3. 연습할 것. 네가 약속한 대로 매주 두 번 15분씩 시간을 내서 내게 편지를 쓸 것. (이 편지 속에 우표를 함께 보낸다.)

이상 세 가지만 제대로 하면 크게 도움이 될 것이다. 내가 보장하지. 이대로 방치해 두면 앞으로 생활하는데 장애가 될 수도 있다.

네 말대로 베스와 사귀는 게 기대할 게 없다면, 재미가 없고 부담만 된다고 생각되고 장차 더 이상 사귀는 게 아무런 의미가 없다고 판단된다면, 그만 사귀는데 나도 동의한다. 그간 난 네게 그녀를 잘 대해주라고 주의만 주어왔다. 그러니 헤어지더라도 그녀 앞에서 다른 여자를 만지는 행동은 금물이다. 앞으로도 항상 그녀를 칭찬하고 잘 대해주거라.

마음에 걸리는 게 또 하나 있다, 잭. 논쟁할 때나 누군가와 생각이 맞지 않을 때, 그것을 다루는 네 능력(또는 무능력)에 관한 것이다. 넌 너와 내가 지난 몇 주 동안 '전쟁 상태'라고 말했는데, 난 그런 표현에 찬성할 수 없다. 정말 너를 대하기가 어렵구나. 난 그저 너에게 주의를 주어 네 행동이 달라지기를 바랐을 뿐이다. 따라서 그건 전쟁이 아니라 사랑의 표현이었다. 잭, 사람들은 이따금씩 생각이 틀릴 수도 있는 것이고, 그건 서로 아끼는 사람 사이에도 마찬가지다. 그러나 생각이 틀린 문제가 해결되고 나면 또 다시 예전의 아끼는 상태로 돌아가게 되는 것이다. 잭아, 넌 맞서는 자세를 버려야 한다. 그것은 바람직한 자세가 아니다!! 그런 상태가 해소되지 않은 채 시간이 가면 문제만 악화될 뿐 좋을 게 하나도 없다. 내 경험에서 볼 때, 서로간의 의견 대립이란 빨리 해결될수록 좋단다. 건강에도 좋고. 그렇다고 문젯거리를 회피하는 것은 바람직하지 않다. 정직하게 서로의 마음과 생각을 털어놓고 얘기하는 게 최상의 방책이다. 조금만 주의하고 노력하면 너 역시 그런 부분에 대한 기술을 터득할 수 있으리라 생각한다.

잭아, 현재 중요한 것은 집중이라고 생각된다. 네 성적과 대학 진학, 네가 지닌 여러 결점, 특히 사람들과 의견을 교환하는 것에 대한 미숙함 등을 고쳐나가는 것이 무엇보다도 중요하다는 생각이다.

너를 대단히 사랑한단다. 아들아. 네가 잘해나갈 것으로 믿는다.

1994. 10. 24.
아빠가

잭에게.

네 친구 로데릭의 일 때문에 난 정말이지, 엄청 애를 먹었었다. 그 애 아버지와 난 친구로 지냈기 때문에 그 애 아버지가 로데릭의 문제 때문에 정말 걱정이 많다는 것을 알고 있지. 그 아이는 집으로 편지나 전화도 하지 않았으니 걱정이 안 되겠니. 로데릭 그 아이가 졸업을 불과 여섯 달 앞둔 시점에서 근신을 먹고도 보란 듯이 학칙을 어겼으니, 간단히 말해서 그건 자살행위나 같다. 병이다 병!!

그 아이 아버지 심정이 어떤지 짐작이 안 갈 정도다. 아들 때문에 창피하기도 하고 너무 실망해서 사그라드는 느낌이겠지. 난 그저 안됐다는 말만 해 줄 수 있을 뿐, 아무 충고도 할 수가 없으니 내 심정도 답답하기는 마찬가지다.

무려 3년 반 동안 캐이트에서 잘 생활하다가 이제 와서 졸업장도 얻지 못할 지경이니 창피한 것이 문제가 아니라, 퇴학당하면 평생 동안 그 기록이 따라 다닐 것 아니니. 직장 면접시험에서도 그럴 것이고, 이거야 원 답답해서. 그 아이가 그렇게 어리석은 줄 생각도 못했다.

그러니 잭아. 넌 이번 일에서 배울 것이 있다. 어디서든 규칙을 어기면 그만한 대가를 치뤄야 한단다. 그래서 네게 늘 정당한 일만 하라는 것이다. 부당한 짓을 하면 그 대가는 치루도록 되어있는 게 이 세상이란다. 이런 간단한 이치를 사람들이 모르니, 오늘날 우리 사회에 이렇게 범죄가 많지…….

아무튼 난 로데릭 일 때문에, 그 애 아버지에게 온통 정신이 팔려 있다.

오늘은 이쯤이다. '15분 시간을 내어 편지를 쓰겠다'는 네 약속대로만 하면, 내가 장담하는데 그렇게만 하면 반드시 좋아질 것이다. 그런데 3주가 지나도록 아직 편지가 없구나. 잭아, 네 말에 대한 책임감은 어디 갔니, 한 번 생각해 보길 바란다.

너를 사랑한다.

1994. 11. 9.

아빠가

잭에게.

전에도 대학에 대해 이야기를 한 적이 있었지. 오늘은 그 이야기를 좀더 해보자.

네 또래들 중에는 자신의 인생에서 무엇이 중요하다는 것을 이미 알고 있는 아이도 있을 것이고 그렇지 않은 아이도 있을 것이다. 알고 있다면, 대학이 왜 중요한지를 잘 알고 있을 것이다. 의사가 되든 법률가가 되든, 선생이나 심리학자, 화학자, 기술자 등등 무엇이 되길 원하든 간에 그러기 위해서는 기본 과정을 밟아 학위를 받지 않으면 안 된다. 학위를 받아야 계속 자신이 가고 싶은 길을 갈 수 있는 것이다. 보통 같은 학과에서 만난 친구들이 그 길로 가다보면 또 만나게 되고 평생 친구가 된다.

네 학교 친구들과 너는 같은 학교를 다니기 때문에 지금은 취미나 재능도 거의 비슷하지만, 나중엔 큰 차이가 생긴다. 자신의 적성과 재능에 맞는 대학과 학과를 어떻게 선택했느냐에 따라 그런 결과가 생기건만, 대부분의 아이들은 그 중요성을 잘 모르고 있다. 그저 돈을 얼마나 벌 수 있느냐, 아니면 어떤 지위에 오를 수 있느냐가 선택의 기준이 될 뿐이다. 년 일류 고등학교에서 좋은 성적을 받았고 이 아버지도 너의 뒤를 힘껏 밀어줄 생각이다. 그러니 넌 태어날 때부터 선택을 잘한 셈이다.

지금부터 내가 하는 이야기를 주의깊게 읽기 바란다.

먼저 대학에 대해서 말하겠다.

네가 서부 지역이나 태평양 연안 지역에서 살면서 사업을 하고 싶다면, 당연히 서부에 있는 대학을 가야 한다. 이 점에 대해선 이미 얘기한 바 있다.

대학 선택은 다음과 같은 몇 가지 기준을 가지고 결정해야 한다.

A. 네가 4년 동안을 살아보고픈 장소나 지역이 어디냐 하는 문제다. LA라면 USC와 UCLA, 두 개 대학이 있다. 그리고 스탠포드도 아주 좋은 대학이다. 이 대학들은 지역 문화의 중심이고, 지내기도 아주 좋다. 날씨도 물론이고 좋은 점이 무수히 많다. 다른 지역에 가면 날씨가 침침해서 저녁 9시면 거리가 철시하는 도시도 있단다.

B. 어떤 유형의 아이들이 그 대학에 가는지, 그들이 4년 동안 네가 사귀고 싶은 아이들인지도 중요하다. 특별하기보다는 보통 수준의 아이들이 많은 대학도 있고, 또 규모가 좀더 작은 대학들(리드나 클레몬트와 같이)은 특정한 유형의 학생들을 선발하기도 한다. 하버드나 프린스턴, 예일, 스탠포드와 같은 권위있는 대학들은 학력이나 기타 각 부분에서 상위 1%에 드는 실력자들만을 선발한다. 학생들 중에는 사회 생활이 능한 아이들도 있지만 대부분은 그렇지 못하다. 분명한 점은 상위 1%에 들었던 아이들은 나중에 정치에 투신하든, 사업을 하든 아니면 교수직을 택하든 간에 계속해서 1% 내에 남게 된다는 사실이다. 그들은 출신 학교에서 사귄 친구, 선후배와의 관계를 계속 잘 유지한다. USC나 오하이오 주립대학, 미시간 주립대학, 유니버시티 오브 텍사스, 오번, 반더빌트 등의 2류급 학교들은 일류 대학에는 못 미치지만 그런대로 괜찮은 학교들이다.

C. 학교 이름 그 자체도 중요한 요인이 된다. 캐이트나 대처, 앤도버, 쵸아테, 스탠포드, 하버드, 프린스턴, 예일 등, 그리고 참 USC도 빼놓을 수 없지. 이런 학교에 다닌다는 사실만으로도 사람들은

그를 다시 쳐다본다. 성공하는 사람이 계속 성공할 수 있는 것은 그들이 좋은 학교에 들어가 좋은 교육을 받았기 때문이기도 하고 또는 원래 우수한 학생이었기 때문이기도 하다. 좋은 학교에 들어간 학생들은 이유야 어쨌든 성공할 확률이 그만큼 높다는 것은 분명한 사실이다.

그러면 지금 네가 대학에 가려는 이유는 다음과 같은 이유들 때문이겠지. 순서없이 열거하겠다.

1. 즐기기 위해, 친구들을 만나 사귀고 재밌게 놀면서 평생의 지기가 되고 함께 성숙해 가기 위해.

2. '교육받은 사람'이 되기 위해. 대학에 가면 여러 분야에 관해 공부를 하게 된다. 각종 세미나에도 참석하고 강의도 듣고, 저명한 사람들의 이야기도 듣다 보면 네 정신과 지식은 점점 더 성장하게 될 것이다. 그런 과정에서 자연히 흥미가 있는 분야가 생기면 그 쪽을 더 깊이 파고들게 된다. 그것이 네가 택할 직업이다. 다시 말해 전공 분야를 택하게 된다. 그리고 나면 전공 분야를 더욱 열심히 공부하게 되면서 그 분야로 나갈 준비를 한다. 그리고 나서 대학원을 가면 그곳에서 그 분야와 유관한 기업이나 사람들과 교제하게 되고 자연스럽게 진출할 수 있다.

잭아, 난 오클랜드 대학에서 내 평생 가장 많은 것들을 배웠다. 당시 난 배움에 목말라 있었기 때문이다. 진심으로 공부하고 싶었고 알고 싶었기에 머리를 파묻고 공부에 몰두했었던 것이지. 오클랜드 대학이 일류 학교는 아니지만, 그래도 난 그곳에서 실력있는 학생이었다. 하지만 너의 경우는 나와 반대다. 넌 배우기 위해 대학에 간다기보다는 지망할 수 있는 성적이나 자격이 되기 때문에 대학에 가는 것이다. 중요한 것은 반드시 어느 대학을 들어가든 그곳에서 배울 수 있는 것을 최대한 얻어내면 된다는 점이다.

결론적으로 말하고 싶은 것은 우선 자격만 갖추어진다면 스탠포드나 하버드를 들어가는 것이 가장 바람직하고, 그것이 안 되면 USC나 UCLA도 괜찮다. 일단 입학 후에는 열심히 공부에 몰두하면서 상아탑의 분위기와 교육의 정신을 최대한 흡수해야 할 것이다. 4년 동안 얻어낼 수 있는 게 있다면 최대한 흡수해야 한다. 네 평생 그곳에서 생활할 기회는 그때밖에 주어지지 않으니까 말이다. 아울러 가능한 많은 사람과 만나서 친구로 만들어라. 네 자신의 인맥을 구축하는 것은 일평생 살아가면서 아주 중요한 자산이 될 것이다.

잭, 현재 넌 성공과 행복을 위한 길을 제대로 밟아가고 있다. 스탠포드를 가든 USC나 UCLA에 들어가든 간에 넌 잘해낼 것이다. 케이트와 마찬가지로 모든 것이 다 너하기에 달렸다.

요즘 들어 켄이 자주 찾아온다. 그 아이는 네가 무슨 생각을 하는지에 대해 관심이 많다. 매번 나를 볼 때마다 너에 대해 물어온다.

난 정말 바쁘게 일하고 있다. 모든 것이 잘 되어가고 있지만, 기대만큼은 되지 않는구나. 아마도 더 열심히 일해야 되겠다 싶다.

너를 사랑한다.

1994. 11. 15.
아빠가

잭에게.

하루하루 문젯거리를 안고 지내는 십대 청소년들에게 가장 큰 숙제는 아마도 '이 다음에 난 뭐가 될까?', 그리고 '난 지금 어디를 향해 가고 있는 것일까?' 하는 의문일 것이다. 이런 궁금증들을 푸는데 가장 큰 어려움은 누구도 자신이 어떻게 되고 무엇이 될 것인지를 알 수 없다는 사실이다. 모두가 시간이 지나봐야 알 수 있지. 그런데 네가 어디를 향해 가고 있는지를 모른다면 어떤 식으로 방향을 잡고 미리 준비할 수 있겠니? 아울러 매일매일 하고 있는 것들이 나중에 도움이 될지 안 될지도 모르는 일이 아니겠니?

이 문제에 대해 전에도 얘기한 적이 있다만, 다시 한 번 이 문제를 놓고 여기에 적용할 수 있는 원칙들은 없는가 살펴보는 게 좋을 성싶구나.

대부분의 아이들은 자기가 되고픈 것을 기준으로 자신의 장래를 점친다. 또 어른들도 곧잘 '넌 이 다음에 크면 뭐가 될래?' 하고 묻곤 한다. 그러면 아이들은 법률가가 되고 싶다든가, 의사가 되고 싶다고 흔히들 대답한다. 그런데 아이들은 법률가가 어떤 직업인지, 의사가 정작 뭐하는 직업인지 사실상 모르고 있다는 게 진짜 문제다. 가령 의사라면 그저 막연히 밤이나 주말에도 전화가 걸려오고, 식사 중에도 또 파티 중에도 위급 환자를 돌봐야 하는 일이 생긴다는 정도로만 알고 있다.

그리고 문제는 또 있다. 참으로 자신이 만족할 수 있는 직업을 미리 알기가 정말 어렵기 때문에 나중에 후회해도 때가 너무 늦다는 사실이다. 이미 주사위는 던져진 것이다. 이것은 더 어려운 문제다.

심지어 아버지가 의사이어서 곁에서 같이 산다해도 의사의 삶, 뿐만 아니라 기술자나 법률가, 선생의 삶이 앞으로는 지금과 다르게 크게 변할 가능성이 아주 높다는 문제가 있다.

폭스바겐은 '명품은 변하지 않습니다' 라는 광고 문구로 유명하다. 이 점은 사람도 마찬가지다.

따라서 진짜 문제는 네가 '무엇이 되고 싶다' 는 게 아니라 '무엇을 할 것인가' 이다.

스티븐 스필버그는 여덟 살 때부터 영화를 만들기 시작했다. 영화를 그만큼 좋아했기 때문이지. 그에게 있어 돈이나 위치, 권위 같은 것은 다음 문제였다. 그래서 그는 영화만들기기 좋았던 것이다. 그런 결과로 그는 영화에서 성공할 수 있었다. 영화를 좋아했기 때문에 영화를 잘 만들게 되었던 거지. 동시에 영화를 잘 만들기 때문에 수백만 달러를 벌 수도 있었고.

한편 데이비드 고빈은 늘 의사가 되고 싶었다. 그러나 막상 의사가 되고 나서는 의사가 싫어졌다. 그는 '그 냄새나는 발 사이에 머리를 파묻는다는 것이 정말 싫다' 라고 내게 곧잘 자신의 심정을 털어놓았다. 그가 정작 관심있어 했던 것은 부동산 투자였다. 그래서 그는 일이 끝난 뒤 아니면 한가할 때 시간을 내어 재무와 부동산을 공부했고 그 뒤 그 분야로 진출할 수 있었다. (그 바람에 그는 고생길로 들어섰다.)

넌 「MBA 만들기, 그 지옥도를 훔쳐보기」의 저자 피터 로빈슨이 인터뷰하는 모습을 언젠가 본 기억이 날 것이다. 원래 그는 학계에서 이 자리 저 자리 옮겨 다니며 싫은 일을 하다가 나중에 가서야

기회를 잡아 자신이 원하던 일을 할 수 있었고 그 때문에 막대한 돈을 벌 수 있었다.

그러니 잭아, 너를 위한 해답은 무엇일까?

첫째, 넌 학식있고 유능한 사람이 되고 싶어한다. 그래서 기회가 다가오면 그것을 놓치지 않고 붙들 수 있는 자질을 갖추고 싶어한다. 그러니 우선은 잘 배우고 나서 다음으로 다양하게 진로를 타진해야 한다. (네가 해보고 싶은 분야를 가능한 많이 적어보아라.) 대상이 될 수 있는 분야는 사회학, 심리학, 지리학, 사업, 국문학 및 외국 문학 등등 무수히 많다.

두 번째로, 학교를 다니면서 가능한 많은 사람을 친구로 만들어라. (한 친구에게만 매달리지 말고) 또 여행도 많이 하면서 여러 가지 상황을 겪어보아야 한다. 바로 이런 방법이 네가 지닌 능력에 대해 잘 알게 되고 너의 기호와 관심분야를 미리 알아낼 수 있는 방법이다. 요는 장래를 위해 되도록 많은 경험들을 쌓아야 한다는 것이다.

세 번째로, 넌 네가 되고픈 것은 무엇이든 될 수 있다는 사실을 기억하고 또 자각해라. 넌 머리도 있고 인간미도 있고, 외모, 건강 등 어디 하나 처지는 게 없지 않느냐. 그런 행운을 지닌 사람은 결코 많지 않다. 그저 신중하게 선택하면 된다. 사전에 미리 배제하지도 말고, 어떤 가능성에 대해 선입견을 가져서도 안 된다.

네 번째로, 어떻게 되든 모든 것이 갈수록 좋아지고 있다는 자기 확신을 지녀라. 많이 배울수록, 많이 사람을 만날수록, 여러 곳을 더 다녀볼수록 더 많은 것을 알게 된다. 지평선이 넓어질수록 기회는 더 많아지고 그에 따라 좋은 삶을 누릴 수 있는 가능성도 많아진 단다.

  다섯 번째로, 넌 지금도 잘하고 있고 앞으로도 잘해낼 것이다. 모든 것을 즐기고 걱정은 걷어둬라. 그저 네가 하고픈 것에 매달리기만 하면 되도록 되어 있으니.

1995. 1. 4.

아빠가

잭에게.

새해 벽두에 머리 속에 떠오르는 몇 가지 생각들을 너와 함께 나누는 게 좋을 성싶어 이렇게 적는다. 어떤 것은 생각일 뿐이기도 하고 또 내가 보아온 것들도 있다. 그리고 그간의 내 경험에서 얻은 '삶의 규칙'도 들어있다. 개중에는 확실한 것도 있지만, 그렇지 않은 것도 있을 것이다.

1. 군복무, 커다란 사고(네 아버지가 겪은 것처럼), 험악한 이혼, 큰 질병……. 이 모두 살아가다 보면 얼마든지 있을 수 있는 사건들이다. 이런 일이 생기면 시간은 시간대로 낭비하게 되고 몸도 마음도 지쳐버리게 된단다. 문자 그대로 한 인간을 몇 년 동안 옴짝달싹 못하게 만들어놓는 거지. 혹시 이런 일들로 힘들어 하는 사람들을 대할 때는 그들 마음속이 어떨지 헤아려 볼 필요가 있다.

2. 사려깊음이 우정의 원천이다. 동정이나 축하의 마음을 나타낼 수 있는 전화 한 통, 간단한 편지, 한 잔 하자는 권유…… 이 모든 것들이 우정을 가꿔가는데 중요한 것이 된다. 자녀의 생일을 기억한다든지, 기념할 만한 날을 챙겨준다든지 이런 것들이 친구를 만들어 준단다. 꼭 기억해야 할 것은 누군가 넘어졌을 때, 이런 성의를 보여주면 그가 다시 일어섰을 때 그 효과는 세 배가 된다는 사실이다. 명심하거라.

3. 아인슈타인은 기공간 연속체를 발견(어쩌면 발명)했지만, 인간에게도 정신과 육체의 연속체가 있다. 네가 정신적으로 건강하지 못하면, 몸도 따라서 아프게 된다. 반대로 몸에 병이 생기면 그 병

은 급격히 네 정신을 약하게 한단다. 문제는 무엇이 앞인가 하는 것이다. 닭이냐 달걀이냐? 또 이런 상황에서 어떤 식으로 탈출해야 하는지도 중요하다. 가령 너라면 정신이 무너졌다면 몸까지 아프기 전에 어떤 식으로 벗어날 수 있겠니, 또 몸이 아프다면 네 정신을 어떤 식으로 지켜갈 수 있겠니? 그 둘 사이에 강력한 상관 관계가 있다는 것을 잊지말고 새겨 두기 바란다.

4. 많은 사람들이 모종의 하위문화(subculture)에 빠져들고 있다. 흔히 말하는 '컬트'라는 단어는 '컬쳐'에서 왔다는 것을 알아두어라. 하위문화란 종교적 모임일 수도 있고 어떤 시민 단체의 모임일 수도 있다. 마약이나 취미, 패쇄적인 그룹, 도박, 운동 등 하위문화의 종류는 아주 다양하다. 그런데 주의해야 할 것은 이 하위문화에 잘못 빠져들면 가족과 직장, 학교생활에 그늘을 드리울 수도 있다는 점이다. 심지어 아무 관계도 없는 문제에까지 악영향을 미칠 수 있다. 그러니 하위문화란 잘 선택할 필요가 있다.

5. 많은 사람들이 자신의 진정한 능력보다는 노는 물에 의거해 자신의 자화상을 완성하고 있다. 국회의원이 될 수도 있건만 시야를 좁게 잡는 바람에 시의원으로 그치는 사람이 얼마든지 있다. 또 실제 능력이 대기업가보다 못하지 않건만 자신이 더 큰 사업을 꾸려갈 수 있다는 꿈도 갖지 않는 바람에 평생 작은 기업 경영으로 만족해야 하는 사람들도 얼마든지 있다. 결국 세계적인 선수가 되려면 먼저 세계적인 무대에 뛰어들어 세계적인 게임의 규칙에 따라 시합을 한 번 해보는 경험이 필요한 것이다. 언젠가 난 유명 선수에게 "당신네 세계에서 선수들간의 차이점을 가름하는 것이 무엇입니

까?" 하고 물어본 적이 있다. 그는 대답하기를 "사실은 없어요"라고 했다. 이 말은 누구도 근본적으로 뛰어난 선수는 없다는 뜻이다. 그래서 말인데, 너도 세계적인 선수가 될 것인지 말 것인지를 결정해야 한다. 모든 것은 네게 달렸다.

6. 성경에 '씨를 뿌릴 시기가 있고 거둘 시기가 따로 있다.' 라는 말이 있다. '언제 붙들어야 하고 언제 접어두어야 할지를 알게 될 것이에요.' 라는 노래 가사도 있다. 요는 망하고 싶으면 흐름을 거스르면 된다는 얘기지. 난 불경기로 접어들 때 사업을 시작하는 바람에 무던히 고생하고도 그 결과는 미미했던 경험이 있다. 약간만 시기를 잘 택했더라면 고생도 덜하고 훨씬 좋은 결과가 있었을 것을, 지금도 아쉽기만 하구나. '시기가 모든 것이다.' 라는 말이 있는데 정말 옳은 말이다.

7. 스스로에게 만족하는 사람. 그런 사람은 어떤 사람인지 넌 알고 있니? 그들은 남자이고픈 남자, 여자이고픈 여자들이다. 아울러서 자신이 넘치는 사람, 열심히 하려들지는 않고 아예 가능성이 없는 것은 시도하지 않는 사람이 바로 그런 사람이다. 그런 사람들은 자신을 좋아하기 때문에 너 역시 그를 좋아하지 않을 수 없는 인상을 주는 사람들이다. 네 주변에 혹 자신에게서 편안함을 찾지 못하는 사람을 넌 찾아낼 수 있겠니?

8. 너의 뿌리, 너의 근원이 무엇이냐 하는 얘기다. 어떤 이에게는 카톨릭이나 침례교, 장로교 같은 것이 그런 것이다. 아일랜드가 뿌리인 사람도 있고, 이태리나 영국이 뿌리인 사람도 있다. 어떤 이는 중산층 출신이고 어떤 이는 상류층 출신이다. 혹자는 미국인이고

혹자는 일본 또는 멕시코 인이다. 사람을 일단 만나면 그 사람의 뿌리에 대해 유념할 필요가 있다. 그것을 알면 그에 대해 정말 많은 정보를 얻을 수 있다. 만약 유태인이라면 그는 아일랜드 카톨릭과는 다른 점이 많을 것이다. 자신은 아예 뿌리가 없다고 말하는 사람들도 있지만, 그건 단지 눈가림에 불과하다. 그러면 잭, 너의 뿌리는 무엇이냐?

9. 아들아, 사람들은 종종 어떤 주의나 주장에 집착하기도 한다. 낙태 반대 주장, 여성의 권리, 반전주의, 반핵주의 등등 이런 것은 무수히 많다. 어떤 면에서 주의나 주장은 사람들에게 최면제 또는 마취제 구실을 하는 것처럼 여겨질 때가 있다. 다시 말해서 그런 주장이나 주의가 자신들에게 살맛을 북돋우어주고, 삶에 의미를 부여하는 것으로 알고 살고 있다는 말이다. 주장이 같으면 모르는 사람이라도 금방 친구가 되기도 한다. 헌데, 때로는 그런 것들이 사람의 삶을 더 어렵게 만들기도 한다. 주의란 것이 더 많이 요구될수록 그들은 그 속에 빠져들게 되는 것 같다. 훌륭한 주의, 주장에 잠시 빠져보는 것이 아무런 가치가 없다고 말할 순 없겠지만, 그보다 중요한 것은 어떤 사람이 왜 그런 주의에 집착하고 있는지 그 근본 동기를 살펴보는 게 더 유익할 때가 많다는 점이다. 주의나 주장을 지닌 사람과 그 주제에 대해 왈가왈부하는 것은 그들에게 그것이 삶의 의미인 까닭에 섣불리 시도하지 않는 게 좋다.

잭아, 아무 두서없이 생각나는 대로 몇 가지 내 생각을 적어보았다. 네가 인생을 살아가면서 지금의 이 말들을 새겨두면 나름대로 도움이 되리라 믿어진다.

스코트 교장선생님께서 써주신 추천서 사본을 동봉한다. 잭, 네가 이런 추천서를 얻어냈다는 점에 대해 마음놓고 자부해도 좋다. 아버지도 네가 자랑스럽구나. 스코트 씨에게 감사의 편지를 당연히 띄워야 한다.

잭아, 이번 마지막 휴일들은 지금까지 이 나이든 아버지가 기억하는 중에서 가장 좋았었다. 함께 왔던 네 친구들도 참 좋았고, 네가 신경을 써준 덕분에 그 아이들과 만나볼 수 있었구나. 진정한 크리스마스 분위기가 어떤 것인지를 이번에 만끽할 수 있어 좋았다. 제인도 네가 보낸 선물에 아주 만족해 하더라. 그 선물은 그녀에게 큰 의미를 지닌 선물이었다.

빨리 네 얼굴을 봤으면 싶다.

사랑한다.

1995. 1. 5.

아빠가

잭에게.

지금 하는 말들도 너의 인생 지침서에 또박또박 적어두어야 할 말들이다. 지금 당장 네게 큰 도움이 되는 것은 아니겠지만, 훗날을 위해 씨를 뿌려둔다고 생각하면 맞을 것이다.

오늘의 주제는 네가 인생을 살아가면서 어떤 사람을 네 곁에 두어야 하는가 하는 것이다. 살다보면 여러 이유에서 이런저런 사람들이 적잖이 필요하겠지만, 요는 상황에 따라 네가 어떤 사람을 원하느냐가 더 중요하다는 것이다. 성공적인 인생을 사는 사람은 어떤 일이 생기기 전에, 어떤 필요가 생기기 전에 다양한 인간 관계를 미리 맺어놓는다. 그래야만 나중에 어떤 문제가 생기면 미리 맺어둔 사람에게 굳이 도움을 청하지 않아도 자발적인 도움을 받을 수 있지 않겠느냐.

그런 인간 관계를 맺고 유지하는데 필요한 기본적인 사항들, 결코 특별한 이야기가 아닌 사항들을 적어보았다.

1. 최고의 세무사 …… 난 스완튼 씨와 벌써 20년 동안 알고 지낸단다.

2. 최고의 경리 …… 스티브 리차드 씨는 지난 12년 동안 친구로 지내고 있다.

3. 좋은 사업 관계 변호사 …… 보브 힐리슨 씨는 친구로 지낸지 15년째다.

4. 좋은 이발사 …… 난 로니 씨에게 20년 동안 머리 손질을 맡기고 있다.

5. 좋은 땔나무 가게 …… 난 지난 10년 동안 길버트 씨 가게에서 줄곧 장작을 쓰고 있다.

6. 최고의 내과의 …… 지난 10년 동안 울리 박사의 병원을 다니고 있다.

7. 최고의 치과 의사 …… 20년 동안 줄곧 베니언 박사에게서 치료를 받아오고 있다.

8. 최고의 증권중계인과 상품 트레이더 …… 최근 나는 크리스를 만났다. 지난 몇 년 동안 난 주식이나 선물 거래에 손을 대지 않았기 때문이지.

9. 최고의 지역 은행 은행원 …… 동네 은행 중에서 신뢰할 만한 은행원을 알고 지내면 사적인 서비스를 잘 받을 수 있다. 난 UBS와 거래하고 있는데, 정말 믿을 만한 은행이다. 조지와 데니스 씨는 진짜 프로다.

10. 최고의 '머니 센터' 은행과의 관계 …… 웰즈 파고 은행이나 BOA, 시티 은행 등이 대표적이겠지. 대형 은행들은 국제 업무와 주간 업무를 제공하고 있고 대출 한도도 훨씬 크다. 따라서 좋은 관계를 맺어놓으면 유익할 때가 많다. (지역 은행은 우리 나라의 경우 신용 금고에 해당되고, 머니 센터 은행은 시중 은행에 해당된다:옮긴이)

11. 좋은 여행사.

12. 매우 유능한 보험 중개인.

이상이 기본 리스트다. 이런 사람들을 계속 만나면서 잘 사귀어두고 인맥을 형성해 두면 사는 게 훨씬 편하다. 아울러 그런 사람들을 네 고객들에게도 널리 선전도 하고, 그들의 가족 관계에 대해서도 알고 있어라. 나중에 이런 관계를 가지고 있다는 것이 큰 차이를 가져온다!!

그러면 좀 색다른 리스트도 소개하겠다. 지금부터 소개하는 리스트는 네가 진짜 '선수'가 되고 발이 넓은 사람이 되려면 반드시 필요해진다.

1. 지역신문 기자를 친구로 사귀어두어라. 네가 원하는 것을 기사화할 수도 있고, 신문에 실릴 기사 내용을 '완화'시킬 수도 있다. 소식이 보도되기 전에 미리 약간은 알아낼 수도 있고, 네가 찾는 사람을 찾거나 알아볼 수도 있다. 동시에 너 역시 기삿거리를 제공하는 성의를 보여야 한다. 신문 기자와 알고 지내면 얼마나 큰 도움이 되는지는 미처 상상하기 어려울 정도로 유익하다.

2. 지역 경찰서와도 접촉을 갖는 게 좋다. 각종 정보는 물론 여러모로 도움을 받을 수 있다.

3. 지역 관청 사람들과도 접촉하는 게 좋다. 시의원이나 시장, 또는 구청장 등과 친구가 되라는 이야기다. 친구가 되려면 네가 먼저 친구가 되어주어야 하겠지. 가령 지역 관청에서 펼치는 캠페인에도 적극 참여하고 약간의 기부금을 내는 것도 친구로 지낼 수 있는 방법이다.

4. 주정부나 중앙 정부 사람들과도 친구가 될 필요가 있다. 지역

관청 사람들과 접촉하는 방법을 그대로 쓰면 된다. 네가 만일 국회의원과 아는 사이라면 여러모로 도움을 받을 수 있겠지. 정말 큰 도움이 된다.

  5. 여행지나 국립 공원에 아는 사람이 있으면 대단히 편리하다. 유니버설 스튜디오나 요세미테 공원 같은 곳에 친구가 있으면 가족 여행을 가도 VIP 대우를 받을 수 있으니 얼마나 멋지냐. 친구를 사귀려면 먼저 친구가 되어야 한다는 원칙 잊지 말거라. 또 그들도 네게서 도움을 받을 게 많다. 친구에게 소개해 주거나 언론사에게 관광 상품을 소개하는데 네가 큰 도움이 될 수 있기 때문이지. 그런 식으로 되면 상승 효과가 있다.

  그러니 넌 응당 선수가 되어야 한다. 각종 행사나 경조사에 적극 관여하고 먼저 친구가 되어줌으로써 친구를 많이 만들면 넌 여러 사람들에게 네 영향력을 즐길 수 있게 되는 것이다. 큰 도움이 되지 않는다 해도 최소한 인생이 좀더 편안하고 즐겁지 않겠니. 그러다가 때로는 정말 친구의 도움이 필요한 상황도 생길 것이고 그때 가서는 정말 위력을 발휘하게 된다.

  한 번 해봐라.
  사랑한다.

1995. 1. 11.
아빠가

잭에게.

정말 신나는 토요일이었다! 캐이트로 가는 길에 밖을 내다보니 공기도 맑았고 테전 고갯길 위로 쌓인 눈은 얼마나 멋지던지. 점심도 꿀맛이었고, 보닝 마을에도 들를 수 있어서 한결 기분이 좋았다. 그리고 경기도 훌륭했다. 정말이지, 나는 지난 3년 동안 라크로스의 진수를 전혀 모르고 지내다가 네 첫골 장면을 보면서 비로소 그 진수를 실감한 느낌이었다. 또 스텝의 생일 파티도 좋았다. 제프, 데이비스, 안나 모두 와 주었기에 더욱 그랬다. 그날은 너와 스텝의 어린 시절 모습이 절로 떠오르더구나. 그렇게 그날은 모든 것이 좋았던 하루였다!!

'예외없는 법칙은 없다'는 속담이 있지만, 너와 내가 알고 있는 몇몇 사람들을 살펴보면 다음과 같은 법칙들을 발견하게 된다.

1. 내려가면 올라오고, 올라가면 내려간다. 부시 대통령을 보려므나. 불과 선거 일 년 전만 해도 무려 92%의 지지를 받았지만, 선거에 패배했다. 반대로 윌슨 지사는 선거 일 년 전에 겨우 19%의 지지율로 전혀 가망이 없어 보였지만 '결코 질 수 없다'고 큰소리치던 자에게 이겼다. 이렇듯 세상은 변하기 마련인가 보다.

2. 삶의 목표가 오로지 돈인 사람은 그가 비록 원하는 만큼 돈을 모았다 해도 결국은 비참하게 인생을 마감하게 될 가능성이 아주 높다. 가령 존 개러베디언은 이민을 와서 농원에서 과일을 따는 가난한 인부로 출발해서, 하루에 18시간씩 누구 못지 않게 열심히 일했고 정치가들과 결탁해 가면서 성공했다. 그가 원하는 것은 그저

돈, 또 돈이었다. 그가 한 번은 내게 말하기를 자신은 "친구가 필요 없다. 친구란 존재는 조만간 무언가를 요구해 오기 마련이니까" 라고 했다. 그가 초라한 집에서 죽었을 때 곁에는 단지 한 마리의 개만 있었을 뿐이었다. 그는 캘리포니아 밖을 나가 본 적도 없었단다. 세상에서 가장 외로운 죽음이었지. 장례식도 치르지 않았다. 왜냐고? 친구라 할 만한 사람이 아예 없었으니까. 죽을 때 그가 남긴 유산은 대략 2억 달러는 되었던 것 같다.

3. 자만은 몰락의 지름길이다. 정확히 일 년 전에 아트 씨는 이 지역의 유지였고, 회사 사장이었으며, 딸 같은 여자와 결혼해서 잘 나가고 있었지. 자신이 잘못을 저지를 리 없다고 늘 생각했던 그는 회사 여직원과 문제를 일으켰고, 사업에서도 속임수를 쓰다가 결국은 꼬리를 잡히고 말았다. 현재 그는 직장도 잃고 이혼당한 신세로 전락했다. 전혀 그럴 것 같지 않게 막강해 보이던 사람이 그런 꼴이 되고 말았으니.

4. 돈 때문에 재미없는 직업에 갇혀 지내는 사람도 많다. 코터 씨는 방송국 일이 싫었지만, 보수가 워낙 많다보니 박차고 나올 수가 없다. 그런 사람은 돈에 얽매여 자신의 삶을 비참하게 낭비하고 있는 것이다.

5. 물려받은 재산이 어떤 경우에는 오히려 질곡이 되는 경우도 있다. 토니는 큰 돈을 물려받았고, 그 바람에 자신의 돈을 보고 결혼한 여자를 만났기에 인생이 비참해졌다. 토니의 모든 매력이 돈에 가려버리고 말았던 거란다. 만약 돈이 없었다면, 더 편안하게 살 수도 있었고 아울러 더 중요한 것을 잃지 않았을 수도 있었을 텐데.

6. 제 아무리 요지부동이고 영원히 갈 것처럼 보인다 해도 섣불리 단정하면 안 된다. 프랭크 씨의 경우 튼튼하기로 소문난 유니온 오일에서 23년 간을 일해서 결국 자회사의 사장으로까지 출세할 수 있었다. 그런데 사실은 그 회사는 내부 알력이 심했고 그는 줄을 잘 못서는 바람에 안정된 직장처럼 보였던 그곳에서 밀려나고 말았다.

7. 어떤 사람은 선천적으로 재주도 있고 축복도 받았지만 그것을 모조리 날려버리기도 한다. 스티브 카는 메달도 따고 주 상원의원에 당선되었지만, 어쩌다 행실이 이상해지고 여성화되면서 결국 이혼당하고 의원 자리도 잃고 말았다!

8. 아무런 비밀도 없이 그저 호인인 사람두 있다. 네 할아버지는 스탠포드에서 길을 닦은 후 평생을 한 직장에서 보내셨다. 점심도 으레 할머니하고만 하셨지 무슨 수작일랑 아예 없으셨단다. 그저 테니스만 즐기시다가 평화롭게 돌아가셨다.

9. 열심히 일해서 자신의 모든 꿈을 성취하는 사람들도 있다. 잭 울프 씨는 자신의 일을 열심히 하고 현명하며 생활에 나름의 규율을 정하고 거기에 맞춰 사시는 성실한 분이시다. 잭이 본시 원했던 것이라곤 그저 아들과 함께 안정된 농부의 생활을 꾸려나가는 것이 전부였다. 그러던 양반이 오늘에 와서 이사직만도 몇 개에다가 대학 재단의 이사직까지 맡으면서 널리 존경을 받고 있다. 아들 넷 중에 한 명만 4번가에서 치과의사를 할 뿐 나머지 셋은 아버지와 함께 대농장을 일구고 있고, 거기에 두 딸 모두 행복한 결혼 생활을 꾸려가고 있다. 그야말로 현재 그는 가치있는 삶을 살고 있다고 할 수 있지. 처음에 아주 미미한 시작으로 현재의 위치에까지 이르렀으니 말이다.

10. 언제나 긍정적인 사람들도 있다. 남에게 부정적인 모습은 결코 보이지 않는다. 리처드 힐 씨는 가령 어떤 문제가 생길 경우 "어, 또 하나 기회가 왔군." 하고 말할 분이시다. 그는 그처럼 성공적인 인생을 꾸려가고 있지.

11. 모든 것에 왕성한 호기심을 보이는 사람도 있다. 리틀 알 코넬 씨는 키도 작고 못생겼지만, 또 세계 2차대전 후에야 사업을 시작했지만, 왕성한 호기심과 정열을 바탕으로 아주 거대한 부자가 되었다.

잭아, 인생을 살아가는 법은 이외에도 아주 많단다. 자신들의 삶이 가치있음을 보여줄 수 있는 사람들을 너도 많이 알고 있으리라 여겨진다. 그들의 삶의 각 장면들을 관찰하거라. 그래서 네 자신의 삶을 설계하는데 도움이 되도록 하거라. 사람은 사람들과 어울려 살아가야 한단다. 네 자신과 네 스스로의 가치관을 편안히 받아들이고, 아울러 네가 지금까지 어떻게 현재의 네 모습에 이를 수 있었는가를 알고 있어야 한다.

사랑한다.

1995. 1. 23.
아빠가

잭에게.

그간 우리 나라에 대해, 또 네가 미국 시민으로 태어났다는 것이 얼마나 큰 행운인가에 대해 많은 얘기를 나누었다. 뿐만 아니라, 미국의 헌법과 인권, 우리의 특별한 제도에 관해서 얘기해왔다. 그런 권리들은 네가 이 나라의 시민이라는 사실만으로 네 것인 것이다.

그리고 이 나라의 헌법을 쓴 사람과 헌법을 수호하기 위해 스스로를 희생한 사람들에 대해서도 얘기했었다. 물론 이 나라의 자유를 수호하기 위해 싸우고 죽어간 사람들도.

그들이 지금 우리가 누리는 자유를 주신 분들이다. 또 지금 이 순간에도 인권은 더욱 강화되고 있다. 예를 들자면, 여성의 권리, 소수 인종으로서의 권리, 거기에 동성연애자의 권리까지 등등.

그래, 그렇다면 상호 호혜적인 책임이란 무엇을 뜻하는 말일까?

잭, 넌 미국 시민이고 캘리포니아 주의 주민이며, 프레스노 시의 시민이다. 동시에 우리 가족의 구성원이기도 하지. 그런 너는 따라서 그 모두에 대해 당연히 어떤 책임을 가지고 있으며 반대로 그 모두에 대해 어떤 권리도 지니고 있다. 책임과 권한을 동시에 가진 것이지.

네가 어린아이였을 때, 내가 너도 집안 일에 대해 의무가 있다고 말해주었던 것 기억나니? 쓰레기통 비우는 일, 일주일에 한 번씩 화장실 청소와 집안 청소를 해야 한다는 것, 자동차 세차하는 일 등등 그런 의무 말이다. 다른 집 아이들은 그런 일을 하면 뭔가 보상을 받았지만, 난 너에게 그러지 않았다. 그 일들은 가족의 일원으로서 당연한 너의 의무이고 책임이기 때문에 뭔가를 바래서는 안 된다고. 하지만 그렇게 네 할 일을 했기 때문에 밥을 먹고 전기를 사용할 수 있는 것이라고 네게 말해주었었지.

잭아. 시민으로서의 책무도 마찬가지란다.

네 나라와 주, 도시를 위해 넌 기본적인 의무를 지녔다. 선거에 참가해야 하고 법을 준수하며 또 법정에서 부르면 배심원으로서 마땅히 일해야 하는 것이다. 또 전쟁시에는 소집에 의해 조국을 방위해야 할 의무도 있다.

그러나 네가 진정 책임 의식있는 이 나라의 시민이라면, 앞의 것보다 더한 것을 해야 한다. 네가 선택한 출마자를 위해 가두 행진도 하고 봉사도 베풀며, 각종 위원회에도 자발적으로 참가하여야 한다. 최소한 공적인 일들이 어떻게 돌아가고 있는지는 알고 있어야 하고 아울러 각종 선거에 당선된 사람들에게 네 의견을 활발히 개진해야 한다. 이런 모든 것들이 다 의무에 속한다.

이 나라를 세운 국부들은 농부나 상인, 교수들도 선거에 나가 당선되면 언제든지 봉사해야 한다고 설파했다. 그런데 최근 들어 우리 나라에는 정부에서 일하는 것을 자신들이 둥지를 틀고 안주할 수 있는 일종의 직업으로 삼는 '정치 계급'이 생겨났다. 나중에 넌 아마도 그들이 너보다 못하다는 것을 느끼고 직접 출마하고픈 충동이 들지도 모를 정도로 현재의 '정치 계급'은 잘못된 구석이 있다.

또 너는 자선 단체에 가입하여 우리 사회의 무수한 병리현상을 만들어 낸 원인들을 없애는데 봉사할 가능성도 있겠지. 그렇지 않으면, 로터리 클럽에 들어가 지역 사회를 위해 봉사할 수도 있겠고 말이다.

난 네가 네 가족을 소중히 이끌어 갈 것을 알고 있다. 그러면서 너의 생각과 사상을 네 자식들에게 물려주게 되겠지. 넌 좋은 아버지, 좋은 남편이 될 것이며 그 또한 사회에 기여하는 하나의 중요한 길이 된다.

네가 어렸을 때 내가 지나가는 경찰관을 세우고 네게 소개시켜 주면서 경찰 아저씨는 너의 친구이고 그런 까닭에 항상 따르고, 도움이 필요할 경우에는 그를 부르면 된다고 말해주었던 사실을 기억하고 있니? 이런 식으로 너 역시 네 자식들에게 하리라고 나는 믿는다. 이 또한 작은 일이지만 시민의 의무에 포함된단다.

잭, 넌 모든 권리와 시민으로서의 존엄성을 지녔다. 동시에 한 시민으로서 책무노 있나는 사실을 망각해서는 안 된다. 권리와 의무는 함께 가는 것이다.

사랑한다.

1995. 2. 5.

아빠가

잭에게.

네 누이가 얼마나 우스운지 참을 수가 없구나. 우리가 매주 수요일 저녁마다 그랬던 것처럼 어제는 그 애를 학교 앞으로 데리러 갔었단다. 네가 그 나이였을 때와 어쩜 그리 똑같은지(엄마와 살던 때보다 덜 싹싹하게 군다는 것만 빼면 말이다.) 그 애는 성질이 급하긴 하지만, 대단한 유머 감각을 가지고 있으면서 내 생각에 대부분 협조적이란다. 내가 그 애와 함께 지낼 시간을 얼마나 고대해 왔는지 그 애가 알아주면 좋을 텐데. 너도 알다시피, 이혼 후 지난 7년 동안(세상에, 그렇게도 긴 시간이었다니!!!), 아빠는 그 애를 만나기만을 기다려 왔잖니. 그 앤 무척이나 자랐단다. 열한 살인데 벌써 어린 숙녀가 다 됐어. 그 애도 너처럼 초밥을 좋아한단다.

마을은 여전히 안개에 휩싸여 있단다. 얼마나 끔찍한지!! 토요일엔 포도나무 꼭대기까지 차오를 만큼 지독했었는데, 안개가 걷혀서 너랑 햇살 아래 시간을 보낼 수 있었으면 한다. 집으로 가는 길에 포도나무 아래를 지날 때 스텝은 차창 밖으로 손을 내밀더구나. 속도를 십 분에 4,000피트 정도나 떨어뜨렸는데도 온도가 80도에서 45도까지 내려갔다. 35도나 차이가 나다니!! 이런 세상에.

네 경기는 정말 즐거웠단다. 팀 운영이 좀 느슨하긴 했지만, 바로 사흘 전에 '대처' 팀을 이긴 후였으니 뭐 그럴 수도 있지. 그런데 '던' 팀은 그렇게 대단한 시합인데 당황하지도 않더구나. 어쨌든, 좋은 경기였어.

네가 심사숙고해야 할 문제가 늘었다. 너는 어떤 때 싸우고, 또 어떤 때 타협을 할 거니? '실용이냐 원칙이냐'라는 오래된 문제다.

만일 누군가 너에게 3,000달러를 빚졌다고 하자. 그것을 받아내는 데 드는 법적 비용이 거의 3,000달러가 들고, 그 일을 처리하는데 네 시간과 정신적인 에너지를 빼앗긴다면, 넌 빚을 탕감해 버릴 테지. 어떤 사람들은 '놈을 그 녀석 무덤까지 쫓아가라. 그걸 가지고 달아나도록 내버려두지 마라. 아무도 싸우지 않고 내 것을 빼앗을 수 없어!'라고 말한다. 하지만 잭, 그럴 때는 그냥 잊어버려라. 그럴 만한 가치가 없단다.

그럼, 반대의 경우 만일 누군가 너에게 터무니없는 배상을 요구한다면, 예를 들어 그들이 네게 3,000달러를 요구하고, 그걸 막기 위해서는 5,000달러가 필요하다면 계산상으로는 그 3,000달러를 그냥 줘버리는 것이 낫겠지. 그렇지만 그렇다고 해서 그냥 당해서는 안 된다. 사업을 하거나 세상을 살다보면 이런 문제에 날마다 맞닥뜨리게 된단다. 아빠가 하고 싶은 이야기는 이럴 경우 어떤 경우에는 피하고 어떤 경우에 맞서 싸워야 하는가를 결정하는 기준이 무엇인가 하는 것이다.

그러니 잭, 이 문제를 한번 진지하게 생각해 보거라. 이건 중요한 문제고, 사람은 그런 문제에 부딪쳤을 때 어떻게 할 것인가 하는 가치관을 가지고 있어야만 하는 거야.

봄방학까지 3주밖에 안 남았구나. 공부하기 좋을 때 열심히 공부해서, 자신있게 휴가를 시작하기 바란다.

1995. 2. 8.
사랑하는 아빠가

잭에게.

너는 보수적이고 사업 지향적이면서 중산층인 가정에서 자라왔단다. '귀족 계급'의 귀공자로 길러진 것은 아니지. 아빠 역시 '사려 깊은 전문직업인'(바꿔 말하면 사회 사업가)은 아니었다.

'진심어림', '연민', '돌봄', '빈곤한', '혜택받지 못한', '유색인종', '육체적으로 불편한', '미국 자유 인권 협회', '공무원 근무', '차이점'과 같은 단어들은 우리 가정에서 일상적으로 통용되는 말은 아니었다. 우린 '상처받은 영혼'들은 아니거든.

너는 '의무'와 '책임'과 '개인주의'에 대해 배워왔다.

아빠는 '동정'과 '감수성'에 대해 많은 얘기를 해주어야 할 필요를 느끼는구나. 독선적이거나, 자만스럽지 않으면서 꽤 자주 쓰이는 말들이지. 관료주의자들이 자신의 직업을 정당화하고 더 많은 예산을 얻으려고 자주 쓰는 자기 과장의 단어로서가 아니라 말이다.

17세기 영국의 시인이자 수필가인 존 던이라는 사람이 있단다.

"무인도처럼 완전히 혼자인 사람은 없다. 필연적으로 인류에 속해있기에 어느 누구의 죽음도 나를 침통하게 하고 만다. 누구를 위해 종이 울리는지 알려 하지 말라, 그대를 위해 울리고 있으니."라는 유명한 구절을 썼었지.

17~8세기는 극도의 산업주의화에 대한 반발로 사회적으로 자유주의가 오름세를 보이던 때였단다. '가난한 사람', '장애인', '고아'를 돌보는 것이 특혜 받은 상류계층의 의무로 여겨지기 시작했지. 그런 전통이 지금까지 이어져서 복지국가로 제도화된 거란다.

아빠는 네가 가까운 가족이나 친지, 친구들의 틀을 벗어나 이 세상에서 힘들거나 소외받는 사람들에 대해 깊이 생각해 봤으면 한다. 세계 곳곳의 굶어 죽어가는 가난한 사람들의 문제를 네가 근본적으로 해결하거나 그들에게 큰 도움이 되어줄 수는 없어도 그들에 대해 관심을 갖고 뭔가 할 수 있는 일이 없을지 생각해 본다면 그것은 무엇보다 네 마음을 풍요롭고 넉넉하게 만들어 줄 거라고 확신한다. 다름아닌 네 자신에게 도움이 되는 것이지.

잭, 누구도 섬이 아니란다. 연민의 눈길로 세상을 바라보고, 여러 사람들의 삶을 주의깊게 살핀다면, 이전에 생각지 못했던 좋은 일을 할 수 있게 될 거고, 그 일을 통해 넌 더 나은 사람이 될 것이다.

하지만 진실된 마음으로 도와야 하다. 너도 잘 알겠지만 그 일을 통해 어떤 댓가를 기대하거나 자신의 선행을 누군가에게 과시하려는 마음은 정말 옳지 않단다.

잭, 다시 말하지만 인정 많은 사람이 되거라. 너 자신이나 친구들보다 다른 사람들을 걱정해라. 하지만 거기서부터 시작해, 항상 네 동기를 떠올리렴. 위선적이거나 '보이기 위한 행동'을 하지는 말거라. 다른 누구도 알지 못하게 좋은 일을 할 수 있는 때를 찾는 거다. 네가 받은 많은 혜택에 대해 죄책감을 가질 필요는 없지만 네가 받은 혜택에 대해 늘 감사하게 생각하고 그것을 많은 사람들을 위해 쓰도록 노력하기 바란다. 잭. 너보다 약한 사람들을 계속 관심을 갖고 돌보도록 해라. 그걸 통해 넌 더 좋은 사람이 될 수 있단다.

1995. 2. 16.
사랑하는 아빠가

잭에게.

수요일에 '대처' 팀을 무찌른 걸 축하한다. 네가 골을 넣은 것도!!
네가 결승전에 나가게 된 건 정말 축하할 만한 일이로구나. 아빠도 토요일 게임에 너를 보러 갈 거란다.

오늘은 대화법에 대해 얘기해 보자.

살아가면서 너는 아주 많은 사람들과 만나게 될 거야. 그들이 말하고자 하는 것을 제대로 듣는 건 중요한 일이지. 이야기 내용이야 당연히 듣겠지만, 단지 내용을 듣는 것 이상의 것이 꼭 필요하단다.

제대로 들으려면, 너는 그 내용에 따르는 몸짓 또한 주의해서 봐야만 하는 거야. 상대방의 눈을 봐. 마주쳤니? 그건 보통 진실하고 편안한 상태라는 걸 나타낸단다. 상대방이 발을 꼬거나 몸부림을 친다면? 그건 초조하다는 증거지. 왜 그럴까? 가까이 하기 위해 몸을 앞으로 굽힌다면, 설득하거나 이해시키려 한다는 신호란다. 몸을 뒤로 기대거나 물러서는 것은 소극적이거나 거절을 표현하는 거야. 어떤 문화권에서는(이를테면 지중해에서는) 대화를 나눌 때 더 가까이 가려고 하는 경향이 있단다. 그리고 북유럽인들이 팔짱을 끼고 얘기하는 것은 거절의사를 표시하고 있음이 분명해.

잭, 몸짓은 많은 의사를 표현하고 있단다. 그것들은 배워두렴. 상대방의 말을 들음과 동시에 몸짓을 읽을 수 있어야 한다. 대화의 내용 말고도, 말을 하면서 자연스레 나오는 상대방의 몸짓에는 말로 표현되지 않은 분명한 뜻이 있단다. 주의해서 그 말들을 들어야만 상대방의 참뜻을 제대로 알 수 있단다.

또, 악센트에 유의해서 듣거라. 그럼 그 사람이 어디 출신인지 알 수 있을 거야. 상대방을 파악하는 간단하고 쉬운 방법이지. 단어 자체도 유의해서 듣거라. '짜가', '두목', '땡전' 등의 단어를 자주 사용하는 사람들을 교양있는 사람들이라고 할 수는 없지. 어떤 특별한 언어습관도 그 사람의 경험을 얘기해 준다. 샌프란시스코를 도시로 간주하면 보통 서부에서 온 상류계층 사람일 가능성이 많단다. 샌프란시스코를 '프리스코'라고 하는 사람은 거의 그곳에 살았던 적이 없는 사람들이지.

아, 그리고 얘야, 네가 누군가와 이야기를 나눌 때, 상대방 역시 네 말을 들으면서 동시에 네 몸짓이나 말투나 단어에서 알 수 있는 드러나지 않는 네 이야기를 듣고 있다는 것을 잊지 말거라.

대화를 할 때는 간결하고 명백하게, 겉치레나 특수용어 혹은 애용어 등은 되도록 쓰지 말고, 눈에 띄는 몸짓은 삼가하고, 무언가를 강조할 때만 사용하는 게 좋단다. 네 말을 듣는 사람이 쉽게 이해할 수 있는 단어들을 사용하도록 하고.

잭, 네가 잘만 하면 누군가의 이야기를 듣는 것은 즐겁고, 서로에 대한 이해의 폭을 넓힐 수 있게 해 준단다. 대화는 상대방을 이해하거나 자신을 이해시키는 좋은 도구지. 물론 제대로 하면 말이다.

1995. 2. 3.
사랑하는 아빠가

추신 : 대화에 쓰일 만한 농담이나, 재치있는 이야기들, 유명한 문장들을 정리해 보내주마. 재미있을 것 같지 않니.

잭에게.

방금 너의 성적표와 선생님의 의견을 받았단다. 지난 주에 전화로 예고를 해 줘서 고맙구나.

그래, 신입생으로 시작해서 지금까지 먼 길을 왔구나! 언젠가 시간이 되면 우리 함께 해마다 달라진 선생님들의 의견을 비교해 보자꾸나. 너의 성숙해진 생각들, 학구적 행동들의 변화과정을 살펴 볼 수 있겠지. 한 마디로, 네가 더할 수 없이 자랑스럽구나….

자연과학: '점차 이해력이 향상되고 있습니다.', '복합적이고 추상적인 개념을 이해합니다.', '자기 도전을 즐깁니다.', '매우 만족스럽습니다.'

수학: '수학에 매우 유능한 학생입니다.', '높은 수준의 성과를 보이고 있습니다.', '흥미를 가지고 있으며 매사에 신중하고 진지합니다.'

영어: 언제나 '즐거운 마음으로 꾸준히, 효과적으로 공부하고 있습니다.', '주제에 몰입합니다.', '그의 정신과 열정에 탄복하고 있습니다.'

예술사: 매사에 '진지하고 암기력이 좋습니다.', '할 일을 잘 알아서 합니다.'

스페인어 선생님은 네가 좀더 큰 소리로 말했으면 하시더구나…. 그렇게 하렴. 수학 선생님은 네가 때때로 늦는다는데…. 으흠!?! 수업에 늦다니….

사실, 시험을 그다지 잘 치른 건 아니다. 오래된 문젯거리이지. 넌 답을 할 때 좀더 신중을 기해야 할 것 같다. 그럼 평점의 반 등급 정도는 올릴 수 있을 거야. 아니면 시험을 잘 보는 기술을 좀 배워 보던지.

네 점수는(B가 3개, A가 2개인데) 캐이트 학교에서 우등이니, 나쁘진 않지만 그렇다고 훌륭하다고 하기는 좀 어려운 점수다. 적어도 A 3개, B 2개, 어쩌면 보다 더 많이 성적을 올릴 수 있을 거야. 그렇게 했으면 좋겠구나.

보닝의 의견은 특별하더구나. 데니슨의 의견도 그렇고. 그렇게 수준높은 칭찬을 받아서 정말 좋겠구나. 아빠는 그 의견들이 입에 발린 얘기라고는 정말 생각하지 않는단다. 그들은 진심으로 그렇게 얘기한 거라고 생각해.

정말 축하한다. 그렇다고 멈추진 말고! 캐이트 학교에서의 마지막 3개월 동안 최선을 다하길 바란다.

1995. 2. 12.
사랑하는 아빠가

잭에게.

어제 저녁 네 전화를 받고는 많이 걱정했단다. 목소리가 무척 가라앉았더구나.

네 사회생활이 '지옥'이고, 학교생활이 '공부벌레' 같다고 말할 때, 아주 불행한 사람을 떠올릴 수 있었단다. 잭, 너는 'senioritis(학생들에게 흔히 나타나는 것으로 무기력해지고 집중력이 결여되며, 장래에 대한 불안감 따위의 증상이 일어나는 질환:옮긴이)'라 불리는 질병에 걸린 거란다.

사실상, 넌 캐이트 학교에서 얻을 수 있을 만큼 얻었고 할 수 있는 만큼을 다한 거야. 얘야, 넌 이미 예전의 네가 아니고 더 높은 단계로 들어섰단다. 전진할 준비가 다 되었다. 아직 두 가지 문제가 남아있긴 하지만 너무 초조해 하지는 말아라.

그 문제란 다음과 같다.

1. 졸업까지는 꼭 14주가 남아 있구나.

거기에서 두 주는 봄방학이고, 또 알다시피 마지막 두 주는 온통 상급생 특별활동 기간이지. 그러니 실질적으로는 약 10주 남짓 남은 것이로구나.

2. 경주의 승부는 마지막 3~4미터에서 결정된다는 것과, 마지막 1초에서 이겼는지 졌는지를 알 수 있다는 것을 일깨워 줘야겠구나. 그러니 결승선을 향해 박차를 가해서 마지막까지 열심히 해 보렴. 끝까지 열심히 해냈다는 개인적인 자부심은 두고두고 너를 뿌듯하게 해줄 거다.

알다시피, 지난 주말 스텝이 여기서 나와 함께 지냈단다. 토요일엔 그 애를 홀리데이 플라자에서 열리는 나막신 전시회에 데려갔었단다. 나막신을 처음 본 스텝에게 아빠는 아일랜드와 스코틀랜드 나막신의 근원에 대해 말해 주었단다. 18세기 무렵 애팔래치아 산맥에 정착한 사람들에 의해 발전하여 왔다는 것도. 그런데 사람들이 그다지 매력적이지 않아서인지 그 앤 그다지 재미있어 하지 않더구나.

잭, 다음 번에 스텝을 보면 넌 아마 그 앨 알아보지 못할 거야. 지난 2~3주 동안 일 년 이상을 자란 것 같단다. 꽈광!! 단지 머리띠를 풀어서 그런 것 같진 않고, 2인치쯤은 자란 것 같다. 아니, 그 이상이야. 그 앤 달라졌단다. 더 성숙하고 더 숙녀다워졌어. 그 애가 드렉의 성격, 사회 생활의 문제점들, 갈수록 컴퓨터에만 빠져든다는 이야기를 해 주었는데 정말 걱정도 되고 마음도 많이 아프단다. 하지만 내가 해 줄 수 있는 일이 많지 않아 안타깝구나. 너 열다섯 살 때와 주변의 환경도 많이 다르고 성격도 너와는 많이 달라서 어떻게 그 애를 대해야 할 지 당혹스럽구나.

잭. 네 미래에 대해 얘기해 볼까.

지금까지 네가 살아온 시간들을 생각해 보고 앞으로의 생활 모습들을 상상해보렴. 의학, 과학, 통신, 컴퓨터, 교통 등 지금 우리가 상상도 하지 못할 엄청난 발전과 변화가 있을 거라는 것은 어렵지 않게 생각할 수 있겠지.

넌 그런 것들을 볼 수 있을 뿐만 아니라, 그 모든 발전과 변화에서 오는 편의를 누릴 수 있을 거야.

얼마나 행운이니. 그 멋진 시간을 젊어서 누릴 수 있다니 말이다.

자, 앞으로 학기는 10주 남짓 남았고 그 후엔 멋진 여름이다.
다음 종착지는, 대학!!
사랑한다. 잭.

1995. 2. 21.

아빠가

추신:아, 맞다. 졸업식에 누구를 초대하고 싶니? 제프 리스와 로니도 가고 싶어하던데.(몇 명이나 초대할 거야?) 미리 알려다오.

잭에게.

지난 밤에는 비가 내렸는데, 오늘 아침엔 안개가 꽉 차 있구나. 한 시간 전에 해가 떴고, 지금은 빛나는 아침이란다. 꽃들이 뜰 전체에 피었고 새들도 아주 많구나. 아빠는 식당 테이블에 앉아 일하면서 커피를 마시고 있단다. 가지마다 새들이 모여 앉은 듯한 창 밖 풍경을 넌 상상도 못할 거야. 거의 백 마리나 되는 새들이 있단다.

푸른 어치, 비둘기, 검은 찌르레기, 야생 카나리아, 제비, 한쌍의 지빠귀, 그리고 재미있게 생긴 작은 새들이 벽에 매달려 있구나. 아마 믿으려 들지 않을 걸. 놀랍구나! 봄이 왔어!

어제 밤에 읽은 글은 꽤 재미가 있었다. 사고의 폭이 작은 사람들은 주로 사람에게 관심을 집중하고, 보통 사람들은 물질에 관심을 갖고, 사고의 폭이 큰 사람들은 관념을 중요시한다는구나. 이런 걸 생각해 보렴. 텔레비전에서는 Hard Copy와 A&E, 잡지로는 피플지와 내쇼널 리뷰지, 사람들로는 남의 말하기 좋아하는 사람들(다행이도 별로 없지)과 물질에 대해 항상 생각하고 그것에 관해 얘기 나누는 사람들을 생각해 보렴. 아마도 그 스펙트럼에서 너는 어디에 포함되는가를 너 자신에게 때때로 물어보는 것도 필요하다고 생각한다.

잭, 요즘의 너를 보면 남들이 배울 수 없거나 배우더라도 훨씬 후에야 배울 수 있는 것들을 배우고 있는 중이라는 생각을 갖게 된다. (여자들은 남자가 그렇게 어른스럽게 행동할 때 쉽게 끌리기 마련이란다.)

베스와의 관계를 정리하려고 하는 단계에서, 여자 문제로 민감해져 상처받기 쉬울 듯한 지금의 네 상태로 누군가와의 약혼을 고려하는 것은 내가 보기에 퍽 위험하다.

여자 문제로 인해 네가 상처받는 일이 없도록 하기 위해서는 무엇보다 이성적으로나 감정적으로 혼란해지지 않도록 주의해야 한다. 그건 물론 여자 친구를 만나는 동안 누릴 수 있는 소중하고 진정한 기쁨을 포기해야 한다는 것도 의미한다. 그러니 정말 어려운 문제로구나.

네가 다시 누군가에게 얼마만큼 애정을 주고, 상대방을 믿을 것인가는 네 스스로가 결정해야만 할거야.

내가 이 편지를 오늘 부친다면 아마 토요일에나 너에게 도착할 텐데, 그때는 이미 봄방학이 시작되리라는 걸 방금에야 깨달았구나. 그러니 네가 학교로 돌아오기 전엔 이 편지를 받을 수 없겠지. 뭐 어쨌든, 이걸 부치겠다. 너를 기다리고 있는 편지가 있을 거야. 기뻐하렴.

그럼 이만.

1995. 3. 6.
사랑하는 아빠가

잭에게.

축하한다.!! Cal로부터 온 입학허가서와 장학생으로 들어갈 수 있게 된 USC의 교육과정 계획표는 정말 훌륭하구나.

잭, 지금의 위치에 이르기까지 그동안 최선을 다해온 것에 대해 마음놓고 자랑스러워 하렴. 아빠는 네가 무척이나 자랑스럽구나. 너는 고등학교에서 일등급을 받아냈고 거기에다 일류 대학의 입학 허가까지 받았으니 정말 대견하구나.

이제 어떤 대학이 네 필요와 능력에 가장 잘 맞는지, 그리고 어떤 대학이 네 가능성을 키워줄 수 있을지를 결정해야 할 때가 왔구나. Cal, UCLA, USC 모두가 각각의 독특한 개성과 장점, 약점들을 지니고 있어. 하지만 어디를 택하든 잘못된 선택이 될 수는 없을 거다. 게다가 대학은 무엇이든 네가 하는 만큼 얻어낼 수 있는 곳이란다.

이건 앞으로 네 인생에 있어 아주 중요한 문제이니 선생님들 중 한 분이나 각 학교 졸업생 몇 명들과 얘기를 나눠 볼 필요가 있다고 생각한다. 대학 생활을 어디서 보내고 싶은지, 어느 학교가 대학원을 준비하기에 가장 좋은 여건을 갖췄는지까지 생각해 보려므나.

결정할 시간은 몇 주 있으니까, 마음 편히 먹고 한숨 돌리거라. 그리고 힘겨운 결정을 시작하기 전에 너의 성공을 만끽해 보는 거야. 어쨌거나, 학부모 주말에 우린 이것에 대해 더 많은 이야기를 나눌 수 있을 거다. 네 의견이 몹시도 듣고 싶구나. 이번 주말이 너의 여덟 번째, 그리고 마지막 학부모 주말이라는 게 믿어지니?!? 그래. 얘야, 아빠도 믿을 수가 없구나! 너를 기숙사에 들여보내고 6주 후 처음으로 학부모 주말을 가졌던 게 어제처럼 느껴지는데 말이다. 시간이 빨리도 흘렀구나. 그동안 우리에겐 얼마나 많은 일들이 일어나고, 또 너는 얼마나 많이 성장했는지…….

네 수업에 참여하기 위해 존이 금요일 아침에 도착할 거고, 아빠가 스텝을 태워오는 대로 출발하게 될 거다. 7시 30분쯤 우린 그곳에 도착할 거야. 모두 너의 대학 입학을 축하하는 자리에 함께 할 계획이란다. 우리는 일요일까지 머물겠지만, 스텝을 6시까지 엄마에게 돌려보내야 하니까 아빠는 1시 30분에는 떠나야만 해.

잭, 학교 다닐 시간이 딱 7주 남았구나. 졸업병에 걸리지 않도록 해라! 많은 아이들이 일단 대학에 입학허가서를 얻고 나면 산산이 무너져 버린단다. 잭, 오래된 연예계의 애기를 기억하거라.

"당신은 당신이 보여줄 수 있는 마지막 연기, 딱 그만큼의 사람이다."

잭, 캐이트 학교에서의 남은 7주간이 네 고등학교 시절의 네 절정이 될 것이다. 너의 '마지막 연기'가 되겠지. 멋지게 마무리를 짓기 바란다.

그럼 이만. 다시 한 번 축하한다!!

1995. 4. 20.

사랑하는 아빠가

잭에게.

아빠는 지난 일요일 캐이트 학교를 떠날 때 기분이 참 묘했단다. 캐이트에 들어갈 때의 너와 지금의 너를 생각해 보면 그때는 이 아빠의 보호를 정말 필요로 했던 어린아이였는데 지금은 내 보살핌이 없어도 좋을 만큼 많이 자라있어서 한편으로는 뿌듯하기도 하고, 또 다른 한편으로는 왠지 모르게 쓸쓸하기도 했단다. 이해할 수 있겠니? 너도 나중에 다 큰 아들을 보면 지금의 내 기분을 알 수 있을 거다.

너와 존, 스텝과 함께 한 주말은 무척 즐거웠단다. 아빠는 너의 성숙함과 테니스 시합에 임하는 자세, 그리고 좋은 성적을 유지해 온 것이 무척 자랑스러웠단다. 해변에서의 산책도 즐거웠지.

잭, 네가 USC를 택한 것에 동의한다. USC는 보수적이긴 하지만 사회생활을 많이 해볼 수 있는 곳이지.(너무 많지 않은가 싶을 정도로) 매우 사업지향적이고(이곳의 경영학교는 기업가 정신면에서 전국 5위에 올라 있단다.), 동창회도 매우 튼튼하단다. 너와 비슷한 처지의 많은 친구들과 학교를 다니면서, 내실있는 교육을 받게 될 것이다. 훌륭한 선택을 했다고 생각한다.

솔직히 말하자면, 잭. 네가 서부 학교에 가기로 결정한 것이 기쁘단다. 네가 동부로 가게 됐다면, 너는 어쩌면 동부해안지향적인 문화에 휩쓸리고, 동부 여자와 결혼하게 되고, 동부 사업계의 유혹에 빠지게 됐을지도 모르잖니.

이 문제에 대해서 동부나 중부를 해명할 말들도 많이 있겠지만, 너는 캘리포니아인이란다. 너는 스페인어를 할 줄 알고, 서부 문화에 더 익숙하지. 동부에 갈 시간은 충분히 많이 있을 거다. 어쩌면 대학원을 가게 될 수도 있고. 게다가, 네가 예일이나 콜럼비아, BU 아니면 조지 타운에 있는 것보다는 USC에 있을 때 아빠가 훨씬 더 많이 너를 만날 수 있지 않니. 어쨌든, 앞으로 멋진 4년을 지내게 될 거라고 이 아빠는 확신한다.

1995. 4. 27.
사랑하는 아빠가

잭에게.

자, 이제 됐구나. 드디어 캐이트 학교의 생활을 마무리짓고, 2주 후면 졸업이구나. 와! 아직도 가라앉아 있니? 아빠는 정말로 네가 여전히 의기소침해 있는지 묻고 있는 거야, 그러니?

아빠는 네가 캐이트 학교에 들어가기 위해 얼마나 열심히 공부했었는지, 그리고 마침내 입학허가서가 왔을 때 우리가 얼마나 행복했었는지 생각하는 중이란다. 그리고 나서, 기숙사에 너를 들여보냈었지. 넌 꽤 자신만만해 보이려고 애썼지만 속으론 잔뜩 겁먹은 열네 살의 작은 소년이었는데 (하지만 그 사실을 알고 있는 건 단지 너와 나뿐이었지. 아빠가 알고 있었다는 걸 너도 알고 있었는지는 확실치 않지만.), 어느새 4년이 흘렀구나. 넌 네가 지난 4년 동안 몹시 부러워했던 선배들처럼 좋은 성적으로 캐이트를 졸업하고 곧 대학에 입학하게 되었다.

너는 공부에 최선을 다했고, 드디어 3.9의 평점으로 졸업을 하고 USC의 우등생으로 입학하게 되었구나.

너는 캐이트에서 대수학부터 수준높은 고등수학까지 수학의 전 과정을 끝마쳤고, 미국과 유럽, 아시아의 역사를 공부했다. 기본 문법부터 수준 높은 문학에 이르는 스페인어를 4년 동안 배웠고, 한 해 여름은 스페인의 Salamanca 대학에서 공부하고 그곳 가정에서 생활도 해봤지. 너는 자연과학과 물리학, 화학을 공부했고, 문법에서 화법, 시, 문학까지 영어공부도 충분히 했다. 문화사, 사진 합성, 음악감상 등을 통해 문화적 교양도 얻었고, 컴퓨터도 능숙하게 다룰 줄 알게 되었으며, 교향악과 오페라에 심취하기도 했다.

캐이트에는 너를 가르치고, 격려하고, 애정을 주었던 훌륭한 선생님들도 있었단다. 그들 중 한두 명은 너를 진절머리나게도 했었지만, 몇 명은 너의 진실한 친구가 되었지. 너는 보통 새벽 3시까지 공부했었고, 순간순간 한계에도 부딪쳤었지만 누군가의 지시에 따르는 법도 배우게 됐고, 네 스스로 해낸 일들로 인한 만족감도 가질 수 있었을 거다.

너는 신입생 때 학교 대표선수 자격을 얻고 나서 라크로스와 축구, 테니스 이렇게 세 개의 스포츠에서 학교 마크를 붙이고 뛰었었다. 너희 팀이 리그전에서 이기고, 넌 전국 라크로스 선수권 대회에도 나갔었으며 테니스 팀에선 주장으로도 있었지. 주말이면 파도타기도 배우고 산타바바라 봉으로 자전거 산악등반을 가기도 했어. 그러는 지난 4년 동안 9인치가 자랐고, 50파운드가 불어서 이제 열여덟 살인 너는 키가 6피트(반 인치쯤 더하거나 빼면)인 크고 멋진 청년이 되었구나.

또한 멋진 친구들도 사귀었다. 넌 그들에게 좋은 친구가 되어줌으로써 친구를 만들었던 거지. 넌 캐이트 학교의 리더이고 모범이니, 네가 떠나고 나면 많은 사람들이 너를 그리워하게 되겠지. 너는 유머 감각으로 활기를 북돋우어 주었고, 네 인격과 뚜렷한 가치관은 친구들에게 깊은 감명을 주었으리라 생각한다.

캐이트 학교에서 해결해야 했던 여러 문제들은 네 자신에 대해 깨우치는 기회를 주었고, 넌 어떻게 하면 장점을 활용하고, 어떻게 하면 약점을 고칠 수 있는가도 배웠단다. 네가 훌륭한 수험생은 아니라는 것도 알았을 테니 그 방면의 기술을 익혀야 할 필요성도 느꼈겠지. 정치적 조정력이 부족한 점이 누군가에게 해를 입힐 수도 있다는 것, 그러니 거기에 뭔가 조치를 취해야만 한다는 걸 깨달았을 거야. 넌 체계가 잘 잡힌 환경에서, 어떻게 하면 보다 다양한 사람들과 그들의 개성, 인격을 이해할 수 있는지도 배웠지.

너는 캐이트 학교에 갈 때 지니고 있던 네 생각들에 충실해 왔고, 거기에 있는 지난 4년 동안 그것을 잘 활용하고 발전시켜왔다. 넌 그곳에서 많이 성장했다. 4년 전엔 어린 소년이었던 네가 이제는 어른이로구나.

넌 캐이트 학교에서 만들어 온 네 모습이 무척 자랑스럽겠지. 아빠도 그렇단다!!

하지만 잭, 진정 훌륭한 잭 브룸으로 성장하는 일은 아직 끝나지 않았단다. 대학에서의 네 생활이 시작되기까지 꼭 14주가 있구나. 다음 4년은 네 인생에서 가장 즐겁고 활기찬 시간이 될 거라고 장담할 수 있단다. 그리고 넌 그럴 준비가 잘되어 있어. 그러니 자신감을 가지고 대학에 들어가도 된단다.

잭, 너는 세계적인 지성들을 만나 배울 것이다. 지금은 상상조차 할 수 없을 새로운 사상과 개념들에 노출될 거야. 새로운 경지에 오르기 위해 너 스스로 캐이트에서 얻은 지식과 기술들을 활용하겠지. 지적 호기심을 구체적인 앎으로 만들어 내게 될 것이다. 그리고 훨씬 더 이지적이고 능란한 솜씨로 대중 앞에서 말하는 법도 배우겠구나.(이건 네 약점을 극복할 수 있는 좋은 기회가 되겠지.) 아빠는 네가 너의 진실된 감정을 네 안에 그렇게 꽁꽁 가둬놓는 게 아니라 표현해내는 더욱 탁월한 능력을 개발하기를 바란단다. (역시나,

지금의 네겐 그런 장점은 없잖니.). 너는 광범위한 분야를 새로 접하는 것으로 학부를 시작할 거고, 그러고 나면 네가 진짜 흥미있어 하고, 미래의 직업과 관련되는 분야로 점점 더 초점을 맞춰가게 되겠지. 교육은 점점 더 실용적이고 네 인생의 성공에 유용한 것으로 바뀌어 갈 거야.

사회생활도 멋질 거란다. 재미있고 다양한 친구들을 사귀고, 데이트 할 아름답고 건강한 여자친구들을 만날 수 있을 거야.

그러니 말이다, 잭. 캐이트 학교에서의 달콤쌉쌀한 이 마지막 두 주를 음미하려므나. 너는 절대로 캐이트 학교와 그곳에서의 여러 가지 경험들을 잊을 수 없을 거야. 그리고 앞으로 50년 동안 동창회에 참석하기 위해 찾아오곤 하겠지(2045년까지로구나!!!) 게다가 해가 거듭될수록, 캐이트 학교에서의 시간들은 점점 더 많은 의미를 갖게 될 것이고 지난 4년 동안 네가 얻은 것들도 점점 더 많이 깨닫게 될 거야. 네가 캐이트 학교에 기여한 여러 일들 역시 기억하게 될 테지.

그러니까 남은 2주 동안 선생님들을 각각 찾아뵙고 그동안 그분들이 네게 보여준 배려와 애정들에 대해 감사드리거라. 친구들에게도 마찬가지로 감사하도록 하렴. 네가 어떻게 느끼고 있는지 말하지 않아도 그들이 알고 있으리라고 쉽게 생각하지는 말아라.(종종 그러는 것처럼.) 그들은 네가 말하기 전에는 알 수가 없단다. 꼭 말해주렴.

모든 규율에서 벗어나 '한두 잔 걸치고 싶은' 강한 유혹을 느낄 법도 하지만 절대로 안 된다. 그동안 네가 지켜오던 규칙들을 한 번쯤 무시해 버리고 싶은 유혹도 있겠지. 역시 안 된다! 학교 생활에 충실하게 지내고 마지막까지 최선을 다하거라. 그래, 잭. 남은 두 주를 즐겁게 보내고 바르게 지내거라.

우린 졸업식에서 보겠구나. 그 졸업식장에서의 아주 자랑스러워 하는 표정을 얼굴에 띤 채 눈물을 글썽이는 사람들 중에 아빠도 있을 거다. 왜냐하면 그의 아들이 바로 그 캐이트에서 항상 최선을 다했고 드디어 바라고 원하던 꿈을 이루었으니까 말이다.

1995. 5. 10.

사랑하는 아빠가

Recommendation

이 학생을 추천합니다

나는 그의 성실성과 친구와 학교에 대한 신의, 그리고 팀의 리더로서, 학생으로서 최선을 다하는 결단력을 존경합니다. 그는 모든 면에서 훌륭하기 때문에 누구에게나 인정받는 청년입니다.
어디에서든 반드시 필요한 사람으로 제 몫을 해낼 능력이 있는 젊은이로 저는 그를 자신있게 추천합니다.

추 천 장

캐이트 학교에 입학했을 때부터, 잭 브룸은 매우 인기있고 뛰어난 실력을 갖춘, 두드러지는 젊은이었습니다. 그는 훌륭한 학생이고 다재다능한 운동선수이며 공동체에서의 리더십도 점점 강해지고 있습니다. 그의 캐이트에서의 성취는 그가 지닌 훌륭한 자질로 인한 것이고, 그 가운데 특히 주목할 것은 그의 성실함, 다른 사람들에 대한 신의, 목표를 향한 진지함, 그리고 그가 하는 모든 일들을 즐겁게 만드는 재치있는 유머감각입니다.

낙천성과 성실함의 조화는 잭의 남다른 특성입니다. 이러한 성격이 부딪치는 문제가 무엇이든 그로 하여금 언제나 즐겁게 해결해 나가도록 하는 것 같습니다. 그는 기숙사 화장실을 청소하는 것에서부터 캐이트 학교에 잘 적응하지 못하는 학생들을 돕기 위한 시간을 내는 것까지 할 수 있는 모든 일을 능동적으로 계획하고 실행함으로써 우리 학교에 큰 도움을 주었습니다. 그가 자신의 통솔력에 대해 이야기하지는 않지만 학생이 지닐 수 있는 통솔력에 관한 한 그만한 학생을 찾아보기는 쉽지 않습니다. 잭이 그 같은 통솔력을 갖게 된 것은 아마도 인생은 즐거운 것이라는 생각을 갖고 고민스러운 일을 만나도 좋은 쪽으로 그것을 선용할 줄 아는 지혜가 있기 때문이 아닐까 생각합니다. 그는 어떤 것에서도 즐거움을 찾을 수 있는 이러한 능력과 아울러 주어진 모든 일에 보다 더 좋은 결말을 맺기 위해 애쓰는 진지함도 갖추고 있습니다.

이런 매력과 인품으로 주위의 사람들에게 사랑받고 있기도 하지만, 그의 동료들은 그에겐 그 이상의 무엇이 있다는 걸 알고 있습니다. 때문에 캐이트 학교에서의 여러 문제들에 대해 그의 의견을 우선적으로 반영하곤 합니다. 그는 어떤 사람들과도 쉽게 사귀고, 상급생이 되었을 때는 그 반의 임원이 되었습니다. 학생회의 어떤 직책도 맡지 않았음에도 불구하고 말입니다. 그는 넓은 마음과, 냉철한 직관력, 풍부한 감성으로 다른 사람들을 대합니다. 그래서인지 그는 학생들 사이에서 놀랄 만한 영향력을 가지고 있습니다. 잭은 학교 공부에 있어서도 앞에서 말한 여러 재능과 열정을 가지고 있습니다. 그는 뭔가 배우는 것을 정말 좋아합니다. 대부분의 학업성적은 매우 우수합니다. 국가가 주관하는 시험에서도 늘 고른 점수를 유지해 왔습니다.

다음은 학과 담당 선생님들의 잭에 대한 의견입니다.

· 스페인어:그의 스페인어 작문 능력은 거의 본국인의 수준에 접근해 있습니다. 그는 한 해 여름을 꼬박 스페인에서 보내면서 전문 집중 프로그램으로 공부했습니다.

· 영어:잭은 감성이 풍부한 독서가이고, 그의 작문은 간결하고,

명료하며, 언제나 적절합니다.

· 수학:그는 수학에 특출한 소질을 지니고 있습니다. 그가 쉽게 새로운 개념을 이해하고 적용할 줄 안다는 사실이 그것을 알려주고 있습니다.

· 역사:그는 비평을 잘 받아들이며 모든 제안을 진심으로 수용합니다. 그리고 주의깊게 자신의 실수로부터 교훈을 얻으려 노력합니다.

다시말해, 잭은 학생들과 전 교직원들 모두에게 훌륭한 학생으로 인정받고 있습니다.

운농장에서의 잭은 다재다능한 운동선수입니다. 그는 라크로스, 축구, 테니스에서 학교 대표 선수로 뛰기도 했고 테니스팀의 주장을 맡기도 했습니다. 그는 운동하기에 매우 적합한 신체적 조건을 갖추고 있습니다. 강하고, 빠르고……. 이런 타고난 좋은 조건에 끊임없는 노력으로 그는 참가한 모든 시합에서 좋은 경기를 보여주었습니다. 아울러 모든 경기에서 보여준 그의 결단력과 추진력은 팀 동료들은 물론 경쟁자들로부터도 많은 존경을 받았습니다.

저는 잭 브룸이 입학해서 친구들을 사귀어 가는 모습에서부터 동료들로부터 인기있고, 폭넓게 존경받는 사람으로 성숙해 나가는 것까지 모든 과정을 지켜보았습니다. 캐이트 학교에서 보낸 학창시절 내내 그는 그의 동료들을 하나로 뭉치게 하는 끈끈한 접착제 같은 역할을 해왔고, 학교의 중요한 일을 결정하는 학생회 임원으로 활동해 왔습니다.

만약 스탠포드 대학에서 동료들에게, 더 나아가 세계사에 깊은 영향을 끼칠 누군가를 찾고 있다면, 잭을 받아들이는 것이 가장 훌륭한 선택이 될 것이라 확신합니다.

귀교의 무궁한 발전을 기원합니다.

진심을 담아서
캐이트학교 스페인어 담당교사 앨버트 R. 카우쯔

추 천 장

본교의 교장으로서 잭 브룸을 추천하게 되어 기쁘게 생각합니다.

잭은 친절하고 겸손히며 늘 주위 사람을 위한 배려에 힘쓰는 젊은 이입니다. 그는 정해진 원칙을 지켜 언제나 질서있고 규칙적인 생활을 하며 그의 부드러움과 신념, 뛰어난 학식과 운동 실력 등으로 친구들과 교사들에게 훌륭한 학생으로 인정받았습니다.

잭은 기숙사의 효율적인 운영에 많은 노력을 기울였습니다. 그의 통솔력은 캐이트에 속한 모든 사람에게 뚜렷한 공동체 의식을 가질 수 있도록 했고, 물론 이 과정에서 잭 자신도 많은 것을 배워나갔습 니다. 또한 그의 천성적인 선량함에 마음의 안정과 의지력이 함께 함으로 자신감을 고양시키기도 했지요.

잭은 언제나 정직하고 근면하며 매사에 열심히 몰두하는 학생이 었습니다. 그의 선생님들은 배움에 대한 그의 열정과 노력이 지속 적이라는 점을 칭찬합니다. 작년에 그의 고문은 그에 대해 "그는 학급에서 가장 훌륭한 학생이며, 교사들은 이 학교에서 가장 재능있는 학생으로 그를 꼽고 있다."고 말했습니다.

잭의 재능과 통솔력은 운동에서도 나타납니다. 그는 잘 훈련받은 적극적인 운동선수로서 올해 우리 학교 축구팀에서 수비를 맡았습니다. 라크로스 경기에서는 캐이트 학교의 우승에 결정적인 공을 세운 대표선수이기도 합니다. 그리고 올해 열릴 테니스 경기에서 우리 학교의 우승을 위해 그는 꼭 필요합니다. 잭은 훌륭한 운동 실력을 갖췄고 이런 그의 실력은 특히 단체 경기에서 잘 나타납니다.

나는 그의 성실성과 친구와 학교에 대한 신의, 그리고 팀의 리더로서, 학생으로서 최선을 다하는 결단력을 존경합니다. 그는 모든 면에서 훌륭하기 때문에 누구에게나 인정받는 청년입니다.

잭은 입학허가를 얻는 일이 얼마나 치열한 경쟁을 뚫어야 하는지를 잘 알고 있으며 그것이 어려운 일임을 알고 있음에도 불구하고 열심히 해보기로 결정했습니다.

어디에서든 반드시 필요한 사람으로, 제 몫을 해낼 능력이 있는 젊은이로 저는 그를 자신있게 추천합니다.

1994. 12. 28.
캐이트학교장 스코트 맨크로아드

아빠의 편지는 제게 큰 힘이 되었어요

초판인쇄 · 1997년 12월 21일
초판발행 · 1997년 12월 28일

지은이 · John Broome & Jack Broome
옮긴이 · 김태규
펴낸이 · 최정헌
펴낸곳 · 좋은날
주소 · 서울시 서대문구 충정로 3가 8-5호 동아 아트 1층
전화번호 · 392-2588~9
팩시밀리 · 313-0104

등록일자 · 1995년 12월 9일
등록번호 · 제 13-444호

값은 표지 뒷면에 있습니다.
ISBN 89-86894-14-9 03810
*잘못된 책은 바꿔 드립니다.